国家示范性高职院校优质核心课程系列教材

禽生产

丁国志　齐桂敏　主编

中国农业大学出版社
·北京·

内容简介

本教材编写以家禽生产管理过程为主线，以畜牧行业、企业的职业岗位对禽类生产知识与技能需求为目标，密切与行业、企业合作，进行基于工作过程的项目课程开发与设计。共划分为家禽孵化、蛋鸡生产、肉鸡生产、水禽生产、养禽场经营管理及家禽的卫生保健6个典型工作项目。6个工作项目完全实行理实一体化的教学，根据各情境的项目进行学习，充分围绕生产管理开展授课。本书不仅可以作为高职高专院校农林类相关专业的教材，还可以作为中等职业技术学校相关教师和广大家禽生产经营者及爱好者的参考用书。

图书在版编目(CIP)数据

禽生产/丁国志，齐桂敏主编．—北京：中国农业大学出版社，2011.3
(2018.8 重印)
ISBN 978-7-5655-0179-1

Ⅰ.①禽…　Ⅱ.①丁…②齐…　Ⅲ.①养禽学-专业学校-教材　Ⅳ.①S83

中国版本图书馆 CIP 数据核字(2010)第 251441 号

书　　名　禽生产
作　　者　丁国志　齐桂敏　主编

策划编辑　陈　阳　伍　斌　　**责任编辑**　韩元凤
封面设计　郑　川　　**责任校对**　陈　莹　王晓凤
出版发行　中国农业大学出版社
社　　址　北京市海淀区圆明园西路2号　　**邮政编码**　100193
电　　话　发行部 010-62818525，8625　　读者服务部 010-62732336
编辑部 010-62732617，2618　　出　版　部 010-62733440
网　　址　http://www.cau.edu.cn/caup　　**E-mail** cbsszs@cau.edu.cn
经　　销　新华书店
印　　刷　北京鑫丰华彩印有限公司
版　　次　2011年3月第1版　2018年8月第3次印刷
规　　格　787×980　16开本　12.25印张　219千字
定　　价　28.00元

国家示范性高职院校优质核心课程系列教材
建设委员会成员名单

编审人员

主　　编　丁国志（辽宁农业职业技术学院）
　　　　　齐桂敏（辽宁农业职业技术学院）

副 主 编　蔡吉光（辽宁农业职业技术学院）
　　　　　贾利香（辽宁农业职业技术学院）
　　　　　王景春（辽宁农业职业技术学院）

参　　编　范　颖（辽宁农业职业技术学院）
　　　　　赵希彦（辽宁农业职业技术学院）
　　　　　俞美子（辽宁农业职业技术学院）
　　　　　纪守学（辽宁农业职业技术学院）
　　　　　李春华（辽宁农业职业技术学院）

审　　稿　宋连喜（辽宁农业职业技术学院）
　　　　　田长永（辽宁农业职业技术学院）

序

我国高等职业教育在经济社会发展需求推动下，不断地从传统教育教学模式中蜕变出新，特别是近十几年来在国家教育部的重视下，高等职业教育从示范专业建设到校企合作培养模式改革，从精品课程遴选到“双师型”教师队伍构建，从质量工程的开展到示范院校建设项目的推出，经历了局部改革到全面建设的历程。教育部《关于全面提高高等职业教育教学质量的若干意见》(教高[2006]16 号)和《教育部、财政部关于实施国家示范性高等职业院校建设计划，加快高等职业教育改革与发展的意见》(教高[2006]14 号)文件的正式出台，标志着我国高等职业教育进入了全面提高质量阶段。切实提高教学质量已成为当前我国高等职业教育的一项核心任务。而以课程为核心的改革与建设成为高等职业院校当务之急。目前，教材作为课程建设的载体、教师教学的资料和学生的学习依据，存在着与当前人才培养需要的诸多不适应。一是传统课程体系与职业岗位能力培养之间的矛盾；二是教材内容的更新速度与现代岗位技能的变化之间的矛盾；三是传统教材的学科体系与职业能力成长过程之间的矛盾。因此，加强课程改革、加快教材建设已成为目前教学改革的重中之重。

辽宁农业职业技术学院经过 10 年的改革探索和 3 年的示范性建设，在课程改革和教材建设上取得了一些成就，特别是示范院建设中的 32 门优质核心课程作为物化成果之一，教材现均已结稿付梓，即将与同行和同学们见面交流。

本系列教材力求以职业能力培养为主线，以工作过程为导向，以典型工作任务和生产项目为载体，立足行业岗位要求，参照相关的职业资格标准和行业企业技术标准，遵循高职学生成长规律、高职教育规律和行业生产规律进行开发建设。教材建设过程中广泛吸纳了行业企业专家的智慧，按照任务驱动、项目导向教学模式的需求，构建情境化学习任务单元，在内容选取上注重了学生可持续发展能力和创新能力培养，教材具有典型工学结合特征。

本套以工学结合为主要特征的系列化教材的正式出版，是学院不断深化教学改革，持续开展工作过程系统化课程开发的结果，更是国家示范院建设的一项重要成果。本套教材是我校多年来开展按农时季节工艺流程工作程序开展教学活动的一次理性升华，也是借鉴国外职业教育经验的一次探索尝试，这里面凝聚了各位编委的大量心血与智慧。希望该系列教材的出版能为推动基于工作过程系统化课程体系建设和促进人才培养质量提高提供更多的方法及路径，能为全国农业高职院校的教材建设起到积极的引领和示范作用。当然，系列教材涉及的专业较多，编者对现代教育理念的理解不一，难免存在各种各样的问题，希望得到专家的斧正和同行的指点，以便我们改进。

该系列教材的正式出版得到了姜大源、徐涵等职业教育专家的悉心指导，同时，也得到了化学工业出版社、中国农业大学出版社及相关行业企业专家和有关兄弟院校的大力支持，在此一并表示感谢！

蒋锦标

2010 年 12 月

前言

禽生产是动物生产及相关专业的主要课程。近年来，我国高等职业教育改革不断深入发展，对教材提出了新的要求。本教材是根据《国家中长期教育改革和发展规划纲要(2010—2020年)》、《教育部关于加强高职高专教育人才培养工作的意见》、《教育部关于以就业为导向深化高等职业教育改革的若干意见》、《关于全面提高高等职业教育教学质量的若干意见》及《关于加强高职高专教育教材建设的若干意见》的精神和要求进行编写的。

本教材的编写宗旨确定为"立足职业教育、重视实践技能、体现现代化科技"。在"立足职业教育"方面，尽可能做到理论联系生产实际，根据家禽生产的全过程将生理、环境、营养与饲料、管理、疾病控制及经营管理等融入到各类家禽不同生长或生产阶段中，使学生能够系统、完整而且连贯地掌握，达到职业教育的目的；在"重视实践技能"方面，通过各项目及子项目，使学生掌握家禽生产中主要技术的操作方法，提高学生的动手能力和专业基本技能；在"体现现代化科技"方面就是在本教材中反映现代养禽科学技术体系和生产工艺，以帮助学生适应新世纪家禽生产发展和可持续发展的需要。

本教材的编写旨在体现高等职业教育特点，培养"应用型的高级技术专门人才"。通过本门课程的学习，使学生掌握家禽生产的具体操作技能和整体驾驭专业知识的能力。教材编写按照家禽生产程序进行，项目一为家禽孵化；项目二为蛋鸡生产；项目三为肉鸡生产；项目四为水禽生产；项目五为养禽场经营管理；项目六为家禽的卫生保健。

本教材在编写过程中，得到了辽宁农业职业技术学院各级领导和相关企业技术人员的大力支持，在此一并感谢。

本教材除作为高等职业学校教材外，也可供家禽生产管理人员、技术人员参考。由于编者水平和时间有限，难免存在缺欠，恳请广大读者在教学和生产实践中提出宝贵意见，以便完善提高。

编　者

2010年10月

目　录

项目一　家禽孵化

◈知识目标

1. 理解孵化场的总体布局与建筑设计要求。
2. 掌握孵化设备的类型及特点。
3. 掌握家禽胚胎发育的规律及孵化的条件。

◈技能目标

1. 会选择和使用孵化设备。
2. 熟练孵化操作的基本技术环节。
3. 能够对孵化效果进行检查分析。

孵化是家禽繁殖的一种特殊方法。孵化生产是家禽生产的一个重要环节，它直接关系到家禽生产中雏禽的数量和质量，对家禽生产有着非常重要的意义。随着科学技术的不断进步和家禽业的迅猛发展，孵化器和孵化技术也迅速发展，为现代家禽业的发展提供了可靠的条件。本项目的学习以动物环境卫生、微生物等课程为基础，掌握孵化原理和孵化操作的基本技术。

子项目 1　孵化场设计和孵化设备选择

一、孵化场的总体布局与建筑设计要求

(一)场址选择

孵化场应与外界保持可靠的隔离，用水用电方便。远离交通干线及居民点，与禽场分立门户，至少保持 150 m 距离；远离饲料加工、贮存车间，以免病原微生物传播。

(二)孵化场的总体布局

1. 孵化场的规模

先弄清雏鸡销售量，再据每周(次)入孵蛋数、每周(次)出雏数以及相应配套的

入孵机与出雏机容量与数量决定。规划孵化场的占地面积时，首先计算出孵化室、出雏室及附属的操作室和沐浴间等面积，还要考虑废弃物、污水处理，场内道路、停车场、花坛等的占地面积。

2. 生产用房布局

严格遵循单向流程原则：种蛋→种蛋消毒→种蛋贮藏→种蛋处置（分级、码盘等）→入孵→移盘→出雏→雏鸡处置（分级、鉴别雌雄、预防接种等）→雏鸡存放→出售或育雏。小型孵化场可成长条形布局，大型孵化场则应以孵化室和出雏室为中心，根据流程要求和服务项目来确定孵化场布局，以减少运输距离和人员在各室的往来。

（三）孵化场各类建筑物的要求

1. 土建要求

孵化场的墙壁、地面和天花板，选用防水、防潮和便于冲洗、消毒的材料；孵化场各室（尤其是孵化室和出雏室）最好是无柱结构（以不影响孵化器布局及操作管理为原则）。门高 2.4 m，宽 1.2～1.5 m，以利种蛋的输送。而且门要密封，以推拉门为宜。地面至天花板高 3.4～3.8 m。地面平整光滑，以利种蛋输送和冲洗消毒。设下水道（最好明沟加盖板），并保证畅通。屋顶应铺保温材料，使天花板不致出现凝水现象。

2. 孵化场的通风换气

通风换气目的是供给 O_2，排除废气（CO_2）和驱散余热。最好各室单独通风，至少应把孵化室与出雏室分别通风。一般空气流量：雏鸡存放室＞出雏室＞孵化室＞种蛋处置室。有条件的可采用正压过滤通风系统，可大大降低室内的细菌数和绒毛含量，提高孵化率和雏鸡质量；而洗涤室应以负压通风为宜。为使通风良好，天花板与孵化机顶部需有 1.2～1.5 m 距离。

3. 排水

用水和排水量大，应注意下水道的修建，坡度要稍大，有助于碎蛋壳和污物流泻。自来水的管径要足够大，才能保证足够的水压，以利冲洗。

二、孵化设备

（一）孵化器

以电能作热源和动力，根据种蛋胚胎发育所需条件不同，分孵化和出雏两部分，统称孵化器。孵化部分是从种蛋入孵至出雏前 3～4 d 胚胎生长发育的场所，称入孵器；出雏部分是胚蛋从出雏前 3～4 d 至出雏结束期间发育的场所，称出雏器。两者最大的区别是入孵器有转蛋装置，出雏器无转蛋装置，温度也低些，但通风换气比入孵器要求更严格。

总的来说，孵化器质量优劣的首要指标是孵化器内的左右、前后、上下、边心各点的温差。如果温差在±0.28℃范围内，说明孵化器质量好。此温差受孵化器外壳的保温性能、风扇的均温性能、热源功率大小和布局、进出气孔的位置及大小等因素的影响。

1. 主体结构

(1)孵化器外壳　要求隔热(保温)性能好，防潮能力强，坚固美观。箱壁一般厚约 50 mm，夹层中填满玻璃纤维或聚苯乙烯泡沫或硬质聚氨酯泡沫塑料直接发泡等隔热材料。箱壁要防止受潮变形。孵化器门的密封性是影响保温性能的关键，用材要求必须严格，绝不能变形，而且门的框边要贴密封条(如毡布条等)，以确保其密封性。里层为 0.75 mm 厚铝合金板，外层为 ABS 工程塑料板。孵化器底部接触水的机会很多，容易腐烂，既影响保温又容易损坏，为了提高工作效率，解决烂底问题和便于清洗消毒，现多制成无底孵化器。

此外，孵化控制器位置安排要合理，以便于操作、观察和维修。以前孵化器的外壳多做成一个整体，但容量大时，运输不便，移入孵化室往往要拆墙，现在容量在 1 万枚蛋以上的孵化器，均设计为可拆卸式板块结构。

(2)种蛋盘　种蛋盘分孵化蛋盘(移盘前入孵器中使用)和出雏盘(移盘后出雏器中使用)两种。为使胚胎充分、均匀受热，要求通气性能好，不变形，安全可靠，不掉盘，不跑雏。

(3)孵化活动转蛋架和出雏架　孵化活动转蛋架按蛋架形式主要有八角架式和跷板式。八角架式活动转蛋架，除上、下各两层孵化盘较小外，其他规格一样，其特点是整体性能好，稳固牢靠。要求蛋盘托间隙尺寸一致，以防掉盘或卡盘。跷板式转蛋架的整个蛋架由很多层跷板式蛋盘托组成，靠连接杆连接，翻蛋时以蛋盘托中心为支点，分别左右或前后倾斜 45°～50°。其中活动架车式是将多层蛋盘托连接在一个框架上，底配 4 个轮(两前轮为活络轮，以便转动灵活)做成蛋盘车。整个孵化器可分成 2～4 个蛋盘车(或更多)，可同时整入整出，也可入孵器与出雏器配套或将出雏器改为“平底车层叠式”出雏。主要优点是便于管理，利于孵化器清洗消毒。北京家禽孵化实验场采用多层跷板式，用支架固定于入孵器中，提高了容蛋量，加工工艺简单，使用效果不错。

出雏架由于不需转蛋，所以结构比活动转蛋架简单得多，仅用角钢作支架，在支架上等距焊以 2 cm×2 cm 角铁的出雏盘滑道，使放上出雏盘后留有约 1.5 cm

的通风缝。目前多采用平底车、层叠式出雏法，因此不需要出雏架。

2. 控温、控湿、报警和降温系统

通过孵化控制器的精确运行，为鸡胚胎发育提供适宜的温度、湿度、通风换气以及转蛋等环境，保证胚胎的正常发育。控制器总的要求是：灵敏度高、控制精确、稳定可靠、经久耐用和便于维修。

(1)控温系统　控温系统由电热管或远红外棒和孵化控制器中的温控电路以及感温元器件等组成。热源应安装在风扇叶的侧面或下方。功率配备以 200～250 W/m^3 为宜，最大不应超过 300 W/m^3，中小型孵化器可适当增加 20%～30%。出雏器中，功率配备以 150～200 W/m^3 为宜，最大不超过 250 W/m^3。现在比较先进的孵化器、出雏器设置两组加热元件，主加热和副加热，当机内温度升到离设定温度 0.03～0.1℃时，副加热停止工作，只有主加热工作。副加热的设定值可以根据环境温度加以调整。

(2)控湿系统　普及型孵化器采用底部放置 4～8 个高 4～5 cm 的镀锌铁盘，盘中注入清水令其自然蒸发供湿。靠置盘多少、水位和水温高低来调节湿度。此法存在操作管理不便和供湿精度差的缺点。大型孵化器多采用叶片式供湿轮或卧式圆盘滚筒自动供湿装置。该装置位于均温风扇下部，由贮水槽、供湿轮（滚筒）、驱动电机（或电磁阀）及感湿元器件（水银电接点式湿度计或湿敏电容、电阻）等组成。

(3)报警系统　报警系统是监督控制器及设备正常工作的安全装置。当孵化器出现故障或孵化器内环境条件不符合设定要求时，报警系统启动，提醒工作人员及时处理，以免影响孵化器正常运行。

3. 机械传动系统

(1)转蛋传动系统　包括机械传动和电子控制两部分。机械传动的主要零配件有转蛋电机、电机减速装置、蜗轮蜗杆、控制行程开关及连杆机构等。电子电路采用集成电路。该系统 80～100 min 转蛋一次（有的设 60、90 和 120 min 三种转蛋周期）。转蛋角度为 90°，并设有计数器显示转蛋次数。

(2)通风换气及均温系统　该系统由进气孔、出气孔、均温电机及风扇叶等组成。依均温风扇位置，可分侧吹式、顶吹式、后吹式及中吹式。箱式孵化器的进气孔，侧吹式设在近风扇轴处或孵化器前下方，顶吹式和后吹式设在近风扇轴处，中吹式设在孵化器顶的中部。出气孔各式均设在孵化器顶部，进出气孔可手动调节或自动调节。巷道式孵化器的风扇设在孵化器的尾部内上侧，进气孔多设在孵化器尾部机顶，出气孔在孵化器入口处机顶。这种设计很合理，因为它采用前进式分批入孵,新鲜空气通过进气孔先经过需氧多、胚龄大的种蛋,再通过胚龄小、需氧少的种蛋,既解决了不同需氧量的要求,又可利用大胚龄者的余热。孵化器里温度是否均匀,除了均温风扇外,还与电热和进出气孔布局、孵化器门的密封性能有很大关系,须统一考虑。此外孵化器的通风换气还须与孵化室、出雏室的通风换气设计密切配合。

4. 机内照明和安全系统

为了观察方便和操作安全,孵化器内设有照明设备和启动关闭电机装置。可以手动控制,也可将开关安在门框上自动控制。

(二)水处理设备

孵化场用水量较多,而且有些设备对水的质量要求很高,必须对水质进行处理。经常间断性停电或水中含杂质较多的地区,须有过滤水装置。在孵化场不允许使用钙、镁含量高的硬水,以免造成供湿喷嘴堵塞或冷排管道堵塞或供水阀门关闭不严而漏水。在北方很多地区,水中含无机盐较多,如果使用有自动喷湿和自动冷却系统的孵化机,必须配备水软化设备。

(三)运输设备

孵化场应配备一些运输工具来运送蛋箱、雏盒、蛋盘、种蛋及雏鸡。装有转向轮的木质工作桌,既可用来运输种蛋、雏盒,又可用作照蛋、落盘的工作台。还可有滚轴式或皮带轮式的输送机,用于卸下种蛋和雏鸡装车。孵化场最好备有带空调的运雏车,便于雏鸡运送。

(四)冲洗消毒设备

孵化场一般采用高压水枪清洗地面、墙壁及用具设备。目前国内有多种型号的冲洗设备,如喷射式清洗机(图 1-1),很适合孵化场的冲洗作业。它可转换成 3 种不同压力的水柱,即“硬雾”、“中雾”、“软雾”。“硬雾”用于冲洗地面、墙壁、蛋盘车、出雏车及其他车辆;“中雾”用于冲洗孵化机外壳、出雏盘和孵化蛋盘;“软雾”可冲洗入孵器和出雏器内部。

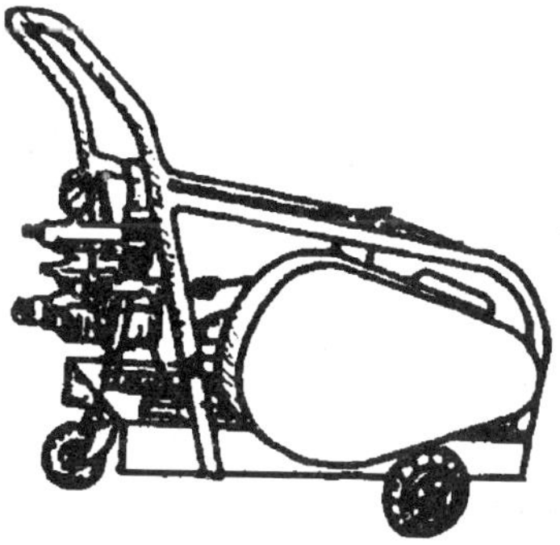

图 1-1 喷射式清洗机

孵化场各室的消毒,可选用 EIMX-J25 型灭菌消毒系统,该系统采用现代电子技术,集次氯酸消毒原液的生产、稀释和喷洒等多功能于一体。它由次氯酸钠发生装置、稀释桶喷洒装置、增压泵、管道系统和小推车等部分组成。最大喷洒射程达 6 m,用水和食盐作原料,现用现配,操作简便,成本低廉。

(五)照蛋设备

(1)照蛋灯　用镀锌铁皮作罩,尾部安灯泡,前面有反光罩,并配上 12 V 的电源变压器,使用安全方便。

(2)简易照蛋箱　用纸箱或木箱均可。在箱内安置光源,并在箱壁上开若干个直径 3 cm 的孔,即成简易照蛋箱。

(3)台式照蛋器　照蛋台上的灯光眼与蛋盘上的蛋数相等,蛋盘放在照蛋台上,打开光源,进行照蛋。该照蛋器照蛋速度快,准确率高,而且安全。如图 1-2 所示。

另外,还有手提式多头照蛋灯和照蛋车。

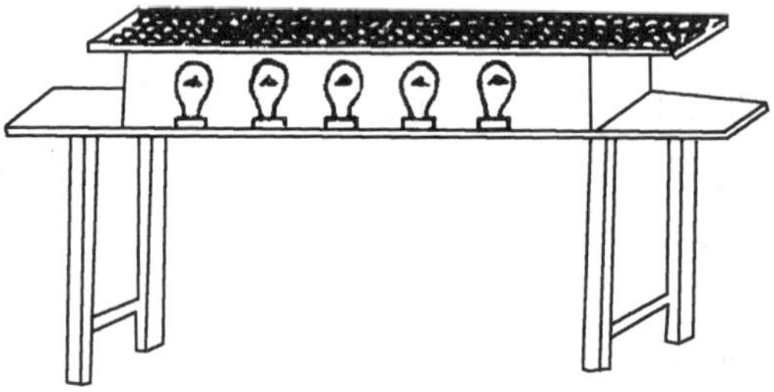

图 1-2　台式照蛋器

(六)其他设备

(1)标准温度计　用于观察机内温度。

(2)发电设备　备停电时使用。发电机功率要根据孵化机的总负荷而定。

(3)供暖设备　孵化场应设有锅炉,供保持室温、工作人员沐浴及清洗消毒使用。

(4)连续注射器　用于一日龄雏鸡的马立克疫苗注射。

(5)雌雄鉴别设备　进行初生雏的翻肛鉴别雌雄时,要另备有鉴别盒、鉴别桌、鉴别灯等用具。

(6)雏盒　是初生雏运输的装具。用瓦楞纸板打孔(直径 1.5 cm)做成上小下大的梯形,分 4 格,每格可放雏鸡 25 只,规格为 40 cm×60 cm×18 cm。如图 1-3 所示。

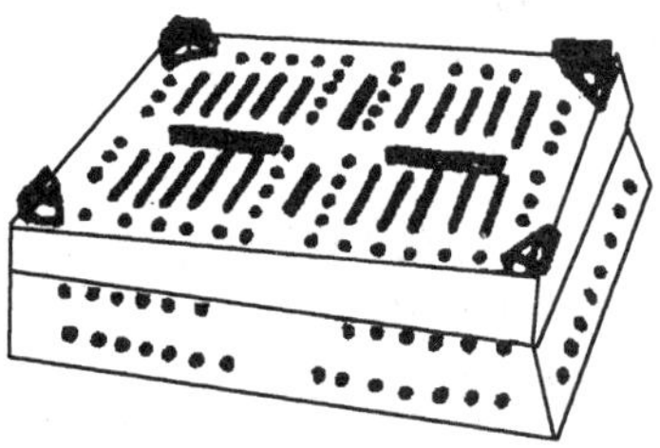

图 1-3　雏盒

子项目2 种蛋的管理

一、蛋的形成与构造

1. 蛋的形成

蛋是在母禽的输卵管里形成的(图1-4)。母禽性成熟后，卵巢上成熟卵泡破裂排出的卵子立即被输卵管喇叭部接纳(完全接纳需要13 min)，并在此受精。通过喇叭部还需18 min，之后进入膨大部，在此卵黄被包上一层层的蛋白(约需3 h)。然后靠膨大部的蠕动作用进入峡部，在此形成内外壳膜(约74 min)，然后进入子宫。子宫液进入蛋内，蛋重成倍增加，壳膜鼓起形成蛋形。随后在外壳膜上沉积钙质形成蛋壳。蛋在离开子宫前有色蛋的色素(卟啉)也分泌并覆盖于蛋壳上，蛋上的胶护膜也形成(在子宫内停留18～20 h)。卵在子宫内已形成完整的蛋，到达阴道部只等待产出(约停留0.5 h)，在神经和激素的作用下将蛋产出。

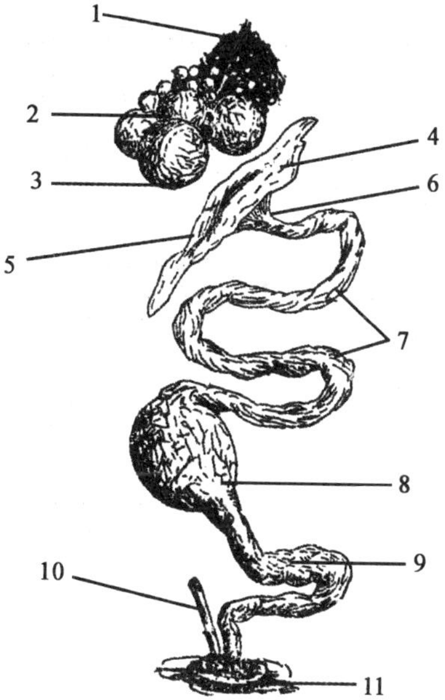

图1-4 母禽生殖器官

1.卵巢基 2.发育中的卵泡 3.成熟的卵泡 4.喇叭部 5.喇叭部入口 6.喇叭部的颈部 7.蛋白分泌部 8.峡部 9.子宫部 10.退化的右侧输卵管 11.泄殖腔

2. 蛋的构造

蛋的构造如图 1-5 所示。

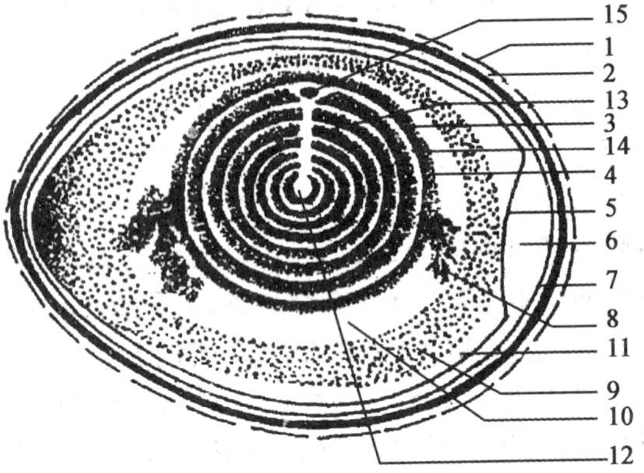

图 1-5　蛋的构造

1. 胶护膜　2. 蛋壳　3. 蛋黄膜　4. 系带层浓蛋白　5. 内壳膜　6. 气室　7. 外壳膜　8. 系带　9. 浓蛋白　10. 内稀蛋白　11. 外稀蛋白　12. 蛋黄心　13. 深色蛋黄　14. 浅色蛋黄　15. 胚珠或胚盘

3. 蛋的化学成分

蛋的化学成分见表 1-1。

表 1-1　蛋的化学成分　%

成分	水分	蛋白质	脂肪	碳水化合物	矿物质	其他
蛋壳	1.0	4.0	—	—	95.0	—
蛋白	885	105	—	0.5	0.5	—
蛋黄	475	17.4	33.0	0.2	1.1	0.8

二、种蛋的选择与保存

1. 种蛋的选择

种蛋的要求：首先种蛋应来源于生产性能高、无经蛋传播的疾病、受精率高、饲喂营养全面的饲料、管理良好的种禽群；蛋的品质好，新鲜；蛋表面清洁，未被粪便和垫料等污染；大小适中，不过大或过小，一般认为，鸡蛋在 50～65 g，国际市场鸡蛋以 58 g 为标准，鸭蛋、火鸡蛋 80～100 g，鹅蛋 160～200 g；形状符合品种标准，但不同品种间是有差异的；蛋壳质地致密均匀，壳厚适中（鸡蛋 0.27～0.37 mm，鸭蛋 0.35～0.40 mm，鹅蛋 0.40～0.50 mm）；壳色符合本品种标准，无裂纹，无畸形。

选择方法：

(1)感官法　对种蛋的一些外观指标可采用肉眼观察，裂纹蛋和破损蛋可通过轻轻碰撞发出的破裂音将其剔出。

(2)透视法　对蛋的蛋壳结构，气室的大小、位置，血斑、肉斑等情况，采用照蛋的方法透视检查。

(3)抽验剖视法　抽验剖视种蛋，测其哈氏单位、蛋壳厚度、蛋黄指数等指标，以进一步判断蛋的内部品质。此法多在孵化率异常时进行。

2. 种蛋的保存

种蛋保存的时间：种蛋越新鲜，孵化率越高。一般以产后 3～5 d 为宜。贮存超过 4 d，每多放 1 d 孵化率下降 4%，孵化期延长 30 min，如果需保存 1 周以上，最好每天翻蛋 1～2 次或小头朝上放置。

种蛋保存的温度：鸡胚发育的临界温度为 23.9℃，因此保存时的温度不能超过此温度，当然也不能过低，蛋白的冰点是 0.45℃，低于此温度会使胚胎冻死。种蛋保存的适宜温度为 12～18℃。保存时间不超过 1 周采用上限温度，若时间较长则采用下限温度。

种蛋保存的湿度：一般以 75%～80% 为宜。贮蛋库要通风良好，卫生干净，隔热性能好，不受阳光直射。

三、种蛋的运输与消毒

1. 种蛋的运输

装具：最好用特制的纸箱和蛋托。

运输：要求平稳、快速、安全可靠，种蛋破损少。

2. 种蛋的消毒

种蛋消毒的意义：蛋通过泄殖腔产出时或蛋产入蛋窝、产蛋箱时，往往被粪便和环境污染，蛋表面附着许多微生物，并且这些微生物能在适宜的条件下大量迅速繁殖。种蛋受到污染不仅影响其自身的孵化，而且污染孵化设备，传播各种疾病。种蛋虽在鸡舍经过一次消毒，但在存放的过程中会被再次污染，为提高孵化率和减少疾病的传播，种蛋必须经过严格认真的消毒才能进行孵化。

消毒方法：种蛋的消毒有熏蒸消毒、浸泡消毒和喷雾消毒等方法。生产中常用福尔马林、高锰酸钾熏蒸消毒法，每立方米空间用福尔马林 30 mL、高锰酸钾 15 g。计算好用量后先将高锰酸钾放在陶瓷器皿内，再将所需的福尔马林溶液快速倒入。二者相遇发生剧烈反应，可产生大量的甲醛气体杀灭病原菌。在 20～26℃，相对湿度为 60%～65%的条件，密闭 30 min 即可。注意不要伤及眼睛和皮肤；对“冒汗”的蛋应先让水珠蒸发后再消毒；福尔马林挥发性强，要随用随取。

子项目 3　孵化操作

一、家禽胚胎发育

(一)家禽的孵化期

受精蛋从入孵至出雏所需的天数即为孵化期。各种家禽有较固定的孵化期，见表 1-2。

表 1-2　各种家禽的孵化期　d

家禽种类	鸡	鸭	鹅	火鸡	鸽子	珠鸡	鹌鹑	瘤头鸭
孵化期	21	28	31	28	18	26	17～18	33～35

(二)家禽的胚胎发育

家禽的胚胎发育分为母体内(蛋的形成过程中)的胚胎发育和孵化期间的胚胎发育。

1.胚胎在蛋的形成过程中的发育

成熟的卵细胞从卵巢排出，进入输卵管并在输卵管喇叭部受精，受精卵进入峡部发生第 1 次卵裂，分裂至 8～16 个细胞。在 20 min 内又发生第 2 次卵裂。在进入子宫部后的 4 h 内，胚盘经 9 次分裂达 512 个细胞。当胚胎发育至原肠期，已分化形成内胚层和外胚层，之后蛋即产出体外，因环境温度降低而停止发育。剖视受精蛋，肉眼可见圆盘状的胚盘(未受精的蛋为云雾状的胚珠)。

2.胚胎在孵化过程中的发育

受精卵如果获得适宜的外界条件，胚将继续发育，很快在内外胚层中间形成第 3 个胚层即中胚层，以后继续发育，内、中、外 3 个胚层分别发育成新个体的所有组织和器官。

(1)胚胎发育　分早期、中期、后期、出壳 4 个阶段。

发育早期(鸡 1～4 d,鸭 1～5 d,鹅 1～6 d):内部器官发育阶段。首先形成中胚层,再由 3 个胚层形成雏禽的各种组织和器官。外胚层形成皮肤、羽毛、喙、趾、眼、耳、神经系统以及口腔和泄殖腔的上皮等;中胚层形成肌肉、生殖系统、排泄器官、循环系统和结缔组织等;内胚层形成消化器官和呼吸器官的上皮及内分泌腺体等。

发育中期(鸡 5～14 d,鸭 6～16 d,鹅 7～18 d):外部器官发育阶段。脖颈伸长,翼、喙明显,四肢形成,腹部愈合,全身被覆绒羽,胫出现鳞片。

发育后期(鸡 15～19 d,鸭 17～27 d,鹅 19～29 d):禽胚生长阶段,胚胎逐渐长大,肺血管形成,卵黄收入腹腔内,开始利用肺呼吸,在壳内鸣叫、啄壳。

出壳(鸡 21 d,鸭 28 d,鹅 30～31 d):雏禽长成,破壳而出。

家禽胚胎发育的主要外形特征见表 1-3。

表 1-3　胚胎发育不同日龄的外形特征

特　征	胚龄/d		
	鸡	鸭	鹅
出现血管	2	2	2
羊膜覆盖头部	2	2	3
开始眼的色素沉着	3	4	5
出现四肢原基	3	4	5
肉眼可明显看出尿囊	4	5	5
出现口腔	7	7	8
背出现绒毛	9	10	12
喙形成	10	11	12
尿囊在蛋的尖端合拢	10	13	14
眼睑达瞳孔	13	15	15
头覆盖绒毛	13	14	15
胚胎全身覆盖绒毛	14	15	18
眼睑合闭	15	18	22～25
蛋白基本用完	16～18	21	22～26
蛋黄开始吸入,开始睁眼	19	23	24～26
颈压迫气室	19	25	28

续表 1-3

特　征	胚龄/d		
	鸡	鸭	鹅
眼睁开	20	26	28
开始啄壳	19.5	25.5	27.5
蛋黄吸入,大批啄壳	19.75	25.75	27.5
开始出雏	20～20.25	26	28
大批出雏	20.5	26.5	28.5
出雏完结	20.75	27.5	30～31

(2)胎膜的形成及功能　家禽的胚胎发育是一个极其复杂的生理代谢过程,促使胚胎能正常生长发育的内在环境是胎膜,也称胚外膜,包括羊膜、卵黄囊、绒毛膜和尿囊 4 种。

卵黄囊:是形成最早的胚膜,在孵化第 2 天开始形成,以后逐渐向卵黄表层扩展,第 4 天卵黄囊血管包围 1/3 蛋黄,第 6 天包围 1/2,第 9 天几乎覆盖整个蛋黄表面。孵化第 19 天,卵黄囊及剩余蛋黄绝大部分进入腹腔,第 20 天完全进入腹腔,出壳时,约剩余 5 g 蛋黄。6～7 日龄时被小肠吸收完毕,仅留一卵黄蒂(小突起)。卵黄囊表面分布很多血管汇成循环系统,通入胚体,供胚胎从卵黄中吸收营养;卵黄囊在孵化初期还有与外界进行气体交换的功能;其内壁还能形成原始的血细胞,因而又是胚胎的造血器官。

羊膜:羊膜在孵化的第 2 天即覆盖胚胎的头部并逐渐包围胚胎全身,第 4 天在胚胎背上方合并(称羊膜脊)并包围整个胚胎,而后增大并充满液体(羊水),第 5～6 天羊水增多,第 17 天开始减少,第 18～20 天大大降低至枯萎。羊膜腔内有羊水,胚胎在其中可受到保护;羊膜有能伸缩的肌纤维,产生有规律的收缩,促使胚胎运动,防止胚胎和羊膜粘连。

绒毛膜(浆膜):绒毛膜与羊膜同时形成,孵化前 6 d 紧贴羊膜和蛋黄囊外面,其后由于尿囊发育而与尿囊外层结合形成尿囊绒毛膜。浆膜透明无血管,不易看到单独的浆膜。

尿囊:孵化第 2 天末至第 3 天初开始生出,由后肠形成一个突起,第 4～10 天迅速生长,第 6 天达壳膜内表面,第 10～11 天包围整个胚胎内容物,并在蛋的小头合拢,以尿囊柄与肠连接。第 17 天尿囊液开始下降,第 19 天动静脉萎缩,第 20 天尿囊血液循环停止。出壳时,尿囊柄断裂,黄白色的排泄物和尿囊膜留在壳内壁上。尿囊在接触壳膜内表面继续发育的同时，与绒毛膜结合成尿囊绒毛膜。这种高度血管化的结合膜由尿囊动、静脉与胚胎循环相连接，其位置紧贴在多孔的壳膜下面，起到排出 CO_2、吸收外界 O_2 的作用，并吸收蛋壳的无机盐供给胚胎。尿囊还是胚胎蛋白质代谢产生废物的贮存场所。所以尿囊既是胎儿的营养和排泄器官，又是胎儿的呼吸器官。

孵化过程中胚胎的物质代谢变化主要取决于胎膜的发育，孵化头 2 d 物质代谢极为简单，孵化 2 d 以后物质代谢逐渐增强。

二、孵化条件

家禽胚胎发育的外界条件即为孵化条件，包括温度、湿度、通风、翻蛋、凉蛋等。掌握孵化条件是获得理想孵化效果的关键所在。

(一)温度

温度是孵化的首要条件。孵化过程中温度是否得当，直接影响到孵化效果，只有在适当的温度下才能保证家禽胚胎正常发育。

1. 胚胎发育的最适温度范围和孵化最适温度

家禽胚胎的发育对温度也有一定的适应能力，在 35～40.5℃(95～105 ℉)的较大范围内，都能孵出雏禽，但孵化率低，雏禽品质差。胚胎发育的适宜温度为 37～39℃(99～102 ℉)。在孵化室温为 22～26℃的前提下，鸡胚孵化的最适温度为 37.8℃(100 ℉)，出雏时的温度为 37.3℃(99 ℉)。

2. 高温、低温对胚胎发育的影响

温度过高过低都对胚胎发育不利，严重时造成胚胎死亡。

(1)高温影响　一般情况下温度较高则胚胎发育快，孵化期缩短，胚胎死亡率增加，雏鸡质量下降。死亡率的高低，随温度增加的幅度及持续时间的长短而异，孵化温度超过 42℃经过 2～3 h 以后则造成胚胎死亡。

(2)低温影响　低温下胚胎的生长发育迟缓，孵化期延长，死亡率增加。如温度低于 24℃经 30 h 便全部死亡。

较小偏离最适温度的高低限，对孵化 10 d 后的胚胎发育抑制作用要小些，因为此时胚蛋自温可起适当调节作用。

种蛋最适的孵化温度受多种因素的影响，如家禽种类、品种、蛋的大小、种蛋的贮存时间、蛋壳质量、孵化时的湿度、孵化室温度、孵化季节、胚胎发育的不同时期等，并且这些因素又相互影响，所以上述的最适温度是指平均温度。

(3)变温孵化与恒温孵化制度　在生产上有恒温孵化和变温孵化两种供温制

度。恒温孵化是在孵化的过程中温度保持不变，出雏时温度略降（生产上多采取分批交错上蛋的方法进行恒温孵化）。变温孵化也称降温孵化，是指在孵化期随胚龄的增加逐渐降低孵化温度。鸡、鸭、鹅的两种孵化施温方案如表 1-4 所示。

表 1-4　鸡、鸭、鹅蛋的孵化温度　　　℉

禽种类型	室温	入孵机内温度					出雏机内温度
		恒温（分批）	变温（整批）				
		1～17 d	1～5 d	6～12 d	13～17 d		18～20.5 d
鸡	65	101.0	102.0	101.0	100.0		98.5 左右
	75	100.5	101.5	100.5	99.5		
	85	100.0	101.0	100.0	99.0		
	90～95	99.0	100.0	99.0	98.0		
		1～23 d	1～7 d	8～16 d	17～23 d		24～30.5 d
鹅	65	99.5	100.5	99.5	98.5		97.5 左右
	75	99.0	100.0	99.0	98.0		
	85	98.5	99.5	98.5	97.5		
	90～95	97.5	98.5	97.5	96.5		
		1～23 d	1～5 d	6～11 d	12～16 d	17～23 d	24～28 d
蛋鸭	75～85	100.5	101.5	100.5	100.0	99.5	99.0
	85～90	100.0	100.5	100.0	99.5	99.0	98.5
大型肉鸭	75～85	100.0	100.5	100.0	99.5	99.0	98.5
	85～90	99.5	100.0	99.5	99.0	98.5	98.0

注：$t=(t_F-32)\times 5/9$

（二）相对湿度

1. 胚胎发育的相对湿度范围和孵化最适湿度

湿度对胚胎发育的影响不及温度重要，但适宜的湿度对胚胎发育是有益的：孵化初期能使胚胎受热良好，孵化后期有利于胚胎散热，出雏时有利于胚胎破壳。出雏时湿度与空气中的 CO_2 作用，使蛋壳的碳酸钙变成碳酸氢钙，壳变脆。所以在出雏前提高湿度是很重要的。

胚胎发育对环境相对湿度的适应范围比温度要宽些，一般为 40%～70%。入孵机内的湿度要求在 50%～60%，出雏机内的湿度则以 65%～75%为宜。孵化室、出雏室的相对湿度为 75%。

2. 高湿、低湿对胚胎发育的影响

湿度过低，蛋内水分蒸发过多，容易引起胚胎和壳膜粘连，引起雏鸡脱水。湿度过高，影响蛋内水分正常蒸发，雏腹大，脐部愈合不良。两者都会影响胚胎发育中的正常代谢，均对孵化率、雏的健壮有不利的影响。

孵化器内湿度的调节可通过放置水盘的多少、控制水温和水位的高低来实现。

(三)通风换气

1.通风与胚胎的气体交换

胚胎在发育过程中除最初几天外，都必须不断地与外界进行气体交换，而且随着胚龄的增加而加强。尤其是孵化19 d后，胚胎开始用肺呼吸，其耗氧量更多。整个孵化期总耗氧量4.0～4.5 L，排出CO_2 3～5 L。

2.孵化器中O_2和CO_2含量对孵化率的影响

O_2含量为21%时，孵化率最高，每减少1%，孵化率下降5%。O_2含量过高孵化率也降低，在30%～50%范围内，每增加1%，孵化率下降1%左右。新鲜空气含O_2 21%，CO_2 0.03%～0.04%，这对于孵化是合适的。一般要求O_2含量不低于20%，CO_2含量0.4%～0.5%，不能超过1%。CO_2超过0.5%，孵化率下降，超过1.5%，孵化率大幅度下降。只要孵化器通风设计合理，运转、操作正常，孵化室空气新鲜，一般CO_2不会过高，应注意不要通风过度。

3.通风与温、湿度的关系

在孵化后期，通风还可以帮助驱散余热。孵化过程中，胚蛋周围空气中O_2的含量为21%，换气、温度、湿度三者之间有密切关系。通风良好，温度低，湿度就小；通风不良，空气不流畅，湿度就大；通风过度，则温度和湿度都难以保证。

4.通风换气与胚胎散热的关系

孵化过程中，胚胎不断与外界进行热能交换。胚胎产热随胚龄的递增呈正比例增加，如表1-5所示。尤其是孵化后期，胚胎代谢更加旺盛，产热更多，如果热量散不出去，温度过高，将严重缺O_2，阻碍胚胎的正常发育，甚至烧死。所以，孵化器的通风换气，不仅可以提供胚胎发育所需的O_2、排出CO_2，而且还有一个重要作用，即可使孵化器内的温度均匀，驱散余热。

表1-5 孵化中胚蛋热能交换

项目	胚龄/d					壳打孔
	5	8	11	14	19	
产热/(J/h)	2.55	37.66	96.23	255.22	707.10	723.83
损失热/(J/h)	62.76	75.31	62.76	62.76	129.70	150.62
胚蛋温度/℃	37.9	37.9	38.0	38.8	40.1	40.1

注：孵化温度为38℃。

5.通风换气的控制

孵化初期，可关闭进、排气孔，随胚龄的增加逐渐打开，至孵化后期全部打开，使通风换气量加大。

(四)翻蛋

1. 翻蛋的生物学意义

翻蛋的主要目的在于改变胚胎方位，防止胚胎与壳膜粘连；另外，翻蛋可促进胚胎运动，保持胎位正常；还可使胚胎受热均匀。

2. 翻蛋的次数及停止翻蛋的时间

一般每天翻蛋 6～8 次即可。机器孵化每 1～2 h 自动翻蛋一次，土法孵化可 4～6 h 翻一次。温度低时可适当增加翻蛋次数。前 2 周翻蛋更为重要，尤其是第 1 周。据试验，鸡胚孵化期间(1～18 d)不翻蛋，孵化率仅为 29%；第 1 周翻蛋，孵化率为 78%；第 1～14 天翻蛋，孵化率为 95%；第 1～18 天翻蛋，孵化率为 92%。机器孵化一般到第 18 天即停止翻蛋并进行移盘。

3. 翻蛋的角度

鸡蛋以水平位置前俯后仰 45°为宜，而鸭蛋以 50°～55°为宜，鹅蛋以 55°～60°为宜。翻蛋时动作要轻、慢、稳。

(五)凉蛋

1. 适用范围

凉蛋是指孵化到一定时间，关闭电热甚至将孵化器门打开，让胚蛋温度下降的一种孵化操作程序。因胚胎发育到中后期，物质代谢产生大量热能，需要及时凉蛋。其目的是驱散孵化器内余热，防止胚胎自烧至死，同时让胚蛋得到更多的新鲜空气。

鸭、鹅蛋含脂量高，物质代谢产热量多，必须进行凉蛋，否则易引起胚胎“自烧至死”。孵化鸡蛋，在夏季孵化的中后期，孵化器容量大的情况下可考虑进行凉蛋。若孵化器有冷却装置则不必凉蛋。

2. 凉蛋方法

凉蛋方法依孵化器的类型、禽蛋种类、孵化制度、胚龄、季节而定。鸡蛋在封门前、水禽蛋在合拢前采用不开机门、关闭电热、风扇转动的方法。以后采用打开机门、关闭电源、风扇转动甚至抽出孵化盘、喷冷水等措施。每天凉蛋的次数、每次凉蛋时间的长短视外界温度与胚龄而定，一般每日凉蛋 1～3 次，每次凉蛋 15～30 min，以蛋温不低于 30～32℃为限。

(六)影响孵化效果的其他因素

1. 海拔与气压

海拔愈高，气压愈低，氧气含量愈少，孵化时间长，孵化率低。据测定，海拔高度超过 1 000 m，对孵化率有较大的影响。如增加氧气输入量，可以改善孵化效果。

2. 孵化方式

一般情况下，机器孵化比土法孵化效果好；自动化程度高，控温、控湿精确的孵化比旧式电机的孵化效果好；整批装蛋的变温孵化比分批装蛋的恒温孵化，其孵化率要高。

3. 季节与孵化室环境

孵化室的适宜温度为22～26℃，因外界环境温度会直接影响到孵化器内的温度，故孵化的理想季节是春季(3～5月份)、秋季(9～10月份)，夏、冬季节孵化效果差些。同时夏季高温，种蛋品质较差，冬季低温，种鸡活力低，种蛋受冻，孵化率低。孵化器小气候受孵化室大气候的影响，所以要求孵化室通风良好，温湿度适中，清洁卫生，保温性能好。

4. 禽种与品种

不同种类的家禽，其种蛋的孵化率是不同的，鸡蛋的孵化率高于鸭鹅蛋；不同经济用途的品种，其孵化率也有差异，蛋用鸡的孵化率高于肉鸡；同一品种近交时孵化率下降，杂交时孵化率提高。

三、孵化前的准备

1. 制定孵化计划

在孵化前，根据孵化和出雏能力、种蛋的数量以及雏的销售等具体情况，订出孵化计划，填入孵化工作日程计划表(表1-6)或孵化进程表(表1-7)，非特殊情况不要随便变更计划，以便孵化工作顺利进行。

注意：定计划时，尽量把费力、费时的工作(如入孵、照蛋、移盘、出雏等)错开。一般每周入孵两批，工作效率较高。如采用分组作业(码盘、入孵、照蛋，移盘、出雏，雏鸡雌雄鉴别等作业组)，可2～3 d入孵一批，孵化效果很好，工作效率更高。

表1-6　孵化工作日程计划表

批次	入孵	照蛋	出雏器消毒	移盘	雏鸡消毒	出雏	出雏结束时间	雌雄鉴别	接种疫苗	接雏

表 1-7　孵化进程表

批次	2月1日	2 3 4 5	6	7 8 9	10	11 12 13	14 15 16 17 18	19	20 21	22
一	入孵		一照		二照			移盘		出雏
二										
三										

2. 准备孵化用品

孵化前 1 周一切用品应准齐全，包括照蛋灯、温度计、消毒药品、防疫注射器材、记录表格（表 1-8）、电动机等。

表 1-8　孵化记录表

批次	上蛋日期	上蛋数	无精蛋			中死蛋			死胎	碎蛋	出雏			受精蛋数	受精率/%	受精蛋孵化率/%	入孵蛋孵化率/%
			一照	二照	合计	一照	二照	合计			健雏	弱雏	合计				

3. 温度计的校正及试机运转

孵化器安装后或停用一段时间后，在投入使用前要认真校正、检验各机件的性能，尽量将隐患消灭在入孵前。

（1）温度计的校正　孵化用的温度计和水银电接点温度计要用标准温度计校正。

（2）机器检修及试机运转　在孵化前 1 周，进行孵化器试机和运转：先用手扳皮带轮，听风扇叶是否碰擦侧壁或孵化架，叶片螺丝是否松动。有蜗轮蜗杆转蛋装置的孵化器，要检查蜗轮上的限位螺栓的螺丝是否拧紧。手动转蛋系统的孵化器，应手摇转蛋杆，观察蛋盘架前俯后仰角度是否为 45°。上述检查未发现异常后，即可接通电源，扳动电热开关，供温、供湿，然后分别接通或断开控温（控湿）、警铃等系统的触点，看接触是否严紧。接着调节控温（控湿）的水银电接点温度计至所需度数（如控温表 37.8℃，控湿表 32℃）。待达到所需温度、湿度，看是否能自动切断电源或水源，然后开机门并关闭电热开关，使孵化器降温。然后再关机门，开电热开关，反复测试数次。最后开警铃开关，将控温水银电接点温度计调至 39℃，报警水银电接点温度计调至 38.5℃，观察孵化器内温度超过 38.5℃时，报警器是否能自动报警。经过上述检查均无异常，即可试机运转1～2 d，一切正常方可正式入孵。

4. 孵化室及孵化器的消毒

为了保证雏鸡不感染疾病，孵化室的地面、墙壁、天棚均应彻底清洗消毒。每批孵化前孵化机内必须清洗，并用福尔马林进行熏蒸消毒。

5. 入孵前种蛋预热

入孵前预热种蛋，能使胚胎发育从静止状态中逐渐"苏醒"过来，减少孵化器里温度下降的幅度，除去蛋表凝水，以便入孵后能立刻消毒种蛋。

预热方法：入孵前，将种蛋在不低于22～25℃环境中放置4～9 h或12～18 h。

6. 码盘、消毒

(1)码盘　将种蛋码在孵化蛋盘上称码盘。国外采用真空吸蛋器码盘。在国内，因孵化器(孵化盘)类型颇多，规格不一，所以码盘还不能实现机械化。

(2)消毒　种蛋消毒的意义和消毒方法参见种蛋管理的相关内容。

四、孵化期操作技术

1. 入孵

一般整批孵化，每周入孵两批；分批孵化时，3～5 d入孵一批。入孵时间在下午4～5点钟，这样可白天大量出雏(视升至孵化温度的时间长短而定)。整批孵化时，将装有种蛋的孵化盘插入孵化架车推入孵化器中；若分批入孵，新蛋孵化盘与老蛋孵化盘应交错插放，这样新、老蛋可相互调温，使孵化器里的温度较均匀，交错插放还能使孵化架重量平衡。为避免差错，同批种蛋用相同的颜色标记，或在孵化盘上注明。

2. 温度的观察和调节

孵化器控温系统在入孵前已经校正。检验并试机运转正常后一般不要随意更动。刚入孵时，开门入蛋引起热量散失以及种蛋和孵化盘吸热，因此孵化器里温度暂时降低，这是正常的现象。待蛋温、盘温与孵化器里的温度相同时，孵化器温度就会恢复正常。每隔半小时通过观察窗观察里面的温度计一次，每2 h记录1次温度。有经验的孵化人员，还经常用手触摸胚蛋或将胚蛋放在眼皮上测温，必要时还可照蛋，以了解胚胎发育情况和孵化给温是否合适。孵化温度是指孵化给温，在生产上又大多以"门表"所示温度为准。在生产实践中，存在着3种温度，即孵化给温、胚蛋温度和门表温度，要加以区别。

上述3种温度是有差别的，只要孵化器设计合理，温差不大且孵化室内温度不过低，则门表所示温度可视为孵化给温，并定期测定胚蛋温度，以确定孵化时温度掌握得是否正确。如果孵化器各处温差太大，孵化室温度过低，观察窗仅一层玻璃，尤其是停电时，则门表温度绝不能代表孵化温度，此时要以测定胚蛋温度为主。

3.湿度的观察与调节

孵化器观察窗内挂干湿球温度计，每2 h观察记录1次，并换算出机内的相对湿度。要注意包裹湿度计棉纱的清洁，并加蒸馏水。

相对湿度的调节，是通过放置水盘多少、控制水温和水位高低或确定湿度计温度来实现的。湿度偏低时，可增加水盘扩大蒸发面积，提高水温和降低水位（水分蒸发快）加速蒸发速度。还可在孵化室地面洒水，改善环境湿度，必要时可用温水直接喷洒胚蛋，出雏时要及时捞去水盘表面的绒毛。采用喷雾供湿的孵化器，要注意水质，水应经过滤或软化后使用，以免堵塞喷头。

4.转蛋

1～2 h转蛋1次。手动转蛋要稳、轻、慢，自动转蛋应先按动转蛋开关的按钮，待转到一侧45°自动停止后，再将转蛋开关扳至“自动”位置，以后每2 h自动转蛋1次。但遇切断电源时，要重复上述操作，这样自动转蛋才能起作用。

5.通风量的调节

整批孵化的前3 d（尤其是冬季），进出气孔可不打开，随着胚龄的增加逐渐打开进出气孔，出雏期间进出气孔全部打开。分批入孵，进出气孔可打开1/3～2/3。

6.照蛋

照蛋的目的是检出无精蛋、中死蛋，观察胚胎的发育情况。孵化过程中可照蛋2～3次，如果照2次，第1次在孵化的5～6 d，第2次在移盘前，即18～19 d（鸭25 d，鹅28 d）。如果照3次，除上述2次外，在10～11 d也进行一次照蛋，常常是抽检一部分。也有只进行一次照蛋的，即在移盘前进行。照蛋要稳、准、快，尽量缩短照蛋时间，有条件的可提高室温。照完一盘，用外侧蛋填满空隙，这样不易漏照。照蛋时发现胚蛋小头朝上应倒过来，抽放盘时，有意识地对角倒盘（即左上角与右下角孵化盘对调，右上角与左下角孵化盘对调）。从蛋车上取蛋盘和放蛋盘时动作要轻、慢，放盘时要牢固。照蛋完毕后再全部检查一遍，以免转蛋时滑出。最后统计无精蛋、死精蛋及破蛋数，登记入表，计算受精率。

7. 移盘

鸡胚孵至 19 d(鸭 25 d,鹅 28 d),经过最后一次照蛋后,将胚蛋从入孵器的孵化盘移到出雏器的出雏盘的过程,称移盘或落盘。过去多在孵化第 18 天移盘。我们认为鸡蛋孵满 19 d 再移盘较为合适。具体掌握在约 10%鸡胚“打嘴”时进行移盘。孵化 18～19 d,正是鸡胚从尿囊绒毛膜呼吸转换为肺呼吸的生理变化最剧烈时期。此时,鸡胚气体代谢旺盛,是死亡高峰期。推迟移盘,鸡胚在入孵器的孵化盘中比在出雏器的出雏盘中能得到较多的新鲜空气,且散热较好,有利鸡胚度过危险期,提高孵化效果。也可以在孵化 16 d 时移盘。移盘时,如有条件应提高室温,动作要轻、稳、快,尽量减少碰破胚蛋。最上层出雏盘加铁丝网罩,以防雏鸡窜出。目前国内多采用人工移盘(“扣盘”),也有采用机器进行移盘的。

子项目 4　出雏及初生雏处理

一、拣雏与助产

1. 拣雏

在成批出雏后,每 4 h 左右拣雏 1 次,也可以出雏 30%～40%时拣第 1 次,出雏 60%～70%时拣第 2 次,最后再拣一次并“扫盘”。“叠层出雏盘出雏法”在出雏 75%～80%时,拣第 1 次雏。拣雏时动作要轻、快,尽量避免碰破胚蛋。前后开门的出雏器,不要同时打开,以免温度大幅度下降而推迟出雏。拣出绒毛已干雏的同时,拣出蛋壳,以防蛋壳套在其他胚蛋上闷死雏鸡。大部分出雏后(第 2 次拣雏后),将已“打嘴”的胚蛋并盘集中,放在上层,以促进弱胚出雏。

2. 人工助产

对已啄壳但无力自行破壳的雏鸡进行人工出壳,称人工助产。鸡雏一般不需人工助产,而鸭、鹅雏人工助产率较高。一般在大批出雏后,将蛋壳膜已枯黄的胚蛋(说明该胚蛋蛋黄已进入腹腔,脐部已愈合,尿囊绒毛膜已完全干枯萎缩)轻轻剥离粘连处,把头、颈、翅拉出壳外,令其自行挣扎出壳。蛋壳膜湿润发白的胚蛋,不能进行人工助产,因其卵黄囊未完全进入腹腔或脐部未完全愈合,尿囊绒毛膜血管也未完全萎缩干枯,若强行助产,将会使尿囊绒毛膜血管破裂流血,造成雏鸡死亡或成为毫无价值的残弱雏。

二、清扫消毒

出雏完毕(鸡一般在第22胚龄的上半天),首先拣出死胎(“毛蛋”)和残、死雏,并分别登记入表,然后对出雏器、出雏室、冲洗室彻底清扫消毒。

三、初生雏的处理

1. 初生雏的雌雄鉴别

翻肛鉴别法:根据雏鸡生殖突起的有无及组织形态上的差异来鉴别初生雏的雌雄的方法。

伴性性状鉴别法:根据伴性遗传的原理,用特定的品种或品系杂交,所生后代根据羽毛的生长速度或羽毛的颜色在初生时即可鉴别雌雄。

2. 初生雏的分级

分级的意义:将弱雏分出单独放置,到饲养场后可以单独培育,可以使雏鸡发育均匀,提高育雏成活率。

分级的方法:健雏,精神活泼,绒毛匀整、干净,腹部柔软,卵黄吸收良好,脐部愈合完全,肛门附近无白屎,两脚站立有力,体重正常,胫趾色素鲜浓。弱雏,不活泼,两脚站立不稳,腹大,脐部愈合不良或带血,喙、胫色淡,体重过小。

3. 初生雏的免疫及特殊处理

接种马立克氏疫苗:在雏鸡出生24 h以内进行。

剪冠:在1日龄进行。目的是减少公鸡长大后冠被冻伤、啄伤、刮伤,避免影响视力。

截趾:在1日龄进行。目的是防止自然交配时公鸡抓伤母鸡背部而影响种蛋的受精率。

4. 初生雏的暂存

初生雏在运输前要在存雏室内放置一段时间。要求存雏室的温度在25～29℃之间,室内安静,空气新鲜。存放时间不宜过久,应尽快运到育雏室。

四、填写孵化记录表格

为使各项孵化工作顺利进行,以及准确统计孵化成绩情况,应及时、准确地计算并填写孵化记录表格。

五、鸭、鹅的孵化特点

鹅蛋码盘时应大头向上斜放或平放，这样可提高"合拢"率。因为蛋大，大头向上时尿囊从绒毛膜大头生长至小头距离长，使一些弱胚的尿囊绒毛膜发育达不到小头，而斜放（尤其是平放）缩短了尿囊绒毛膜发育距离。鹅蛋平放有利蛋白通过浆羊膜道进入羊膜腔，故"封门"胚蛋比例比大头向上垂直放置高，转蛋角度鸭蛋55°～60°为好，可促进胚蛋发育和血液循环。

鸭、鹅胚胎后期产热量大，需氧多，如鹅胚从尿囊绒毛膜呼吸转为肺呼吸时，需氧量比鸡胚高 3 倍。所以要特别重视鸭、鹅蛋孵化中、后期的散热和通风换气，而且通常要进行凉蛋。

鸭、鹅胚胎从啄壳至出雏时间长达 24～38 h，啄壳后蛋内水分蒸发加速，尿囊绒毛膜很容易干枯贴壳，所以要增加湿度和降低温度（鸭、鹅出雏器定温一般分别比鸡低 0.3℃和 0.9℃）。企图通过提高温度来促其出雏，其结果是雏禽卵黄囊及剩余蛋黄未完全进入腹腔（俗称"拖黄"），造成残弱雏增加。另外，鸭、鹅一般需进行适当助产。

六、异常时期的孵化

1. 停电时的措施

应备有发电机，以备停电时之急需，遇到停电首先拉电闸。室温提高至 27～30℃，不低于 24℃。每 0.5 h 转蛋 1 次。国内目前使用的孵化器类型较多，孵化室保温条件不同，种蛋胚龄、孵化器中胚蛋的多少各异，所以，难以制定一个统一的停电时孵化的操作规程，应根据具体情况灵活掌握。一般在孵化前期要注意保温，在孵化后期要注意散热。孵化前、中期，停电 4～6 h，问题不大。由于停电，风扇停转，致使孵化器中温差较大，此时"门表"温度不能代表孵化器里的温度。在孵化中、后期停电，必须重视用手感或眼皮测温（或用温度计测不同点温度），特别是最上几层胚蛋温度。必要时，还可采用对角线倒盘以至开门散热等措施，使胚胎受热均匀，发育整齐。

2. 孵化机发生故障时的紧急处理

孵化机一旦发生故障，短时间不能修复，就要另开空机，以便及时转移胚蛋。如无备用机可用出雏机应急。超过 10 d 的胚蛋可直接转入出雏机，将出雏机的温度调到原来的孵化温度。当故障机内的胚蛋在 10 日龄以内时，可将另外正常机内较大胚龄的蛋移入出雏机，把故障机内的胚蛋转入该机。

子项目5　孵化效果的检查分析

无论孵化成绩好坏，都应经常检查和分析孵化效果，以指导孵化工作和种鸡的饲养管理。

一、孵化效果的检查方法

通过照蛋、胚蛋失重的测定、出雏观察及死胚的病理剖检，并结合种蛋品质及孵化条件等综合分析，对孵化效果做出客观判断。并以此作为改善种鸡饲养管理、种蛋管理和调整孵化条件的依据，是提高孵化率的重要措施之一。

（一）照蛋

用照蛋灯透视胚胎发育情况，方法简便，效果好。一般在整个孵化期间进行1～3次，见表1-9。

表1-9　照蛋日期和胚胎特征

（引自杨宁，1994）

照蛋	孵化时间/d			胚胎特征
	鸡	鸭	鹅	
头照	5	6～7	7～8	黑色眼点（起珠或单珠）
抽验	10～11	13～14	15～16	尿囊绒毛膜（合拢）
二照	19	25～26	28	气室倾斜（闪毛）

1. 时间安排及目的

除上述的3次照蛋之外，还可在3、4、17、18胚龄时进行抽检。这对不熟悉孵化器性能或孵化成绩不稳定的孵化场更有必要。对孵化率高且稳定的孵化场，一般在整个孵化过程中，仅在第5～10天照蛋一次即可，孵化褐壳种蛋，可在第10～11天进行照蛋。采用我国传统孵化法，抽检次数可适当增加。

照蛋的主要目的是观察胚胎发育是否正常，并以此作为调整孵化条件的依据，同时结合观察，挑出无精蛋、死精蛋和死胚蛋。头照排出无精蛋和死精蛋，尤其是观察胚胎发育情况。抽验仅抽查孵化器中不同点的胚蛋发育情况。二照在移盘时进行，排出死胚蛋。一般头照和抽验作为调整孵化条件的参考，二照作为掌握移盘时间和控制出雏环境的参考。

2. 发育正常的胚蛋和各种异常胚蛋的识别

发育正常的活胚蛋：剖视新鲜的受精蛋，可看到蛋黄上有一中心部位透明、周围浅色圆形胚盘（有显著的明暗之分）。头照可明显看到黑色眼点，血管呈放射状，蛋色暗（图 1-6a）。抽验时，尿囊绒毛膜“合拢”，整个胚蛋除气室外全部布满血管（图 1-6b）。二照时，气室向一侧倾斜，有黑影闪动，胚蛋暗黑（图 1-6c）。

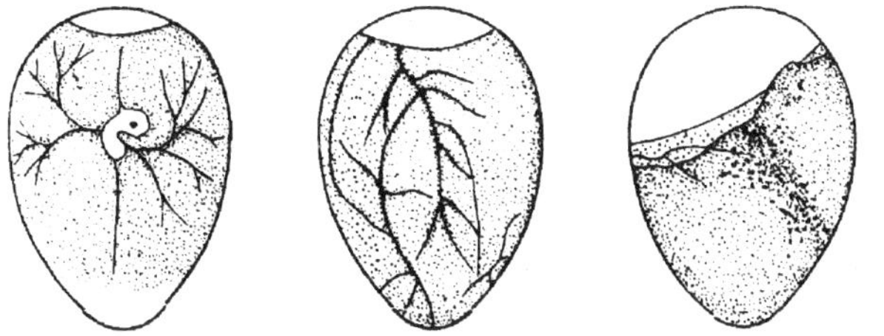

a(5 d)　　b(10 d)　　c(17 d)

图 1-6　不同日龄胚胎的发育（照蛋所见）

无精蛋：俗称“白蛋”，剖视新鲜蛋时，可见一圆形透明度一致的胚珠。照蛋时，蛋色浅黄、发亮，看不到血管或胚胎。蛋黄影子隐约可见。头照时一般不散黄，以后散黄（图 1-7）。

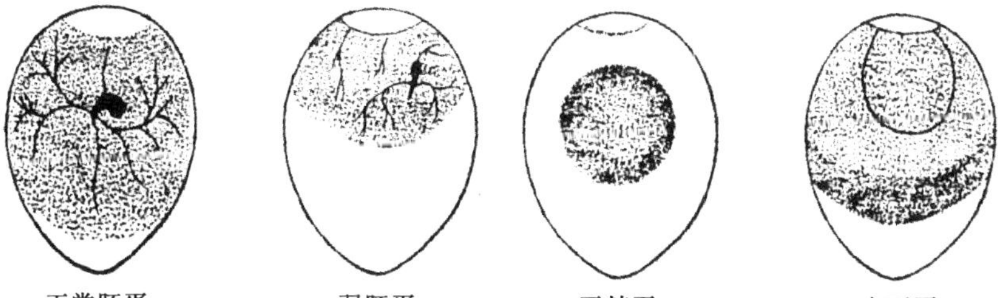

正常胚蛋　　弱胚蛋　　无精蛋　　中死蛋

图 1-7　头照时各种胚蛋

中死蛋：俗称“血蛋”，头照只见黑色的血环（或血点、血线、血弧）紧贴壳上，有时可见到死胚小黑点贴壳静止不动，蛋色浅白，蛋散沉散（图 1-7）。抽验时，看到很小的胚胎与蛋分（散）离，固定在蛋的一侧，色粉红、淡灰或黑暗，胚胎不动，见不到“闪毛”。

弱胚蛋：头照胚体小，黑色眼点不明显，血管纤细，有的看不到胚体和黑眼点，仅仅看到气室下缘有一定数量的纤细血管。胚蛋色浅红（图 1-7）。抽验时，胚蛋小头淡白(尿囊绒毛膜未合拢)。二照时,气室较正常胚蛋的小,且边缘不整齐,可看到红色血管。因胚蛋小头仍有少量蛋白,所以照蛋时胚蛋小头浅白发亮。

破蛋:照蛋时可见裂纹(呈树枝状亮痕)或破孔,有时气室跑到一侧。

腐败蛋:整个胚蛋褐紫色,有恶臭味,有的蛋壳破裂,表面有很多粒状的黄黑色渗出物。

(二)胚蛋在孵化期间的失重

在孵化过程中由于蛋内水分蒸发,胚蛋逐渐减轻,其失重多少,随孵化器中的相对湿度、蛋重、蛋壳质量(蛋壳通透性)及胚胎发育阶段而异。

1.胚蛋失重分布

孵化期间胚蛋的失重是不均匀的。孵化初期失重较小,第2周失重较大,而第17～19天(鸡)失重很多。第1～19天,鸡蛋失重为12%～14%(图1-8)。胚蛋在孵化期间的失重过多或过少均对孵化率和雏禽质量不利。我们可以根据失重情况,了解胚胎发育和孵化的温、湿度。

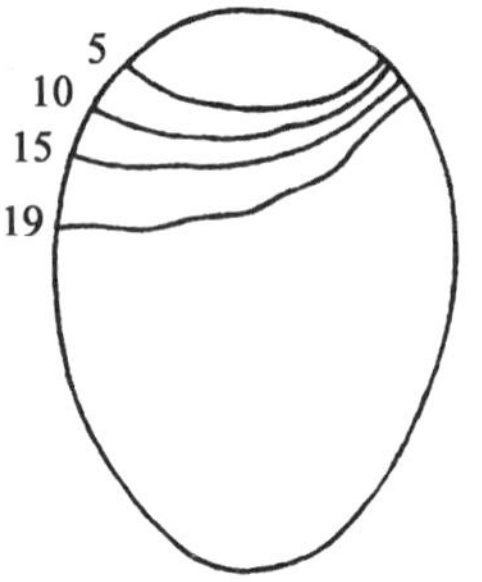

图1-8 孵化期间气室变化

2.胚蛋失重的测定方法

先称一个孵化盘的重量,然后将种蛋码在该孵化盘内再称其重量,减去孵化盘重量,得出入孵时总蛋重;以后定期称重,求出各期减重的百分率。上述方法比较繁琐,有经验的孵化人员,可以根据种蛋气室在孵化期间的大小变化及后期的气室形状来了解孵化湿度和胚胎发育是否正常。

胚蛋在相同湿度下孵化,蛋的失重有时可能差别很大,而且无精蛋和受精蛋的失重无明显差别。所以不能用失重多少作为胚胎发育是否正常或影响孵化率的唯一标准,仅以此作参考指标。

(三)出雏期间的观察

1.出雏时间及持续时间

孵化正常时,出雏时间较一致,有明显的出雏高峰,一般第21天全部出齐;孵化不正常时,无明显的出雏高峰,出雏持续时间长,到第22天仍有较多的胚蛋未破壳,这样,孵化效果肯定不理想,同时影响健雏率。

2.对初生雏的观察

主要观察绒毛、脐部愈合状况、精神状态和体形等。

健雏:绒毛干净有光泽,蛋黄吸收良好,腹部平坦、柔软。脐带部愈合良好、干燥,并被腹部绒毛覆盖。雏禽站立稳健而有力,叫声宏亮、清脆,对光和声音反应灵敏。体形匀称，大小适中，不干瘪或臃肿，胫、趾色素鲜浓。

弱雏：绒毛污乱，脐带部潮湿带血污、愈合不良，蛋黄吸收不良，腹部大，有的甚至拖地。雏禽站立不稳，前后晃动，常两腿或一腿叉开，双眼时开时闭，缩脖，精神不振，显得疲乏，叫声无力或尖叫呈痛苦状。对光、声音反应迟钝，体形干瘪或臃肿，个体大小不一。

残雏、畸形雏：弯喙或交叉喙。脐部开口并流血，蛋黄外露甚至拖地。脚和头部麻痹，瞎眼扭脖。雏体干瘪，绒毛稀短焦黄，有的甚至出现3条腿等。

(四)死雏、死胚的检查

1. 外表观察

首先观察蛋黄吸收情况、脐部愈合状况。死胚要观察啄壳情况（是啄壳后死亡还是未啄壳、啄壳洞口有无黏液、啄壳部位等），然后打开胚蛋，判断死亡时的胚龄。观察皮肤、内脏及胸腔、腹腔、卵黄囊、尿囊等有何病理变化，如充血、出血、水肿、畸形、雏体大小、绒毛生长情况等，初步判断死亡时间及其原因。对于啄壳前后死亡或不能出雏的活胚，还要观察胎位是否正常（正常胚胎是头颈部埋在右翼下）。

2. 病理剖检

种蛋品质差或孵化条件不良时，死雏或死胚一般表现出病理变化。如维生素 B_2 缺乏时，出现脑膜水肿；维生素 D_3 缺乏时，出现皮肤浮肿；孵化温度短期强烈过热或孵化后半期长时间过热时，则出现充血、溢血等现象。因此，应定期抽查死雏和死胚，找出死亡的具体原因，以指导以后的生产工作。

3. 微生物学检查

定期抽查死雏、死胚及胎粪、绒毛等作微生物学检查。当种禽群中有疫情或种蛋来源较混杂或孵化效果不理想时尤应取样化验，以便确定疾病的性质及特点。

二、孵化效果的分析

(一)孵化效果的衡量指标

受精率＝受精蛋数/入孵蛋数×100%

早期死胚率＝1～5胚龄死胚数/受精蛋数×100%

受精蛋孵化率＝出雏数/受精蛋数×100%

入孵蛋孵化率＝出雏数/入孵蛋数×100%

健雏率＝健雏数/出雏数×100%

死胎率＝死胎蛋数/受精蛋数×100%

出雏数包括健雏、弱雏、残雏、死雏数。

(二)孵化效果的分析

1. 胚胎死亡曲线的分析

(1)孵化期间胚胎死亡的分布　无论是自然孵化还是人工孵化，是高孵化率鸡群还是低孵化率鸡群，胚胎死亡在整个孵化期间不是均匀分布的，而是存在两个死亡高峰：第1个死亡高峰出现在孵化前期，鸡胚在孵化的第3～5天。第2个死亡高峰出现在孵化后期，鸡胚孵化的第18天以后。一般来说，第1高峰的死胚数占全部死胚数的15%，第2高峰约占50%。但是，对高孵化率鸡群来说，鸡胚多死于第2高峰；而低孵化率鸡群，第1和第2高峰的死亡率大致相同(图1-9)。其他家禽在整个孵化期中胚胎死亡也出现类似的两个高峰，鸭胚死亡高峰分别在孵化的第3～6天和第24～27天；火鸡分别在第3～5天和第25天；鹅胚分别在第2～4天和第26～30天。

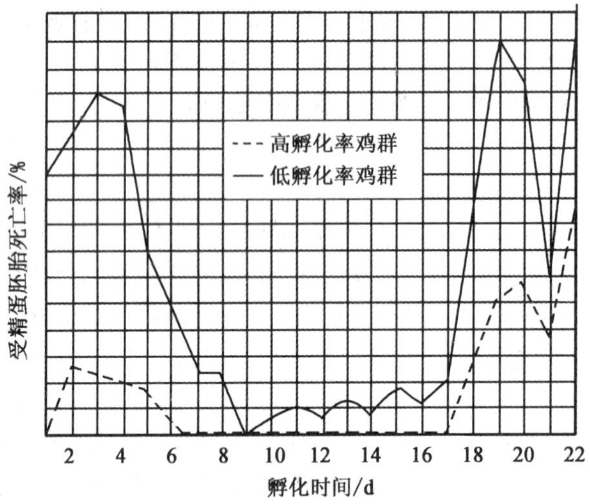

图1-9　胚胎死亡分布曲线

(2)胚胎死亡高峰的原因分析　胚胎死亡期的第1个高峰正是胚胎生长迅速、形态变化显著时期，各种胚膜相继形成而作用尚未完善。胚胎对外界环境的变化是很敏感的，稍有不适，胚胎发育便有可能受阻，甚至造成死亡。第2个死亡高峰正是胚胎从尿囊绒毛膜呼吸过渡到肺呼吸时期，胚胎生理变化剧烈，需氧量剧增，其自温猛增，传染性胚胎病的威胁更突出，对孵化环境(尤其是O_2)要求高，如果通风换气、散热不好，必然有一部分本来就较弱的胚胎不能顺利破壳出雏。孵化期其他时间胚胎的死亡，主要是受胚胎生活力强弱的影响。

(3)孵化各期胚胎死亡的原因

前期死亡(1～6 d):种鸡的营养水平和健康状况不良,主要是缺乏维生素 A 和维生素 B_2;种蛋贮存时间过长、保存温度过高或受冻,消毒熏蒸过度,孵化前期温度过高,种蛋运输时受剧烈振动。

中期死亡(7～12 d):种鸡的营养水平及健康状况不良如缺乏维生素 B_2,胚胎死亡高峰在 10～13 d;缺乏维生素 D_3 时出现水肿现象;种蛋消毒不好;孵化温度过高,通风不良;转蛋不当等。

后期死亡(13～18 d):种鸡的营养水平差,如缺维生素 B_{12},胚胎多死于 16～18 d;胚胎如有明显充血现象,说明有一段时间高温;发育极度衰弱,是温度过高所致;气室小,说明湿度过高;小头打嘴,是通风不良或是小头向上入孵造成的。

闷死壳内:出雏时温度、湿度过高,通风不良;胚胎软骨畸形,胎位异常;卵黄囊破裂,胫、腿麻痹软弱等。

啄壳后死亡:若破壳处多黏液,是高温高湿所致;20～21 d 通风不良;胚胎利用蛋白时高温,蛋白吸收不完全,尿囊合拢不良,卵黄未进入腹腔;移盘时温度骤降;种鸡健康状况不良,有致死基因;小头向上入孵;头 2 周未转蛋;后 2 d 高温低湿等。

2. 影响孵化效果因素的分析

影响孵化效果的因素很多,总体来说有内部因素和外部因素。内部因素是指种蛋的内部品质,而种蛋的内部品质又受种鸡饲养管理的影响;外部因素是指胚胎发育的孵化条件。归结起来有如下 3 个方面因素:种鸡质量、种蛋管理和孵化条件。只有入孵来自优良种鸡、喂给营养全面的饲料、精心管理的健康种鸡的种蛋,并且种蛋管理适当,孵化技术才有用武之地。

三、提高孵化率的途径

1. 饲养高产健康种鸡,保证种蛋质量

必须科学地饲养健康、高产的种鸡,抓好种鸡场综合卫生防疫措施,确保种蛋品质优良,不带传染性病原微生物。为此,种鸡营养要全面,必须认真执行"全进全出"等卫生防疫制度。

2. 加强种蛋管理,确保入孵前种蛋质量

一般开产最初 2 周的种蛋不宜孵化,因为孵化率低,雏的活力也差。人们普遍较重视冬、夏季种蛋管理,而忽视春、秋季种蛋管理,这是不对的,任何季节都应重视种蛋的保存(7～8 月份孵化率低 4%～5%)。

按蛋重对种蛋进行分级入孵,可以提高孵化率,主要是能更好地确定孵化温度，而且胚胎发育比较一致，出雏更集中。

必须纠正重选择轻保存、重外观轻种蛋来源的倾向。

照蛋透视法可以剔除肉眼难以发现的裂纹蛋，剔除对孵化率影响较大的气室不正、气室破裂以及血、肉斑蛋，要加以应用。

加强产蛋箱管理（干燥、卫生）、勤拣蛋。

3. 创造良好的孵化条件

掌握好孵化温度、孵化场和孵化器的通风及其卫生，对提高孵化率和雏鸡质量至关重要。

（1）正确掌握适宜的孵化温度　以前介绍的最适温度或孵化器生产厂家所推荐的孵化温度，仅供孵化定温时参考。实际上最适孵化温度除受孵化器类型、孵化室（出雏室）温度等因素影响外，还受遗传（品种）、蛋壳质量、蛋重、蛋的保存时间和孵化器中的入孵蛋数等因素影响。所以应根据以上情况，特别是对新购进的孵化器，可通过几个批次的试孵，摸清孵化器的性能（保温情况、温差等），结合本地区的气候条件、孵化室（出雏室）的环境，确定最适孵化温度。

（2）保持良好的通风换气　胚胎的气体交换和热量交换是通过孵化器的进出气孔、风扇和孵化场的进气排气系统来完成的，随胚龄的增长成正比例增加，孵化前 5 d 可以关闭进出气孔以保温，以后随胚龄增加逐渐打开进出气孔。

（3）孵化场卫生　分批入孵，最好有备用孵化器，以便对孵化器进行定期消毒。若无，则应定期停机消毒。

4. 抓住孵化过程中的两个关键时期

整个孵化期，都要认真管理，但重点是两个关键时期：1～7 d 和 18～21 d（鸭、火鸡 24～28 d，鹅 26～32 d），目的是提高孵化率和雏鸡质量。一般是前期注意保温，后期重视通风。

（1）前期（1～7 d）　为了尽快缩短达到适宜孵化温度的时间，有下列措施：①种蛋入孵前预热。②孵化 1～5 d，进出气孔全部关闭。③熏蒸消毒孵化器内种蛋时，应在蛋壳表面的水珠干后进行，并避免在 24～96 h 胚龄进行。④5 d（鸭、火鸡 6 d，鹅 7 d）前不照检，以免温度下降，照检时应将小头朝上的蛋倒过来，剔除破蛋。⑤提高孵化室的环境温度。⑥避免长时间停电，万一停电，除提高室温外，还可在水盘中加热水。

（2）后期（18～21 d）　通风换气要充分，为解决供氧和散热问题，有下列措施：①避免在 18 d（鸭、火鸡 22～23 d，鹅 25～26 d）移盘，可在 17 d（甚至 15～16 d）或 19 d（约 10%鸡胚啄壳）时移盘。②啄壳出雏时提高湿度，同时降低温度，避免高温高湿。此期出雏器温度一般不超过 37～37.5℃，湿度提高到 70%～75%。③注意通风换气，必要时加大通风量。④保证正常供电，即使短时间停电，对孵化效果的影响也是很大的，万一停电，应打开机门，进行上下倒盘，测蛋温。⑤拣雏时间的选择，在 60%～70%雏鸡出壳时，将绒羽已干的雏鸡拣出，在此之前仅拣去空蛋壳；大批出雏后，将未出雏的胚蛋集中在出雏器顶部，以便出雏。最后再拣一次雏，并扫盘。⑥观察窗遮光，使雏鸡安静。⑦防止雏鸡脱水，雏鸡不可长时间呆在出雏器里和放在雏鸡处置室里，应及时送交育雏室或用户。

复习思考题

1. 对孵化用的种蛋有何要求？
2. 胚胎发育需要什么条件？
3. 孵化前需要做好哪些准备？
4. 怎样对孵化效果进行检查？
5. 影响孵化成绩的因素有哪些？
6. 孵化过程中停电了怎么办？
7. 对初生雏需要做哪些处理？

项目二　蛋鸡生产

◆知识目标

1. 理解雏鸡、育成鸡、产蛋鸡的生产特点和营养需要特点。

2. 掌握商品鸡及蛋用种鸡的饲养管理要点。

◆技能目标

1. 能够选择适宜的鸡种进行饲养。

2. 熟练掌握蛋(种)鸡各阶段饲养管理的操作规程和单项操作技术。

随着现代化养鸡业的发展和生产力水平的不断提高，人们逐渐认识到健康优良的鸡种、营养完善的配合饲料、条件适宜的鸡舍环境、先进的机械化设备和严密的防疫灭病措施，是构成现代化养鸡生产的基本条件。

本项目内容以动物生物化学、动物解剖生理、动物营养与饲料、动物繁殖、动物环境卫生、兽医微生物等课程为基础，根据蛋鸡不同生理阶段的特点，进一步学习运用现代蛋鸡生产的有关知识和技能，培育出优质健康、生长发育整齐的高产鸡群，使优良鸡种的遗传潜力得到充分发挥，从而创造更高的经济效益。

子项目1　蛋(种)鸡场设计和饲养设备选择

一、蛋鸡场工艺设计

1. 性质与规模

我国蛋鸡场的性质一般按繁育体系分为原种鸡场(曾祖代鸡场)、祖代鸡场、父母代鸡场和商品鸡场。商品蛋鸡场的规模按成年母鸡鸡位数计，种鸡场则多按种鸡套数计算(表2-1)。

表 2-1　养鸡场种类及规模划分

类　别			大型场	中型场	小型场
种鸡场	祖代鸡场		≥1.0	<1.0,≥0.5	<0.5
	父母代鸡场	蛋鸡场	≥3.0	<3.0,≥1.0	<1.0
		肉鸡场	≥5.0	<5.0,≥1.0	<1.0
蛋鸡场			≥20.0	<20.0,≥5.0	<5.0
肉鸡场			≥100.0	<100.0,≥50.0	<50.0

注:规模单位是万只、万鸡位,肉鸡场规模为年出栏数,其余鸡场规模系成年母鸡鸡位。

蛋鸡养育阶段通常划分为育雏、育成、成鸡 3 个阶段,这 3 个阶段构成鸡群的饲养周期。不同阶段,由于鸡的生理状况不同,对环境、设备、饲养管理、技术水平等方面都有不同的要求。此外,不同性质的鸡场其工艺流程也有所不同。蛋鸡和种鸡生产的工艺主要有一段、二段、三段饲养模式。全程一段制是指将育雏、育成、成鸡养在同一鸡舍内,完成整个饲养周期。全程二段制即为育雏与育成合为一段在同一鸡舍饲养,成鸡为一段在成鸡舍饲养;或育雏为一段饲养,育成与成鸡为一段饲养。全程三段制即为育雏、育成、成鸡各为一段分别在不同的鸡舍饲养。每种饲养工艺都各有优缺点,蛋鸡生产多采用二段制或三段制,在实际生产中应根据鸡群的商品特性、卫生防疫、鸡舍利用率及经济效益、管理操作的方便程度及转群时对鸡群的应激等综合考虑选用哪种饲养工艺。

2. 主要生产指标

蛋鸡场生产指标主要根据鸡场的性质、鸡的品种、鸡群结构、饲养管理条件、技术等确定。蛋鸡场主要生产指标有体重(g/只)、成活率(%)、日耗料量(g/只)、总耗料量(g/只)、入舍鸡产蛋率(%)、饲养日产蛋数(枚/只)、饲养日平均产蛋率(%)、入舍鸡产蛋数(枚/只)、入舍鸡平均产蛋率(%)、平均月死淘率(%)等。种鸡场主要生产指标有体重(g/只)、总耗料量(g/只)、平均饲养日产蛋率(%)、累计入舍鸡产蛋数(枚/只)、种蛋率(%)、累计入舍鸡产种蛋(枚/只)、入孵蛋总孵化率(%)、累计入舍产母雏数(只/只)等。

3. 饲养管理方式

鸡的饲养方式有笼养、地面平养、网上平养、地面与网上结合等。地面平养是将鸡群直接饲养在铺有垫料或不铺设垫料的地面上。网上平养是将鸡群饲养在离地面有一定高度(一般不低于 60 cm)的金属或竹木网架上。另外还有网上与地面结合平养。蛋鸡育雏、育成阶段多采用平养尤其是网上平养,成鸡阶段多采用笼养。也有全程笼养,机械或人工喂料,采用自动饮水器给水,人工或机械集蛋,定期清粪。养鸡场采用何种饲养方式，必须根据鸡群大小、蛋鸡或种鸡利用年限等进行设计。

4. 附属建筑与设施

种鸡场或蛋鸡场辅助生产建筑设施有消毒门廊、消毒沐浴室、兽医化验室、急宰间和焚烧间、饲料加工间、饲料库、蛋库、汽车库、修理间、变配电室、发电机房、水塔、蓄水池和压力罐、水泵房、物料库、污水及粪便处理设施。生活与管理建筑有办公用房、食堂、宿舍、文化娱乐用房、围墙、大门、门卫、厕所等。

二、场地规划与建筑物布局

1. 场地规划

养鸡场场址选定之后，须根据该场地的地形、地势和当地主风向，计划和安排鸡场内不同建筑功能区。规模养鸡场通常分为管理区、生产区、隔离区等功能区。管理区主要包括门卫传达室、进场消毒室、办公室、卫生防疫室、职工宿舍、食堂等办公用房和生活设施；生产区主要包括孵化室、鸡舍、蛋库、饲料仓库等生产性设施；隔离区主要包括病鸡隔离室、兽医室以及符合环保要求的粪污处理设施等。生产区的道路应区分为运送饲料、产品和用于生产联系的净道，以及运送粪便污物、病畜、死鸡的污道。净道和污道决不能混用或交叉，以利于卫生防疫。在进行养鸡场规划时，还要规划出绿化地。

2. 建筑物布局

合理的建筑布局既能起到阻止传染病的传入和扩散的作用，又可节省土地面积，节约建场投资和为管理提供方便。管理区、生活区一般与场外相通，应位于生产区的外侧，用围墙与生产区隔开。在生产区的进口处需设有消毒间、更衣室与消毒池，务使进入生产区的人员和车辆按防疫制度进行消毒(图 2-1)。

管理区、生活区应位于主导风向的上方，以保持空气新鲜，距离生产区 100 m 以上。生活区应距管理区远一些。生产区是总体布局的主体，生产区内鸡舍的设置应结合地形地势、主导风向和交通道路的具体情况而定，种鸡舍、孵化室、育雏舍、育成舍和成鸡舍要成为一个流水线，以合乎防疫要求的最短线路运送种蛋、初生雏和育成鸡雏，以减少雏禽感染的机会。孵化室在有条件的情况下可单独建厂，以免售雏时人员往来带进病原。

鸡舍群一般横向成排，纵向成列，称为行列式，即各鸡舍应平行整齐排列，不能相交(图 2-2)。为了保证兽医卫生和防火的安全，鸡舍的间距通常为鸡舍高度的 3～5 倍。种鸡舍与其他鸡舍间最好有 300 m 以上的间距。在遵守兽医卫生和防火要求的基础上，按建筑物之间的功能联系，尽量做到建筑物紧凑配置，以保证最

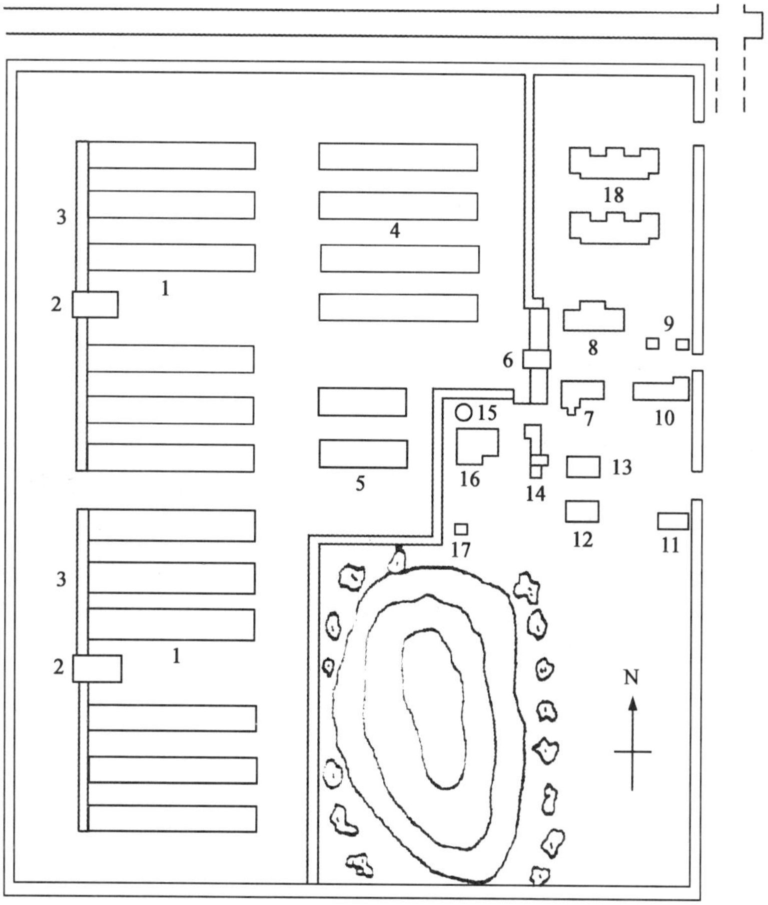

图 2-1　某养鸡场平面布局示意图

1.蛋鸡舍　2.集蛋间　3.集蛋走廊　4.育成鸡舍　5.育雏舍　6.消毒间　7.食堂　8.办公室　9.传达室　10.车库　11.配电间　12.病禽急宰间　13.机修间　14.鸡笼消毒间　15.水塔　16.锅炉房　17.电井　18.职工宿舍

短的运输、供电和供水线路。与饲料有关的建筑物可位于管理区和生产区之间，并尽量靠近消费饲料最多的鸡舍，供电、供水、供热建筑设施应设在生产区的中心。

隔离区是养鸡场病鸡、粪便等污物集中之处，是卫生防疫和环境保护工作的重点，该区应设在鸡场的下风向和地势最低处，且与管理区、生产区的间距不小于 50 m。病鸡隔离舍及处理病死鸡的厂坑或焚尸炉等设施，应距鸡舍 300～500 m，尽可

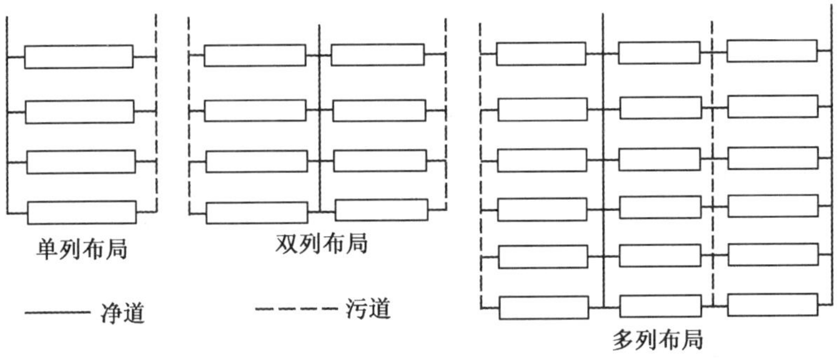

图 2-2　鸡舍排列布置模式图

能与外界隔绝，且其四周应有天然的或人工的隔离屏障，设单独的道路与出入口。

鸡舍的朝向应根据当地的地理位置、气候环境等来确定。鸡舍建筑一般为长矩形。由于我国处在北纬 20°～50°，太阳高度角冬季小、夏季大，故鸡舍朝向宜坐北朝南或朝东南，运动场在鸡舍的南侧。这样冬季南墙及屋顶可被利用最大限度地收集太阳辐射以利防寒保温，开放式鸡舍还可以利用进入鸡舍的直射光起一定的杀菌作用；而夏季则避免过多地接受太阳辐射热，引起舍内温度升高。

三、鸡舍的建筑类型

鸡舍基本上分为开放式鸡舍和密闭式鸡舍两大类型。

1. 开放式鸡舍

开放式鸡舍的特点：鸡舍南北两墙壁上设有窗洞或通风带，全部或大部分靠自然空气流通来通风换气，为利用自然环境条件的节能型鸡舍建筑。舍内采用自然光照，冬季舍内不供暖，靠太阳能和鸡体自身代谢散发的热能来维持舍内的温度，舍内的温度基本上也是随季节的转换而升降。

开放式鸡舍可采用单坡或双坡式，单坡式鸡舍跨度为 5～6 m，高度 2 m 左右，适于小规模养鸡，环境条件易受自然条件的影响。双坡式鸡舍跨度大，适宜大规模机械化养鸡，舍内通风以自然通风为主，必要时辅以机械通风。

(1)鸡舍长度　鸡舍的长度取决于设计的容量。机械化程度高、设备良好的鸡舍长度可长些，但鸡舍过长对于机械设备的安装难度较大；鸡舍太短，则机械效率低。实际生产中应根据每栋鸡舍具体需要面积与跨度确定，按建筑模数一般为 36 m、48 m、54 m。

(2)鸡舍跨度　鸡舍的跨度一般要根据屋顶的形式、内部设备的布置及鸡舍的类型而定。通常双坡式的鸡舍跨度要比单坡式的鸡舍跨度大一些。开放式鸡舍跨度一般以 6.0～9.5 m 为宜，跨度过大会影响舍内的通风和采光；密闭式鸡舍采用机械通风，跨度可大一些，达 9～12 m；笼养鸡舍应根据鸡笼排的列数和过道的宽度来决定鸡舍的跨度。

(3)鸡舍高度　应根据饲养方式、清粪方法、笼层高度、跨度和气候条件来确定。跨度不大、平养、气候不太热的地区，鸡舍不必太高，一般从地面到屋檐口的高度为 2.5 m 左右；而跨度大、夏季气温高的地区，采用多层笼养可增高到 3 m 左右。高床式鸡舍，其高度比一般鸡舍要高出 1.5～2 m。通常鸡舍中部的高度不应低于 4.5 m。

(4)鸡舍墙壁　墙壁是鸡舍的围护结构，要求隔热性能良好，能抵御外界风雨的侵袭。

(5)鸡舍门、窗　鸡舍的门宽应考虑所有设施和工作车辆都能顺利进出。一般单扇门高 2 m、宽 1.2 m；双扇门高 2 m、宽 1.8 m。门前可不设门坎，便于车辆出入。鸡舍的窗户要考虑鸡舍的采光和通风，开放式鸡舍一般窗户面积不应低于鸡舍面积的 1/8～1/6。网上或栅状地面养鸡，在南北墙的下部一般应留有通风窗，尺寸为 30 cm×30 cm，并在内侧覆以铁丝网和设有外开的小门，以防兽害和便于冬季关闭。

(6)鸡舍地面　舍内地面要求高出舍外、平坦、干燥。一般地面与墙裙应抹水泥，并设有下水道，以便于清洗消毒。笼养鸡舍地面应设浅沟，用于盛粪，沟深15～20 cm。简易鸡舍地面如为沙质或透气性良好的土壤，则可用其自然地面养鸡，以减少投资。

(7)鸡舍屋顶　鸡舍屋顶要求防水、隔热和具有一定的负重能力。鸡舍的屋顶除平养的跨度不大的鸡舍采用单坡式外，通常采用的是双坡式。

(8)鸡舍通道　鸡舍的通道是饲养人员每天工作和观察鸡群状况的场所，通道宽窄必须考虑到人行和操作方便。跨度小的平养鸡舍通道一般设在北侧，跨度大于 9 m 的鸡舍，通道一般设在中央，宽 0.8～1.2 m。

开放式鸡舍的优点：设计、建材、施工工艺与内部设置等条件要求较为简单，建筑造价较低，投资较少。在设有运动场和喂给青饲料的情况下，对饲料的要求不十分严格；由于鸡体经常活动，适应性较强，体质强健。

开放式鸡舍的缺点：鸡的生理状况与生产性能均受外界自然条件变化的影响；由于开放式管理方式，鸡体通过昆虫、野禽、土壤、空气等各种途径感染疾病的机会较多；占地面积大，劳动力支出较大；生产的季节性极为明显，不利于均衡生产和保证市场的正常供给。

2. 密闭式鸡舍

密闭式鸡舍又称无窗鸡舍，是目前最先进的鸡舍形式。这种鸡舍四壁无窗，隔绝自然光源，舍内的温度、湿度、气流、光照等完全靠人工控制，最大限度地满足鸡体最适生理需要。这种鸡舍对电的依赖性极强，为耗能型、高投入的鸡舍建筑。

密闭式鸡舍的优点：能够减弱或消除不利的自然环境因素对鸡群的影响，可以有效地控制和掌握育成鸡的性成熟时期，可以有效地监控营养和耗料情况，提高饲料利用率。机械化程度较高，饲养密度增大，降低了劳动强度，提高了劳动生产率。由于鸡群处于密闭状态，可以防止昆虫和野禽的侵袭，减少了被污染的机会，有利于防疫卫生。密闭式鸡舍防寒保温性能高，故我国北方地区一些大型工厂化养鸡场往往采用这种类型的鸡舍。

密闭式鸡舍的缺点：要求较高的建筑标准和较多的附属设施，投资较高。对饲料营养要求较高，必须保证供应营养全面的饲粮，否则鸡群容易出现某些营养代谢性疾病；由于饲养密度高，鸡群数量大，隔离、消毒及投药都比较困难，鸡群感染疾病的机会大大增加，必须采取严格的消毒防疫措施，确保鸡群健康。

四、鸡场饲养设备

(一)饲养设备

1. 鸡笼

(1)育雏笼　育雏笼用于饲养 0～6 周龄的雏鸡，采用最多的是电热育雏笼。由加热笼、保温笼、活动笼 3 部分组成，通常为 4 层叠层式，由 4 或 5 组组成，每层下都有盛粪板，食槽、水槽挂于育雏器活动笼外。9DYL-4 型电热育雏器外形尺寸为 455 cm×150 cm×175 cm，每组鸡笼可养雏鸡 700～800 只。

(2)育成笼　适用于 7～20 周龄育成鸡，其基本结构与蛋鸡笼相似，但底网无坡度、无集蛋槽，安装底网应力求保持平稳并能承受一定的重量，网孔大小要使鸡站立舒适。9QTL3.1 型育成笼外形尺寸为 207 cm×198 cm×160 cm，每组鸡笼可养育成鸡 144 只。

(3)蛋鸡笼　目前有适用于轻型蛋鸡的轻型鸡笼和适用于中型蛋鸡的中型鸡笼两种。鸡笼由底网、前网、隔网、顶网和后网 6 个面组成。鸡笼要满足鸡有一定的活动空间和采食宽度，同时为了使产下的蛋能自动滚到笼外的蛋槽内并保持完整，其笼底要有一定的坡度和弹性，前网比后网高 5.5～6 cm，前网间隙为 5～7 cm，便于鸡头伸出采食饮水，后网和隔网间隙 3 cm。根据以上要求，蛋鸡笼须由许多小的单体笼组成，每个单体小笼有养 2 只、3 只或 4～5 只鸡几种。单体笼的各扇笼网一般均用冷拔钢丝点焊制成，但各扇笼网的作用不同，它们的取材粗细和网孔大小也不同。如侧网和后网可用直径2～2.5 mm的金属丝，分布成水平格。经向用粗丝排在外侧，间距100～200 mm；纬向用细丝排在内侧，间距30 mm，即可防止鸡群隔笼啄斗。底网宜用2.5～3 mm的金属丝，分布成垂直格。经向用粗丝排在上面，间距22～25 mm；纬向用细丝排在底下，间距50～60 mm，这样才能使鸡蛋沿着经向的坡度顺利滚出。为了延长冷拔钢丝的使用年限，可用镀锌防腐材料提高耐腐蚀能力。

2.饲喂设备

养鸡生产中喂料设备包括贮料塔、输料机、喂料机、饲槽等几部分。

(1)贮料塔　它建在鸡舍的一端或侧面，用来贮存该鸡舍2～3 d的饲料量，以防供料中断，不能均衡供料。塔顶有装料口，贮料塔下部圆锥面与水平面夹角应大于60°，利于排料并防止结拱，必要时加防拱装置。上部塔盖侧面开一些通气孔，以排出饲料在存放过程中产生的各种气体和热量，避免塔内饲料发霉变质。

(2)输料机　目前从料塔向鸡舍内送料的输送装置有螺旋弹簧式、普通螺旋式、塞盘式等多种形式，但以螺旋弹簧式居多。螺旋弹簧一端固接于输料机电机上，另一端连于贮料塔出料口螺旋轴上，螺旋弹簧旋转时，可把贮料塔中的饲料输送到鸡舍各下料口，经下料口落入喂料机料箱中。

(3)饲槽　常用饲槽有饲碟、长饲槽、喂料桶和盘筒式饲槽等。

饲碟：用于5日龄以内的雏鸡，每只饲碟可供100只雏鸡使用。

长饲槽：长条形状，用塑料或镀锌板等材料制作，断面如图2-3所示。

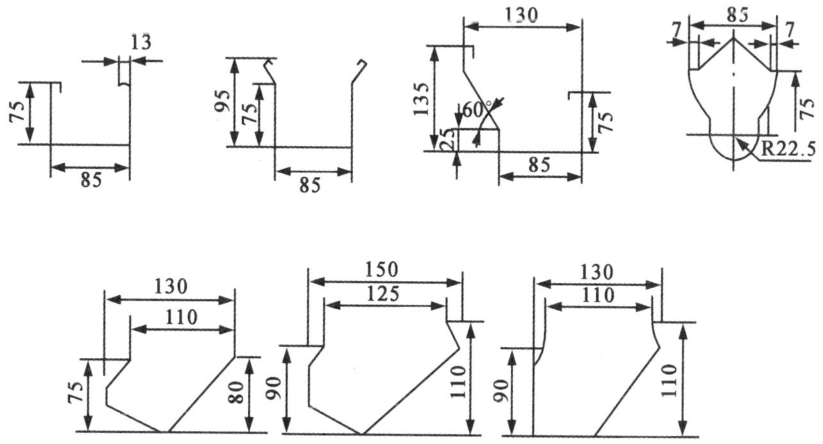

图2-3　长饲槽

笼养饲槽半边高是防止鸡嘴采食时甩料，边缘卷弯为了提高其刚度，一般加料高度不要超过长食槽高度的 1/3。平养可双边采食，笼养只能单边采食。

喂料桶：结构如图 2-4 所示。适用于平养鸡，饲料加入料桶中，在调节机构的某一位置时，料桶与食盘之间有环形带状间隙，饲料由此间隙流到料盘外周供鸡食用，调节机构主要调节流料间隙，以满足不同日龄鸡只的采食需要。

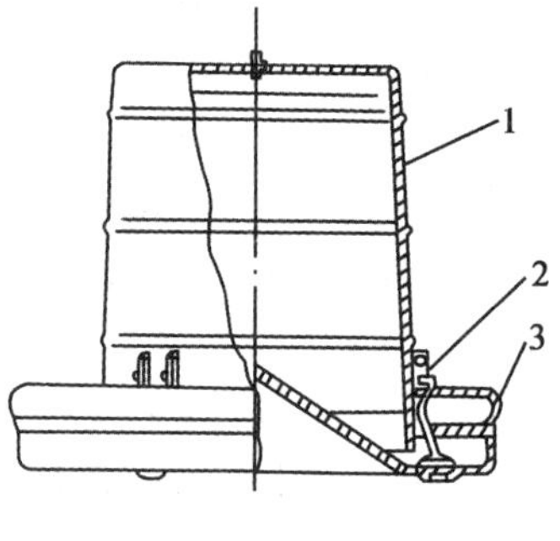

图 2-4　喂料桶

1.料桶　2.调节机构　3.食盘

盘筒式饲槽：适用于平养，可与螺旋弹簧式喂料机和塞盘式喂料机配套使用。饲料从螺旋弹簧式输料管在卡箍部位下落到锥形桶和锥形盘之间，然后下流到饲盘，调节螺钉通过改变桶、盘之间的间隙调节该饲槽的下料量。

(4)喂料机

链式喂料机：由料槽、料箱、驱动器、链片、转角器、除尘器、料槽支架等部分组成，结构如图 2-5 所示。工作过程中驱动器通过链轮带动链片在长饲槽中循环回转，链片一边有斜面可以推进饲料，当链片经过料箱时，把饲料源源不断地送往四周食槽，供鸡采食，每只鸡所需的槽位 10～12 cm。喂料最大长度可达 300 m，工作可靠，维修方便，可用于平养和笼养鸡的喂料。

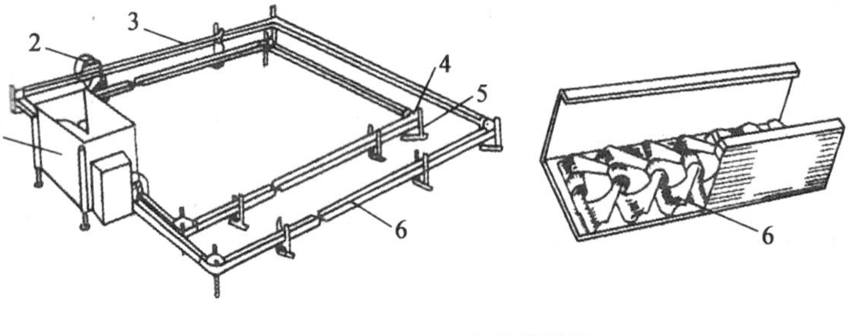

图 2-5　9WL-42P 链式喂料机

1.料箱　2.清洁器　3.长饲槽　4.转角轮　5.升降器　6.输送链

塞盘式喂料机：如图 2-6 所示，由料箱、长饲槽、索盘、转角轮、传动装置、升降器等组成。索盘是把若干塑料塞盘用低温注塑等距固定于钢丝绳索上形成塞盘链，塞盘链在管中移动，就将料箱中的饲料运送到饲槽各处供鸡自由采食。这种喂料机平养、笼养均可使用，饲料在封闭的管道中运送，清洁卫生，不浪费饲料。它可水平、垂直或倾斜输送，运送距离可达 130 m，有的机型高达 300～500 m。

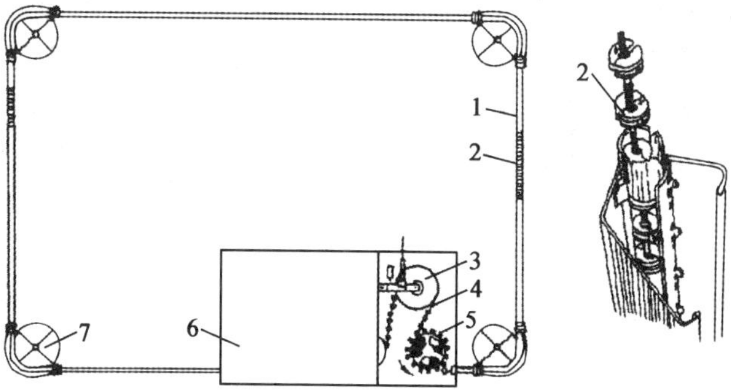

图 2-6 8WS-35 型塞盘式喂料机

1.长饲槽 2.索盘 3.张紧轮 4.传动装置 5.驱动轮 6.料箱 7.转角轮

螺旋弹簧式喂料机：结构如图 2-7 所示。工作时，电机驱动螺旋弹簧旋转，由螺旋弹簧侧面将饲料沿输料管向前推送，依次向每个盘筒式饲槽加料，当最末那个带有料位器的饲槽被加满后，料位器使电机停转，停止送料；当料位降低后，料位器又启动电机继续补料，如此周而复始。有的机型为了限量喂饲，采用手动控制喂食。这种喂料机结构简单，能够水平、垂直和倾斜输送饲料，并且被送饲料清洁免受污染，便于自动化操作。

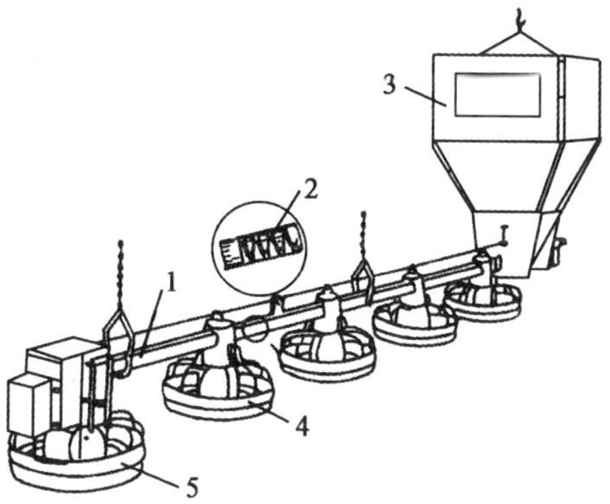

图 2-7 螺旋弹簧喂料机

1.输料管 2.螺旋弹簧 3.料箱 4.盘筒式饲槽 5.带料位器的饲槽

行车式自动喂料机：是一种骑跨在鸡笼上的喂料车，主要用于笼养鸡舍。沿安装于鸡舍横梁上的导轨缓慢行走，通过水平搅龙将料箱中的饲料分送到各层食槽中。根据料箱的配置形式可分为顶料箱式和跨笼箱式。顶料箱行车式喂料机只有一个料箱，料箱底部装有搅龙，当喂料机工作时搅龙随之运转，将饲料推出料箱沿溜管均匀流入食槽。跨笼料箱喂料机根据鸡笼形式配置，每列食槽上都跨设一个矩形小料箱，料箱下部锥形扁口通向食槽中，当沿鸡笼转动时，饲料便沿锥面下滑落入食槽中。

3. 饮水设备

一般鸡用饮水系统由阀门、过滤器、水箱(减压阀)、水压表、饮水器、水管及附件等组成。

(1)过滤器　它的功能是滤除水中杂质，提高水质并使减压阀和饮水器能够正常工作。自然水源水由进水口进入过滤器内部，当穿过无毒泡沫塑料滤芯时，污垢杂质被吸附、阻挡和过滤，而洁净水沿弹簧支撑的滤芯内部空腔向上流动，从出水口流出。为保证过滤器工作可靠，应定期(2个月)清洗或更换过滤器滤芯。注意过滤器的质量，并经常维护保养过滤器。

(2)水箱　鸡场水源一般来自自来水，其水压相对较大。采用普拉松自动饮水器、乳头式或杯式等大部分饮水器均需较低的水压，而且压力要控制在一定的范围内。这就需要在饮水系统中设置减压装置，来实现自动降压和稳压的技术要求。水箱是最普通的减压装置，水箱利用浮球阀来控制水面的高度，浮子随水箱内水位的高度而升高或降低，同时控制着进水阀门的开关。出水口连接饮水器水管，当水箱水位降低时，浮球下降，浮球阀被打开放水，水位升高，实现水箱水位的恒定控制，同时实现供水压力的恒值控制。

(3)饮水器

吊塔式饮水器：又称普拉松自动饮水器，主要用于平养鸡舍，结构如图2 8所示。饮水器通过绳索吊挂在天花板或固定的专用铁管上，顶端阀体上的进水孔用软管与主水管相连，进来的水通过控制阀门流入饮水盘供鸡饮用。饮水盘吊挂在阀体内的控制杆上，当饮水盘内无水时，重量变轻，阀体内的弹簧克服饮水盘重量使控制杆向上运动，从而将出水阀门打开，水从阀体下端沿饮水盘表面流入环形槽。当水面达到一定高度时，饮水盘重量增加，加大了弹簧拉力，使控制

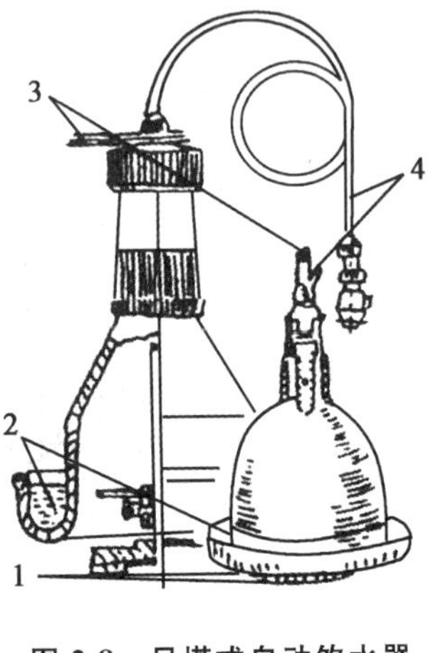

图2-8　吊塔式自动饮水器

1. 底盘密封盖　2. 饮水盘
3. 吊扣　4. 出水孔

杆向下运动，将出水阀门关闭，水就停止流出。当饮水盘水面被鸡饮用重量减轻时，在弹簧恢复力作用下使控制杆重新打开出水阀再次出水，如此反复一直保持着饮水盘中设定的储水量。为了防止鸡在活动中撞击饮水器而使水盘的水溢出，吊塔式饮水器配备了防晃装置。饮水器悬挂的高度以饮水盘环形槽的槽口平面与鸡背等高为宜。

乳头式饮水器：乳头式饮水器广泛应用于饲养2周龄以上鸡的笼养或平养鸡舍，常见的有RT型球阀式乳头饮水器和9FRY-3型复位式乳头饮水器。其工作原理是当鸡啄阀杆时，阀杆做上下移动，使阀杆与阀套间出现间隙，水顺阀杆流下，在阀杆下端出现一滴水供鸡饮用，鸡停啄阀杆，则阀杆靠自重下落，阀杆与阀套间隙消除，停止供水。乳头式饮水器具有以下优点：①保证鸡饮用清洁水，防止鸡病通过饮水系统传播，提高鸡的健康水平和生产性能；②封闭饮水系统极少漏水，改善了鸡舍的小环境；③极大地节约了用水，其用水量只为常流水式供水的1/8左右，并减少了饲料浪费，直接降低了饲养成本；④减轻了饲养的劳动强度。乳头式饮水器必须具有良好的密封性，不漏水。

真空式饮水器：一般由聚乙烯塑料制成，由水罐和饮水盘两部分组成，结构如图2-9所示。主要用于平养的雏鸡。使用时将水罐倒过来装水，再将饮水盘倒覆其上，扣紧后一起翻转过来放在地面或网上。由于水罐底部边缘有一出水孔，在重力作用下，罐内水流出，直至淹没出水孔，此时外界空气不能进入罐内，使罐内水面上方产生真空，水就不能流出。雏鸡饮水后饮水盘水面下降，当水面低于出水孔时，外界空气又从出水孔进入罐内，使罐内的真空度下降，水自动流出又淹没出水孔，一直保持饮水盘中的恒定水位。这种饮水器结构简单，使用方便，容量一般为1～3 L，可供50～100只雏鸡饮用1 d。

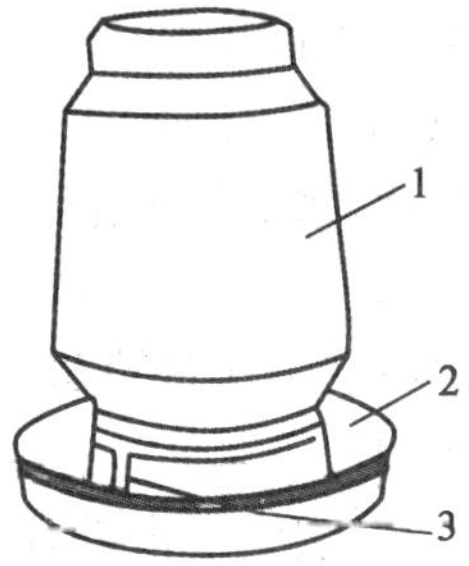

图2-9 真空式饮水器

1.水罐 2.饮水盘 3.出水口

槽式饮水器：槽式饮水器在生产中使用相当普遍。结构如图2-10所示。槽式饮水器用塑料或镀锌铁皮制成，通常多采用“V”形或“U”形长槽，深度为50～60 mm，上口宽50 mm，前者的底角呈45°，安装在支架上时要基本调平，从水源流向另一端要有6/10 000的斜度。

水槽的供水方式有两种。一种方式是采用常流水。将进水龙头调节为小水量常流水，水槽末端设出水管和溢流塞。当供水量超过溢流口位置时，水即从溢流口流出，使槽内始终保持一定的水位。当清洗水槽时，将溢流塞拔掉，即可放水。还

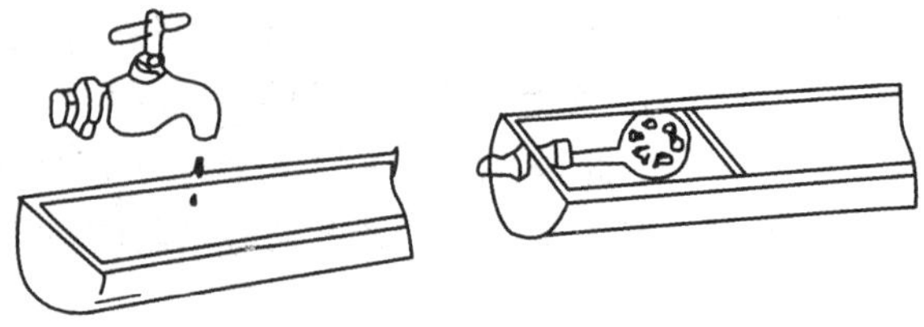

图 2-10 槽式饮水器

有采用浮球阀式水槽供水的,即利用阀门机构来控制水槽内水面高度。这种方式没有溢流情况,耗水量较少。

槽式饮水器的优点是结构简单,稳定可靠。缺点是鸡在饮水时容易污染水质,易造成鸡病的横向传播,在使用过程中应定期清洗和消毒水槽。

4. 集蛋设备

简易的平养或单层笼养,大多采用集蛋小车,人工集蛋。机械化多层笼养,则采用自动集蛋装置。机械化自动集蛋装置有平置式和叠层式两种。

(1)平置式集蛋装置　主要由集蛋输送带和集蛋车组成。鸡蛋自动滚入笼前的集蛋槽,槽上装有输送带,由集蛋车分别带动。集蛋车安装在集蛋间的地面双轨上,工作时,推到需要集蛋的输送带处,将车上的动力输出轴插入输送带的驱动轮,开动电机使输送带转动,送出的蛋均滚入集蛋车的盘内,再由手工装箱,或转送至整理车间。

(2)叠层式集蛋装置　主要由集蛋输送带、拨蛋器和鸡蛋升降器等 3 部分组成。集蛋输送带安装在笼前的集蛋槽上面,鸡蛋产出后,即随底网的坡度滚到输送带上。由集蛋器传动部分的链轮带动滚轴,使输送带向鸡笼的一端方向转动,并将带上的蛋徐徐送到拨蛋器处。拨蛋器的直径为 7 cm,圆周上装有 3 个等距的塑料片,用于拨蛋。鸡蛋升降器的链条上装有 48 个盛蛋篮,升降器的链条为一般自行车链,链轮为 18 齿,分 3 组,每 6 节链中装一个盛蛋篮。拨蛋器链轮为 12 齿。由于拨蛋器的圆周速度与升降器的链速同步,因此拨蛋器能准确地将蛋拨入盛蛋篮里。工作时,输送带、拨蛋器和升降器同时向不同方向运转。输送带传来的蛋由拨蛋器把蛋拨入升降器的盛蛋篮内,升降器向下缓慢转动又将蛋送入集蛋台,或送入通往整理车间的总输送带上。

(二)环境控制设备

1. 保温设备

(1)煤炉　是专业户小规模育雏常用的加温设备。煤炉可用铸铁或铁皮制成,煤炉上安装炉管，通过炉管将煤烟及煤气排出室外，炉管在室外的开口要根据风向设置，以免经常迎风导致煤炉倒烟，影响室内空气环境。在煤炉下部与上部炉管开口相对的位置设置一个进气孔和铁皮调节板，由调节板调节进气量以控制炉温，炉管的散热过程就是对室内空气的加热过程。煤炉的大小和数量应根据育雏室的大小与保温性能而定，一般保温良好的雏舍，每 15～20 m^2 采用一个煤炉就可以。此法简单易行，投资少，但使用时比较麻烦，且室内较脏，影响空气质量，尤其应注意适当通风，防止煤气中毒。

(2)电热育雏笼　一般由加热育雏笼、保温育雏笼、雏鸡活动笼 3 部分组成，每一部分都是独立的整体，可根据需要进行组合。电热育雏笼一般为 4 层，每层 4 个笼为一组，每个笼宽 60 cm 左右，高 30 cm，长 110 cm，笼内装有电热板或电热管为热源。在通常情况下多采用一组加热笼、一组保温笼、4 组活动笼的组合方式。立体电热育雏笼饲养雏鸡的密度，开始为每平方米 70 只左右，随着日龄的增长逐渐减少，20 日龄时为 50 只左右，夏季还应适当减少。

(3)红外线灯　在育雏室一定高度悬挂红外线灯泡，利用红外线灯发出的热量育雏。红外线灯产热性能好，使用简单方便，室内清洁，垫料干燥，雏鸡可以选择合适的温度，育雏效果较好。灯泡功率一般为 250 W，悬挂在距地面 35～55 cm 处，可根据育雏温度需要调节悬挂高度，一盏 250 W 红外线灯可保温 100～250 只雏鸡，也可几盏灯合并使用。

(4)热风炉　是目前广泛使用的一种供暖设备，热效率可达 70%以上。热风炉供暖系统由热风炉、送风风机、风机支架、电控箱、连接弯头、有孔风管等组成。热风炉有卧式和立式两种，是供暖系统中的主要设备，当燃煤点燃后，火焰使炉心及炉膛处于红热状态，低温空气经热风炉下半部的预热区充分预热后进入离心风机，再由离心风机以 4 500～7 000 m^3/h 的风量鼓入炉心高温区，在炉心循环时气温迅速升高，然后由出风口进入鸡舍，热风出口温度为 80～120℃，热空气与舍内空气混合后，使舍温迅速提高，并保证了空气的新鲜清洁。

(5)太阳能空气加热器　是利用太阳辐射热能来加热进入畜禽舍空气的一种设备，其基本结构如图 2-11 所示。平板式集热器是吸收太阳能加热空气的设备，一般装设在阳光充足的阳面位置，由透光层、吸收层和保温层构成气流通道。透光层一般由普通玻璃或透明塑料制成，最大限度地让阳光透过，尽可能少地减少热量散失，因此要保持清洁和密封；吸收层要尽量多地吸收太阳辐射能，并加热空气流，一般采用高阳光吸收率材料涂在金属板或纤维板表面，并使表面粗糙，国外有人用涂黑的粗麻布或麻编帘子来制作，太阳能吸收率在 50%以上，而且价格低廉；保温层要保存热能防止热传导引起热能损失。当舍外空气被通风机吸入太阳能加热器的气流通道后，由集热器将其逐步加热，空气温度升高，然后被通风机送入畜禽舍内，这种加热器是禽舍冬季采暖的一种经济而有效的装置。

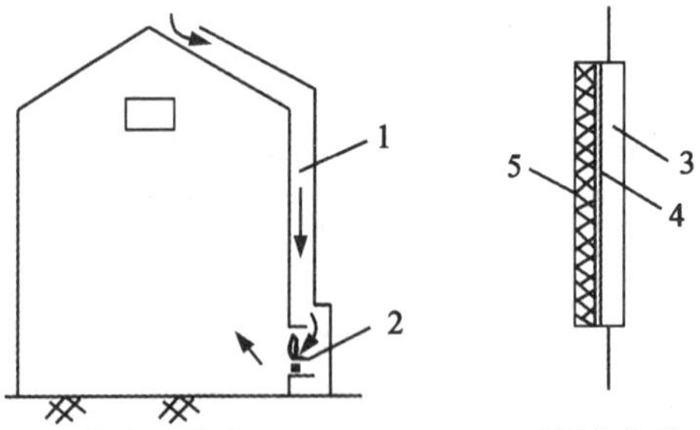

a.加热器总成　　b. 平板集热器

图 2-11　太阳能空气加热器

1. 集热器　2. 通风机　3. 透光层　4. 吸收层　5. 保护层

2. 通风降温设备

(1)风机　为了排除鸡舍内多余的有害气体、水汽、热量，提供足够的新鲜空气，需要对鸡舍进行科学的通风。通风机一般分为两种：轴流式和离心式。鸡舍一般选用节能、大直径、低转速的轴流式风机，这种风机所吸入和送出的空气流向与风机叶片轴的方向平行。如果是负压通风，电机转动时，经过皮带轮减速传动到叶轮，叶轮旋转产生轴向气流，百叶窗在轴向气流作用下自动开启，舍内污秽空气穿过安全防护网及百叶窗排到舍外。

(2)湿帘-风机降温系统　是目前生产中应用较多的一种降温系统，该系统由纸质波纹多孔湿帘、循环水系统、控制装置及节能风机等组成。湿帘-风机降温系统一般在密闭式鸡舍里使用，卷帘鸡舍也可以使用。根据生物环境控制原理，当与外界绝热时，非饱和空气和游离水分相接触将产生热量的传递。由于游离水表面的蒸汽压力较非饱和空气的蒸汽压力高，就会产生水的传递。由水变成水汽需要汽化热，这一热量消耗取自空气和水的显热，使空气和水的温度下降，湿帘就是根据这一原理制造的。在禽舍一端山墙或侧墙壁上安装湿帘、水循环控制系统，风机安装在另一端山墙或侧墙壁上，当风机启动后，整个鸡舍内形成纵向负压通风，迫使舍外不饱和空气流经多孔湿帘表面时，把其显热转变为蒸发潜热，空气的干球温度降低并接近于舍外的湿球温度。经湿帘过滤后冷空气不断进入鸡舍，鸡舍内的热空气不断被风机排出，可降低舍温 5～8℃。

(3)电风扇　用于鸡舍通风的电风扇主要有吊扇和圆周扇两种。使用时将其安装在顶棚或墙内侧壁上，将空气直接吹向鸡体，从而在鸡只附近增加气流速度，促进蒸发散热。

3. 照明设备

密闭式鸡舍或开放式鸡舍在光照不足时都要进行人工光照。鸡舍中常用的照明设备包括照明灯、光照控制器及照度计等。

(1)照明灯　照明灯包括白炽灯、荧光灯、紫外线灯和节能灯等，生产中常使用的是 15～60 W 的白炽灯，它是一种简单、方便、价廉的光源，但发光效率低，寿命也较短。荧光灯它由镇流器、启辉器、荧光灯管等组成，这种灯具发光效率高、省电、寿命长、光色好，但价格较高。

(2)光照控制器　用来自动启闭鸡舍内的照明灯，即利用定时器的多个时间段自编程序功能，实现精确控制鸡舍内的光照时间。有的还通过电压调整改变灯光亮度，根据鸡群需要调节不同的光照强度。

(3)照度计　鸡舍中光照强度的大小可用照度计来测量，生产中常用的是光电池照度计，使用时可参照生产厂商提供的说明书。

(三)清粪设备

多层笼养或大面积网养时，由于清粪工作量较大，常采用机械清粪。清粪机械多种多样，生产中应用较多的是刮板式清粪器和输送带式清粪器。

1. 刮板式清粪器

一般分为全行程和步进式两种。全行程刮板式清粪器由牵引机、刮粪板、涂塑钢绳、卷筒等构成。它配置在鸡笼下方粪沟内，工作过程中，电动机驱动绞盘通过钢丝绳牵引刮粪器，刮粪器紧贴地面把粪沟内的鸡粪从始点刮到终点，由于终点有行程开关，使电机反转，刮粪器随之返回，刮粪板回程时翘起不刮粪，到达终点完成一次清粪作业。刮板式清粪器常用于双列鸡笼，一台刮粪时，另一台处于返回行程，鸡粪被刮到鸡舍同一端时，由横向螺旋式清粪机送出舍外。当刮粪行程较长时，刮粪量增多会使牵引力过大，此时可采用多个刮粪器接力传递鸡粪，结构稍加改变就是步进式刮粪器。

2. 输送带式清粪器

常用于叠层式鸡笼，每层鸡笼下面均要安装一条输粪带，鸡粪直接排到传送带上，开启减速电机将鸡粪送到鸡舍末端，再由刮板将鸡粪刮到集粪沟内。

(四)其他设备

1. 消毒设备

鸡舍常用的消毒设备有火焰消毒器和喷雾消毒器。

火焰消毒器:火焰消毒器的工作原理是把一定压力的燃油雾化并燃烧产生喷射火焰,喷向消毒部位来消毒的一种消毒工具。结构简单,操作方便,由于燃烧的火焰温度较高,触及之处可以烧死所有病原微生物,所以消毒效果较好。

喷雾消毒器:喷雾消毒器的工作原理是消毒液在压力作用下,经过雾化机构雾化后,雾滴直接喷施于消毒间或消毒部位,实现药液化学灭菌消毒。喷雾消毒器一般分为气动喷雾器和电动喷雾器两种。

此外还有熏蒸器、臭氧发生器、国外的电子消毒器等消毒器械等。

2. 断喙器

断喙器是蛋鸡场尤其是种鸡场必须购置的专用设备,可有效地防止育成和产蛋期啄癖的发生。目前市场断喙器的品种很多,常用断喙器均采用低电压高电流使切喙刀片烧红发热(600～800℃),瞬间切喙。高温灼烧可起消毒和止血的作用。

养鸡场除了上述设备外,还应有其他许多设备,如孵化设备、栖架、运输设备、饲料加工设备、照蛋器等。

子项目2　育雏期的饲养管理

0～6周龄的小鸡称作雏鸡。雏鸡的饲养也叫育雏。雏鸡由于具有生长发育迅速、体温调节机能弱、消化机能尚未健全、抗病能力差的生理特点,从而使得育雏成为蛋鸡生产中相当重要的基础阶段。育雏工作的好坏不仅直接影响雏鸡整个培育期的正常生长发育,也影响到产蛋期生产性能的发挥,对种鸡而言会影响种用价值以及种鸡群的更新和生产计划的完成。

一、育雏前的准备

为了使育雏工作能按预定计划进行,取得理想效果,育雏前必须做好各项准备工作。

1. 拟定育雏计划

(1)确定育雏数量　在拟定育雏计划时,首先确定全年总育雏数及每批的饲养量。确定时考虑以下因素:一是房舍、设备条件,总的生产规模、生产计划等条件;二是饲料来源的可靠程度及饲料费用;三是主要负责人的经营能力及饲养管理人员的技术水平,估计其能够完成的育雏任务;四是考虑育雏所依赖的其他物质条件及社会因素，如水源、水质、电力和燃料的来源是否有保证，育雏必需的产前、产后服务（如饲料、疫苗、常用物资等的供应渠道及产品销售渠道）的通畅程度与可靠性。然后把这 4 个方面的因素综合分析，结合市场的需求、价格和利润的情况，确定每批育雏的规模。每批的育雏规模确定后，决定全年育雏的总量。最后具体拟订进雏及雏鸡周转计划、饲料及物资供应计划、防疫计划、财务收支计划及育雏阶段应达到的技术经济指标。

（2）育雏季节的选择　在密闭式鸡舍内育雏，由于为雏鸡创造了必要的环境条件，受季节影响小，可实行全年育雏。但对开放式鸡舍因不能完全控制环境条件，受季节影响较大，应选择育雏季节。

春季育雏气候干燥，阳光充足，温度适宜，雏鸡生长发育好，并可当年开产，产蛋量高，产蛋时间长；秋季育雏，气候适宜，成活率较高，但育成后期因光照时间逐渐延长，会造成母鸡过早开产，影响产蛋量；冬季气温低，特别是北方地区育雏需要供暖，成本高，且舍内外温差大，雏鸡成活率受影响；夏季高温高湿，雏鸡易患病，成活率低。可见，育雏最好避开夏冬季节，选择春秋两季育雏效果最好。

2. 确定饲养方式

（1）地面育雏（图 2-12）　可采用土地、炕面、砖地面或水泥地面。育雏时在地面铺 5～10 cm 厚的垫料，如稻壳、粗锯末、小刨花、碎草等。育雏时垫料可以时常更换，也可以在雏鸡脱温转群后一次清除，后者被称为厚垫料育雏。厚垫料育雏时，鸡粪和垫料发酵产热，可以提高室温，还可在微生物作用下产生维生素 B_{12}，被鸡采食利用。这种育雏方式不仅节省清运垫料的人力，还可以充分利用鸡粪作为高效有机肥料。厚垫料育雏的方法是：将育雏舍打扫干净，消毒后，按每平方米地面撒生石灰 1 kg，然后铺上 5～6 cm 厚的垫料，以后逐渐加铺新垫料，育雏结束时垫料厚度可达 15～25 cm。在育雏期间，发现垫料板结，应及时用草叉将垫料松动，使之保持松软、干燥，垫料于育雏结束后一次性清除。使用这种方式育雏，室内应保持通风良好；雏鸡密度在每 16 只/m^2 以下。在育雏初期，还可应用铁丝网或帷帘将育雏舍分成若干小区，每个小区饲养 500 只为宜，以避免鸡只拥挤。各小区内放置的开食盘、饮水器要互相交叉，以便于鸡只采食、饮水。

图 2-12　地面育雏

地面育雏由于鸡与粪直接接触;易发生肠道病、寄生虫病或其他细菌病,如白痢、球虫和各种肠炎等。因此要加强卫生消毒,每天应清洗消毒饮水器2～3次,最大限度地控制疫病的发生,提高成活率。地面育雏多采用地炉、火炕升温,也可使用电热伞。这种育雏方式一般限于条件差的、规模较小的饲养户,简单易行,投资少。

(2)网上育雏(图2-13) 就是用网面来代替地面育雏。网面的材料有铁丝网、塑料网,也可用木板条或竹竿,但以铁丝网最好。网孔的大小应以饲养育成鸡为适宜,不能太小,否则,粪便下漏不畅。饲养初生雏时,在网面上铺一层小孔塑料网,待雏鸡日龄增大时,撤掉塑料网。一般网面距地面的高度应随房舍高度而定,多以60～100 cm为宜,北方寒冷地区冬季可适当增加高度。网上育雏最大的优点是解决了粪便与鸡直接接触的问题。但由于网上饲养鸡体不能接触土壤,所以提供给鸡的营养要全面,特别要注意微量元素的补充。

(3)立体育雏(图2-14) 这是大中型饲养场常采用的一种育雏方式。立体育雏笼一般分为3～4层,每层之间有接粪板,四周外侧挂有料槽和水槽。立体育雏具有热源集中、容易保温、雏鸡成活率高、管理方便、单位面积饲养量大的优点。但育雏笼投资较大,且上下层温差大,鸡群发育不整齐。为了解决此问题,可采取小日龄在上面2～3层集中饲养,待鸡稍大后,逐渐移到其他层饲养。

图2-13 网上育雏

图2-14 立体育雏

3.确定供热方式

(1)电热保温伞 这是平面育雏常采用的一种方式。它的优点是干净卫生,雏鸡可在伞下进出,寻找适宜的温度区域,但单独使用效果不十分理想,且耗电较多。育雏伞一般离地面10 cm左右,伞下所容鸡的数量可根据伞罩的直径大小而定,见表2-2。

表 2-2 电热伞育雏容纳雏鸡数

伞罩直径/cm	伞高/cm	15 d 内容鸡量/只
100	55	300
130	60	400
150	70	500
180	80	600
240	100	1 000

使用育雏伞时，要求室温达到 27℃左右。最初几天内，为防止雏鸡乱跑，应在伞外 100 cm 处设置 60 cm 高的护栏，2 周后再撤离。

(2)红外线灯供热　利用红外线灯做热源，一般 1 盏 250 W 红外线灯泡，可供 100～250 只雏鸡保温。悬挂在离地面 35～50 cm 高处，实际高度可根据雏鸡日龄及气温高低调整，日龄小，气温低，可低一些；日龄大，气温高，可高些。红外线灯育雏，温度稳定，室内干燥，但耗电多，成本高。

(3)暖气供热　优点是冬季育雏效果好，但一次性投资大，成本高，控制舍内温度的能力差，最好配合电热使用，效果更理想。

(4)火炕、地下火道供热　在我国北方寒冷地区专业户广泛使用的火炕、地下火道供热方式也很好。南方地区在多雨潮湿季节，用火炕或地下火道供热效果也不错。

4. 准备育雏室

(1)房舍准备　育雏舍应做到保温良好、不透风、不漏雨、不潮湿、无鼠害。舍内通风设备要运转良好，所有通风口设置防兽害的铁网。舍内照明分布要合理，上下水正常，不能有堵漏现象。供温系统要正常，平养时要备好垫料。

(2)育雏舍的清洁消毒　消毒前要彻底清扫地面、墙壁和天花板，然后用自来水洗刷地面、鸡笼和用具等；待晾干后，用 2% 火碱喷洒；最后用高锰酸钾和福尔马林熏蒸，剂量为每立方米空间福尔马林 40 mL，高锰酸钾 20 g。密闭门窗，熏蒸 24 h 以上。

5. 器具的准备

除育雏设备外，主要的育雏用具有食具和饮具。要求数量充足，保证使每只鸡都能同时进食和饮水；大小要适当，可根据日龄的大小及时更换，使之与鸡的大小相匹配；结构要合理，以减少饲料浪费，避免饲料和饮水被粪便和垫草污染。

6. 饲料药品的准备

育雏前要按雏鸡日粮配方准备足够的饲料，特别是各种添加剂、矿物质、维生素和常用的药品，如消毒药、抗生素、疫苗等。

7. 育雏舍预温

育雏舍在进雏前 1～2 d 应进行预温，预温(温度为育雏温度要求)的主要目的是使进雏时的温度相对稳定，同时也检验供温设施是否完整，这在冬季育雏时特别重要。预温也能够使舍内残留的福尔马林逸出。

二、雏鸡饲养

雏鸡由于生长速度快，消化系统发育不健全，胃的容积小，采食量有限；同时肌胃研磨饲料能力差；消化道内缺乏某些消化酶，消化能力差。因此，雏鸡对饲料营养物质的要求具有高能量、高蛋白质、丰富的矿物质和维生素的特点。所以，在生产中必须为雏鸡选择粗纤维含量低、营养价值较高、品质优良、容易消化的饲料，如玉米、大豆饼(粕)、优质鱼粉、小麦麸、骨粉等。

1. 雏鸡的开食

开食时间：雏鸡的第一次喂饲称开食。开食要适时，过早开食雏鸡无食欲，也易发生消化不良；过晚开食雏鸡不能及时获得营养物质，从而消耗体力，使雏鸡虚弱，影响以后的生长发育和成活。一般而言，在出壳后 16～28 h 内开食，对雏鸡的生长最为有利。实际生产中，雏鸡进入育雏舍休息 2 h 后即可开食(表 2-3)。

表 2-3 不同开食时间对雏鸡增重的影响 g

雏鸡体重	开食时间/h					
	出壳后 12	24	48	72	96	120
开食时体重	39.7	40.9	40	39.2	38	34.5
2 周龄体重	84.6	95.6	89.6	75.6	69.6	67.2

开食料：雏鸡的开食料必须科学配制，营养含量要能完全满足雏鸡的生长发育需要。因此，生产中以雏鸡颗粒料开食最为理想。有时为防止育雏初期的营养性腹泻(糊肛)，也可在开食时按每只雏鸡加喂 1～2 g 小米或碎玉米，或在饲料中添加少量酵母粉以帮助消化。

开食方法：将开食盘(2～3 个/100 只鸡)均匀放入育雏器，然后把颗粒饲料均匀撒入盘中，同时提高育雏器内的光照强度(20～25 lx)，雏鸡见到饲料后会自己采食。应注意的是，开食盘最多只能使用 3 d，3 d 以后必须逐渐改为料桶饲喂。否则，饲料容易被污染而导致疾病发生。

饲料喂量：雏鸡每天的饲喂量因鸡的品种不同而不同，同时饲喂量也与饲料的营养水平有关。因此，应根据本品种的体重要求和鸡群的实际体重来调整饲喂量。喂料时，应做到少喂勤喂，促进鸡的食欲，一般 1～2 周每天喂 5～6 次，3～4 周每天喂4～5次，5周以后每天喂3～4次。喂料量参考表2-4。

表2-4 不同类型雏鸡喂料量

（引自王生雨，蛋鸡生产新技术，1991） g/只

周龄	白壳蛋鸡		褐壳蛋鸡	
	日耗料	周累计耗料	日耗料	周累计耗料
1	7	49	12	84
2	14	147	19	217
3	22	301	25	392
4	28	497	31	609
5	36	749	37	868
6	43	1 050	43	1 169

2.雏鸡的饮水

雏鸡出壳后第一次饮水称初饮。雏鸡体内卵黄没有被完全吸收，及时的饮水有利于卵黄的吸收和胎粪的排出；同时在育雏室高温环境或雏鸡运输过程，其体内的水代谢和呼吸使水分大量散发，及时饮水有助于雏鸡体力的恢复。因此，育雏时必须重视初饮，使每只鸡都能及时喝上水。生产中，先饮水后开食是育雏的基本原则之一，一般当雏鸡进入育雏舍后，应立即给予饮水。

雏鸡初次饮水的水温最低要达到18℃，绝对不能饮用凉水，否则极易造成腹泻。在育雏第一周饮水时，可在水中适当加维生素、葡萄糖、抗生素等，以促进和保证鸡的健康生长。特别是经过长途运输的雏鸡，饮水中加入葡萄糖和维生素C、抗生素等可明显提高成活率。整个育雏期内，要保证全天供水。雏鸡的饮水量见表2-5。为防止疾病发生，还应定期对饮水器清洗和消毒。

表2-5 每百只不同周龄小母鸡在不同气温下的需水量

（引自王宝维，海兰蛋鸡饲养，1998） L

周龄	饮水量		周龄	饮水量	
	≤21.2℃	≤32.2℃		≤21.2℃	≤32.2℃
1	2.27	3.30	7	8.52	14.69
2	3.97	6.81	8	9.20	15.90
3	5.22	9.01	9	10.22	17.60
4	6.13	12.60	10	10.67	18.62
5	7.04	12.11	11	11.36	19.61
6	7.72	13.22	12	11.12	20.55

三、雏鸡管理

1. 环境控制

(1)合适的温度　能否提供最佳的温度是育雏成败的关键。刚出壳的小鸡,体温调节机能不健全,且绒毛稀少,御寒作用差,其体温会随着环境温度的变化而变化。所以提供一定的温度,为维持雏鸡正常体温和生长发育所必需。另外,供温是否适宜,也影响雏鸡的活动、采食、饮水和饲料的消化吸收及身体的健康状况,因此必须严格控制育雏温度。

育雏温度包括育雏器温度和舍内温度。育雏器温度是指高于鸡头 2 cm 处的温度。平养测量温度时要求温度计悬挂于距热源 50 cm、高于鸡头 2 cm 处的育雏器内;使用保温伞供温时,可将温度计悬挂于伞的边缘;立体育雏则为笼内热源区的底网。舍温一般低于育雏器的温度。适宜的育雏温度可参考表 2-6。

表 2-6　育雏温度　℃

周龄	育雏器温度	育雏室温度
0～1	35～32	24
1～2	32～29	24～21
2～3	29～27	21～18
3～4	27～24	18～16
4 周以后	21	16

育雏期间必须根据雏鸡周龄的大小对温度进行调节。其遵循的规律是:前期高,后期低;小群育雏高,大群育雏低;弱雏高,强雏低;夜间高,白天低;阴雨天高,晴天低;肉鸡高,蛋鸡低。一般高低温度相差不超过 2℃。育雏温度是否适宜除查看温度计外,也可观察雏鸡行为表现。温度过高时,雏鸡远离热源,张口喘气,呼吸频率加快,两翅张开下垂,频频喝水,采食减少;温度过低时,雏鸡集中在热源附近,扎堆,活动少,毛竖起,夜间睡眠不稳,常发出叫声;温度适宜时,雏鸡均匀地分布在育雏器内,活泼好动、食欲良好、羽毛光滑、整齐、丰满。整个育雏期间供温应适宜、平稳,切忌忽高忽低。

(2)适宜的湿度　一般而言,虽然雏鸡的健康生长需要维持一定的环境湿度,但要求并不严格。通常,由于雏鸡饲养密度大,鸡的饮水、排便及呼吸都会散发出水汽,因而育雏室内空气的湿度一般不会太低。但在雏鸡 10 日龄前因舍内温度高、干燥、雏鸡的饮水量及采食量小，应适当往地面洒水或用加湿器补湿，将相对湿度控制在60%～70%。随着雏鸡日龄增加，鸡的饮水量、采食量、排粪量相应增加，空气湿度增大，此时相对湿度应控制在50%～60%。到14～60 d是球虫病易发期，应注意保持舍内干燥，防止球虫病发生。

过高过低的湿度对雏鸡均有不良的影响。湿度过高时，在高温高湿状况下，雏鸡闷热难受，身体虚弱，不利于生长发育；在低温高湿时雏鸡体热散失加快而感到更冷，使御寒和抗病能力降低。湿度过高，特别是垫料潮湿，有利于各种病原微生物的生长和繁殖，会使雏鸡抗病力降低而引起雏鸡发病。

生产中，维持雏鸡舍一定湿度的措施是：定时清除粪便，勤换、勤晒垫草，使饮水器不漏水，注意做好通风换气工作，适当减小饲养密度。

(3)保持新鲜的空气　经常保持室内空气新鲜是雏鸡正常生长发育的重要条件之一。鸡的粪便能分解释放出 NH_3 和 H_2S 等有害气体。如果育雏室通风不良，NH_3 浓度超过15～20 μL/L，可引起雏鸡眼结膜与呼吸道疾病的发生。同时，通风不良也会导致舍内湿度增大，不利于雏鸡健康。

为了保持空气新鲜，应在育雏室安装专门的通风设备，并在育雏过程中注意做好通风换气工作。还要定时清粪、换垫草，并适当减小饲养密度。

(4)合理的饲养密度　单位面积饲养的雏鸡数即饲养密度。密度过大，不但室内 CO_2、NH_3、H_2S 等有害气体增加，空气温度增高，垫草潮湿，而且雏鸡活动受到限制，易发生啄癖。饲喂时易出现采食不匀，导致雏鸡生长发育不良，鸡群整齐度差，发病率和死亡率提高。密度过小，房舍设备不能充分利用，饲养成本提高，影响经济效益。生产实践中应根据房舍结构、饲养方式和雏鸡品种的不同，确定合理的饲养密度。适宜的饲养密度见表2-7。

表2-7　不同育雏方式雏鸡的饲养密度　　只/m^2

地面平养		立体笼养		网上平养	
周龄	密度	周龄	密度	周龄	密度
0～1	50	0～1	60	0～1	50
1～2	30	1～3	40	1～2	30
2～3	25	3～6	34	2～3	25
4～6	20	6～11	24	4～6	20
		11～20	14		

(5)合理的光照　光照不仅可以促进雏鸡的活动，便于采食和饮水，而且光照

时间的长短与雏鸡性成熟也有密切的关系。养鸡生产中，光照最重要的作用是刺激鸡的脑下垂体，促进生殖系统发育。所以在雏鸡生长发育期，特别是育雏后期，若光照时间过长，则促进鸡的性早熟；光照过短，将延迟性成熟。因而要严格控制光照。

从出壳到3日龄内雏鸡每日宜采用23 h光照，以便使鸡尽快熟悉环境，及时开食、饮水。此时光照强度要高，一般以20 lx（约4 W/m^2）为宜。以后的光照按光照制度执行（见育成鸡饲养部分）。

2. 雏鸡保健

（1）免疫接种　免疫接种是防止传染性疾病发生和流行的重要手段，也是雏鸡健康发育的保证。因此，必须重视和做好育雏阶段的免疫接种。

（2）投药　为了治疗和预防疾病及加强营养、保健需要进行投药，投药可在饲料中混加或在饮水中添加。在饲料中混加时，一定要混合均匀。在饮水中添加要考虑该药物的溶解性和水溶液的稳定性，不论投何种药物，一定要准确计算使用浓度和使用量，以防过量中毒。

（3）搞好卫生防疫

育雏要全进全出：鸡转入、转出育雏舍时，必须对育雏舍进行彻底消毒，并空舍2～3周，以切断病原菌循环感染的机会。

制定严格的消毒制度：为了保障雏鸡健康，防止疾病的发生，育雏场必须建立严格的消毒制度。目前养鸡场普遍使用的带鸡消毒方法，既可预防疾病，还能净化空气，取得了良好的生产效果。

搞好饮水卫生：饮水卫生也是防止疾病发生的重要措施，特别是消化道疾病。因此要定期清洗饮水器具并消毒，同时所供水质应符合饮用水标准。

增加营养：营养物质为机体生长发育、增强体质所必需，应适当给雏鸡增加多种维生素，特别是维生素A、维生素C的用量，以利于增强雏鸡的抗病能力，提高成活率。

3. 适时断喙

由于鸡的上喙较长而下喙短，采食时容易把饲料刨出槽外而造成浪费。同时，在育雏环境不良、饲料平衡差、鸡群密度过大、光照强等不良影响下发生啄癖。因此，为节约饲料、减少啄癖发生所带来的伤害，在现代养鸡生产中特别是笼养鸡群，必须断喙。

断喙时间：雏鸡阶段断喙适宜时间为7～10日龄，进入育成阶段后还需断喙一次，育成鸡断喙时间应在10～14周龄时进行。

断喙方法：断喙时，首先按鸡的大小、喙的坚硬程度调整断喙器的温度，对7～10日龄的雏鸡，断喙器刀片温度以达到700℃较适宜，此时可见断喙器刀片中间部分为樱桃红色。左手握住雏鸡，右手拇指与食指压住鸡头，将喙插入断喙器刀孔，切去上喙1/2，下喙1/3（图2-15和图2-16），做到上短下长（图2-17），切后用断喙器刀片灼烙喙2～3 s，以止血。

图2-15　断喙方法

注意的问题：断喙对鸡的应激较大，在断喙前，要检查鸡群健康状况，健康状况不佳或有其他异常情况，均不宜断喙；断喙前后一周可增加饲料中维生素K、维生素C供给量，以利止血和降低应激。断喙后要立即给料、给水，以防止喙再次破裂而出血；断喙前后一周不能防疫，否则防疫效果降低。

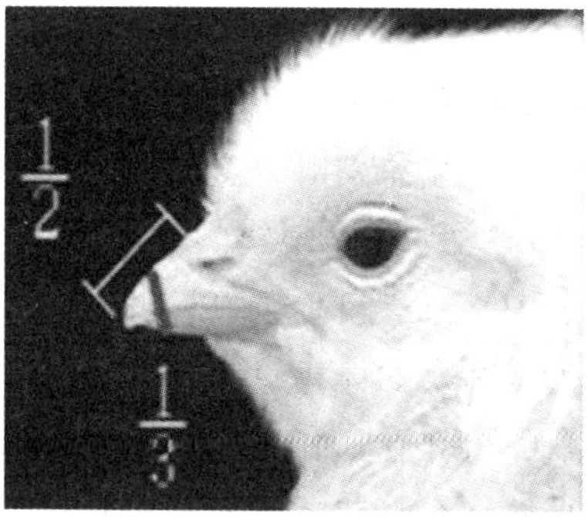

图2-16　断喙比例

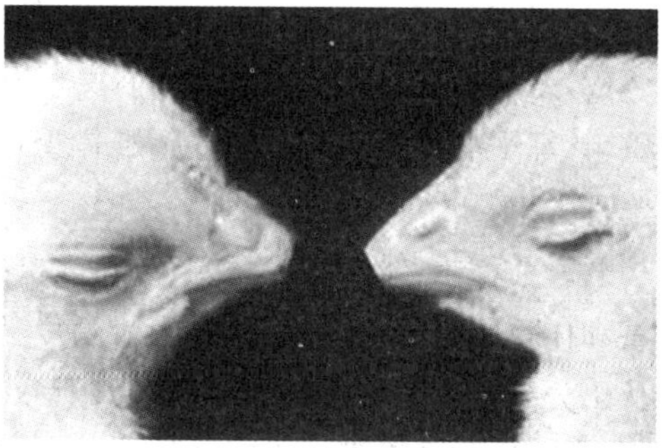

图2-17　断喙后喙型

4. 日常管理

育雏是一项细致的工作，要养好雏鸡应做到眼勤、手勤、腿勤、脑勤。

（1）观察鸡群状况　在雏鸡管理上，日常观察鸡群是一项比较重要的工作，只有对雏鸡的一切变化情况了解，才能及时分析起因，采取对应的措施，改善管理，以便提高育雏成活率，减少损失。一是观察鸡群的采食、饮水情况，通过对鸡群给料反应，采食的速度、争抢的程度以及饮水情况等的观察，以了解雏鸡的健康状况。如发现采食量突然减少、采食积极性降低，可能是饲料质量下降、饲料品种或喂料方法突然改变、饲料腐败变质或有异味、育雏温度不正常、饮水不充足、饲料中长期缺乏沙砾或鸡群发生疾病；如鸡群饮水过量，常常是因为育雏温度过高，育雏室相对湿度过低，或者鸡群发生球虫病、传染性法氏囊病等，也可能是饲料中使用了劣质咸鱼粉，使饲料中食盐含量过高所致。二是观察雏鸡的精神状况，及时剔除鸡群中的病、弱雏，把其单独饲养或淘汰。病、弱雏常表现为离群闭眼呆立、羽毛蓬松不洁、翅膀下垂、呼吸有声等。三是观察雏鸡的粪便情况，看粪便的颜色、形状是否正常，以便于判定鸡群是否健康或饲料的质量是否发生变化。雏鸡正常的粪便：刚出壳、尚未采食的雏鸡排出的胎粪为白色或深绿色稀薄液体，采食后便排圆柱形或条形的表面常有白色尿酸盐沉积的棕绿色粪便。有时早晨单独排出的盲肠内粪便呈黄棕色糊状，这也属于正常粪便。病理状态下的粪便有以下几种情况：发生传染病时，雏鸡排出黄白色、黄绿色附有黏液、血液等的恶臭稀便；发生鸡白痢时，粪便中尿酸盐成分增加，排出白色糊状或石灰浆样的稀便；发生肠炎、球虫病时排呈棕红色的血便。四是观察鸡群的行为，观察鸡群有没有恶癖如啄羽、啄肛、啄趾及其他异食现象，检查有无瘫鸡、软脚鸡等，以便及时判断日粮中的营养是否平衡等。

(2)定期称重　为了掌握雏鸡的发育情况，应定期随机抽测5%～10%的雏鸡体重，计算平均体重后与本品种标准体重比较，如果有明显差别时，应及时修订饲养管理方案。

开食前称重：雏鸡进入育雏舍后，随机抽样50～100只逐只称重，以了解平均体重和体重的变异情况，为确定育雏温度、湿度提供依据。如体重过小，是由于雏鸡从出壳到进入育雏舍间隔时间过长所致，应及早饮水、开食；如果是由于种蛋过小造成的，则应有意识地提高育雏温度和湿度，适当提高饲料营养水平，管理上还应更加细致。

育雏期的称重：为了了解雏鸡体重发育情况，应于每周末随机抽测5%～10%的雏鸡的体重，并将称重结果与本品种标准体重对照，以检查育雏效果，并为育雏方案的调整提供依据。

(3)密度的调整　密度即单位面积饲养雏鸡数量。密度过大，鸡群采食时相互挤压，采食不均匀，雏鸡的大小也不均匀，生长发育受到影响；密度过小，设备及空间的利用率低，生产成本高。所以，饲养密度必须适宜(表2-8)。

(4)及时分群　通过称重可以了解平均体重和鸡群的整齐度情况。鸡群的整齐度用均匀度表示。即用进入平均体重±10%范围内的鸡数占全群鸡数的百分比来表示。均匀度大于80%，则认为整齐度好，若小于70%则认为整齐度差。为了提高鸡群的整齐度，应按体重大小分群饲养。将过小或过重的鸡挑出单独饲养，使体重小的尽快赶上中等体重的鸡，体重过大的，通过限制饲养，使体重降到标准体重。

表 2-8 不同育雏方式的饲养密度 只/m^2

地面平育		网上平育		笼育	
周龄	密度	周龄	密度	周龄	密度
0～6	20	0～6	24	0～1	60
7～12	10	7～10	14	2～3	34
				4～6	30
				7～11	24

(5)日常记录报表　为了总结经验，搞好下批次的育雏工作，每批次育雏都要认真记录，在育雏结束后系统分析。日常记录报表主要项目有：①每天鸡舍的温度、湿度、光照时数与通风换气情况。②每天鸡的存栏只数、死亡淘汰数及其原因。③每天饲料的饲喂量与鸡的采食情况，进料时应记录饲料量与价格。④每天鸡的饮水量和水质情况。⑤每次免疫接种的疫苗品名、种类、生产厂家、批号、免疫方法、剂量及价格。⑥每次投药的药名、产地、批号、剂量、方法和价格。⑦每周周末体重的称重情况。

日常发生的其他情况，如鸡的呼吸情况、粪便颜色、是否受到刺激、鸡群的精神状态、水电暖供应情况是否正常。此外，大中型鸡场还应有月(周)报表，统计各育雏舍的情况(表 2-9)。

表 2-9 某月份育雏生产记录表

品种(品系)：　　入舍日期：

批次(代号)：　　入舍数量：

转群日期：　　转群数量：

月份	日龄	育雏数	鸡群变动		存活率	日耗料量		标准耗料量	体重
			死	淘汰	/%	总量/kg	每只/g	/g	/g
1									
2									
⋮									
合计									
平均									

四、蛋鸡品种

蛋用品种以产蛋多为主要特征。其特点是：一般体型较小，体躯较长，后躯发达，皮薄骨细，肌肉结实，羽毛紧密，性情活泼好动。一般开产月龄5～6个月，年产蛋200枚以上，产肉少，肉质差，无就巢性。

1. 现代蛋鸡品种

为适应现代养鸡业的发展，便于研究和实用，人们将现代蛋鸡品种按所产蛋壳的颜色主要分为白壳蛋鸡、褐壳蛋鸡和粉壳蛋鸡，另外还有少量的绿壳蛋鸡。

(1)白壳蛋鸡　全部来源于单冠白来航鸡品变种，可用羽速自别雌雄，属于轻型鸡。其主要特点：体型小，耗料少，开产早，产蛋量高。与褐壳蛋鸡相比，蛋重略小，抗应激性较差。如北京白鸡、星杂288、巴布考克B-300、滨白鸡、海兰W-36、罗曼白、尼克白等。

(2)褐壳蛋鸡　是由肉蛋兼用型鸡发展到蛋用型，利用羽色和羽速基因自别雌雄，目前发展比较快。其主要特点：体型适中，性情温驯，蛋重较大，蛋壳厚，抗应激性较强，且商品鸡雏可作羽色自别雌雄。与白壳蛋鸡相比，耗料略高，且蛋中肉斑、血斑率高。如伊莎褐、罗曼褐、海赛克斯褐、海兰褐、尼克红等。

(3)粉壳蛋鸡　是由白壳蛋鸡与褐壳蛋鸡杂交育成，实际用作培育粉壳蛋鸡的标准品种有白来航、洛岛红、洛岛白、白洛克、澳洲黑等。其主要特点：产蛋量高，饲料转化率高，只是生产性能不够稳定。如中国农大农昌2号、B-4鸡(农科院畜牧所)、京白鸡939、京白鸡989、加拿大星杂444、天府粉壳蛋鸡、伊莉莎粉壳蛋鸡、尼克粉壳蛋鸡等。

(4)绿壳蛋鸡　是利用我国特有的原始绿壳蛋鸡遗传资源，运用现代育种技术，以家系选择和DNA标记辅助选择为基础，进行纯系选育和杂交配套育成的。其主要特点：体型小，产蛋量较高，蛋壳颜色为绿色，蛋品质优良，与白壳蛋鸡相比，耗料少，蛋重偏小。如上海新杨绿壳蛋鸡、江西东乡绿壳蛋鸡、江苏三凰青壳蛋鸡。

著名白壳、褐壳、粉壳、绿壳商品代蛋鸡的主要生产性能分别见表2-10和表2-11。

2. 标准品种

20世纪50年代前经过人们有目的、有计划的系统选育，按育种组织制订的标准鉴定承认的，并列入《美国家禽志》和《大不列颠家禽标准品种志》的家禽品种，即国际上公认的家禽品种，称为标准品种。它强调血缘和外形外貌特征的一致性。均具有生产性能高，遗传稳定的优点，但对饲养管理条件要求较高。按美国标准图谱，鸡的标准品种列有近200个，我国列为标准品种的鸡有狼山鸡、九斤鸡、丝毛乌骨鸡。标准品种在生产中有重要经济价值，与现代鸡种的育成有关的不过十几种。部分著名标准蛋鸡品种类型、产地、外貌特征及生产性能见表2-12。

表 2-10 著名白壳商品代蛋鸡的主要生产性能

鸡种	50%开产周龄	72周龄入舍鸡产蛋/枚	产蛋总重/kg	平均蛋重/g	料蛋比	育成期成活率/%	产蛋期存活率/%
京白 988	23	310	18.66	63	2.0∶1	96～98	94.5
滨白 584	24	270～280	16.5	60	(2.5～2.6)∶1	92	90 以上
华都京白 A98	20～21	80W327～335	20.1～20.5	61～62	(2.1～2.2)∶1	96～98	94～95
海兰 W-36	24	285～310	18～20	63	2.2∶1	97～98	96
保万斯白	21	319	18.96	59.8	2.21∶1	96～98	94.1
尼克白	22～24	260	19.8	60.1	2.25∶1	95～98	92.5
巴布考克 B-300	21～22	285	17.2	64.6	(2.3～2.5)∶1	98	94.5
星杂 288	23～24	260～285	16.4～17.9	63	2.3∶1	98	92
迪卡白	21	295～305	18.5	61.7	2.17∶1	96	92
罗曼白	22～23	290～300	18～19	62～63	2.35∶1	96～98	95
伊莉莎白	21～22	80W322～334	19.8～20.5	61.5	(2.15～2.3)∶1	95～98	95

表 2-11 著名褐壳、粉壳、绿壳商品代蛋鸡的主要生产性能

鸡种	50%开产周龄	72周龄入舍鸡产蛋/枚	产蛋总重/kg	平均蛋重/g	料蛋比	育成期成活率/%	产蛋期存活率/%
海兰褐	22～23	317	20.2	63.7	2.11∶1	96～98	94
海兰褐佳	21～22	295	19.2～20.65	65～70	2.05∶1	96～98	94
宝万斯褐	20～21	321	20.07	62.5	2.24∶1	98	94.7
罗曼褐	23～24	295～305	18.2～20.5	63.5～64.5	2.10∶1	96～98	95
海赛克斯褐	23～24	290	18.3	63.2	2.39∶1	97	95.5
依莎褐	24	285	18.2	63.5～64.5	(2.4～2.5)∶1	98	93
迪卡褐	22～23	305	19.8	65	(2.07～2.28)∶1	99	95
星杂 444 粉	22～23	265～280	17.66～17.8	61～63	(2.45～2.7)∶1	92	93
农昌 2 号粉	23～24	255	15.25	59.8	2.7∶1	90.2	93
京白 939 粉	21～22	299	17.9	60～63	2.33∶1	96～98	92～93
新杨蛋鸡绿	22	227～238		48.8～50		95～97	
三凰蛋鸡绿	21～22	190～205		50～55	2.3∶1		

表 2-12 部分著名标准品种生产性能一览表

品种	类型	原产地	外貌特征	生产性能
来航鸡	蛋用	意大利	体小清秀，羽毛紧密、洁白，单冠，冠大鲜红，♂直立，♀侧倒，喙、胫、肤黄色，耳叶白色	成年体重♂2.5 kg，♀1.75 kg。性成熟早，产蛋量高，饲料消耗少，140 日龄开产，72 周龄产蛋量220～300 枚，蛋重 56 g，蛋壳白色
洛岛红	兼用	美国	羽色深红，尾羽黑色，体躯近长方形，喙、胫、肤黄色，冠、耳叶、肉垂、脸部鲜红色，背宽平	产蛋和产肉性能均好，性成熟180 d，年产蛋量 160～170 枚，高可达 200 枚以上，蛋重 60～65 g，褐壳
新汉夏	兼用	美国	体型外貌与洛岛红鸡相似，但羽毛颜色略浅，背部较短，且只有单冠	年产蛋量 180～200 枚，蛋壳褐色，蛋重 56～60 g
横斑洛克	兼用	美国	体型椭圆，发育好，生长快，全身羽毛为黑白相间的横斑纹，单冠，耳叶红色，喙、胫、皮肤黄色	早期生长快，肉质好，易肥育。成♂4.0 kg，成♀3.0 kg，年产蛋 180枚，高可达 250 枚以上，蛋重中等，褐壳
浅花苏赛斯鸡	兼用	英国	体躯长、深、宽，胫短，尾部高翘，单冠，肉垂、耳叶均为红色，喙、胫、趾黄色，皮肤白色	肉用性能良好，肉质好，易肥育。成♂4.0 kg，成♀3.0 kg，年产蛋量150 枚，蛋重 56 g，蛋壳浅褐色
澳洲黑鸡	兼用	澳大利亚	单冠，胸部丰满，全身羽毛紧密呈黑色，耳叶红色，皮肤白色，喙、眼、胫均呈黑色，脚底为白色	年产蛋 160 枚左右，平均蛋重 60～65 g，蛋壳浅褐色。近年来育成的高产品系，产蛋量较高
狼山鸡	兼用	中国	体高腿长、胸部发达，背短，头尾翘立呈“U”形，全身羽毛黑色或白色，单冠，耳叶红色，喙、眼、胫黑色，胫外侧有羽毛，皮肤白色	7～8 月龄开产，年产蛋 160～170 枚，最高达 282 枚，蛋重 57～60 g，蛋壳褐色。♂3.5～4.0 kg，♀2.5～3.0 kg。近年来育成的高产品系，产蛋量较高
丝毛鸡	观赏	中国	体小，轻巧紧凑，头小、颈短、脚矮，全身白色丝状羽，眼、脸、喙、胫、趾、皮肤、肌肉、骨膜骨质、内脏及腹脂膜均黑色，紫冠、缨头、绿耳、有胡须，五趾，毛脚	成年♂4.5～4.7 kg，♀3.5 kg。年产蛋 80～120 枚，蛋重 40～45 g，抱性强

3. 地方品种

在育种技术水平较低的情况下，没有明确的育种目标，没有经过计划的杂交和系统的选育，而在某一地区长期饲养而成的品种，称地方品种。其特点是生产性能较低，体形外貌不大一致。但生活力强，耐粗饲。我国列入《中国家禽品种志》的鸡地方品种有 27 个。部分著名地方蛋鸡品种类型、产地、外貌特征及生产性能见表 2-13。

表 2-13 我国部分著名地方品种生产性能一览表

品种	类型	原产地	外貌特征	生产性能
仙居鸡	蛋用	浙江仙居	体型轻巧紧凑，羽毛紧贴体躯，黄色居多，背部平直，喙、胫、皮肤黄色	成年体重公鸡 1.44 kg，母鸡 1.25 kg，开产日龄 150 d 左右，年产蛋量 180～220 枚，平均蛋重 42 g，蛋壳褐色
白耳黄鸡	兼用	江西、浙江	体型矮小，体重较轻，羽毛紧密、黄色，耳叶银白，母鸡体躯似船形，公鸡呈三角形。喙、胫、皮肤黄色	成年体重公鸡 1.45 kg，母鸡 1.19 kg，开产日龄 151 d 左右，年产蛋量 180 枚左右，平均蛋重约 54.23 g，蛋壳深褐色
寿光鸡	兼用	山东寿光	体躯高大，体长，胸深丰满，胫高而粗，体躯近似方形，以黑羽(闪绿光)、黑腿、黑嘴“三黑”著称，皮肤白色	成年体重公鸡 2.9～3.6 kg，母鸡 2.3～3.3 kg，开产日龄 5～9 个月，年产蛋量 120～150 枚，蛋重较大，平均蛋重 65 g，蛋壳深褐色
庄河鸡	兼用	辽宁庄河	体高颈长，胸深背长，羽色多为麻黄色，尾羽黑色，喙、胫黄色	成年体重大型公鸡 2.9 kg，母鸡 3.3 kg，开产日龄 210 d 左右，年产蛋量 160 枚，蛋重较大，平均蛋重约 62 g，蛋壳褐色
固始鸡	兼用	河南	体躯中等，体型紧凑，头部清秀、匀称，喙短、青黄色，眼大略外突，单冠为多，脸、冠、肉垂、耳叶均红色。羽毛丰满，公鸡呈深红、黄色，母鸡以黄、麻黄为主，佛手尾或直尾，胫靛青色，皮肤白色	成年体重公鸡 2.5 kg，母鸡 1.8 kg，开产日龄 205 d，年产蛋量 141 枚，蛋形偏圆，蛋壳质量好，平均蛋重 52 g，蛋壳褐色
萧山鸡	兼用	浙江	体躯偏大，近似方形，头部中等，单冠、耳叶、肉垂均红色，公鸡体格健壮，昂头翘尾，羽毛紧密，红、黄色，母鸡体格较小，羽毛黄色或麻黄色，喙、胫黄色	成年体重公鸡 2.76 kg，母鸡 1.94 kg，开产日龄 170 d 左右，年产蛋 120 枚，蛋黄颜色深，蛋品质好，平均蛋重 56 g，蛋壳褐色

续表 2-13

品种	类型	原产地	外貌特征	生产性能
边鸡	兼用	内蒙古	体型中等，身躯宽深，前胸发达，肌肉丰满，背平而宽，胫长、粗壮，全身羽毛蓬松，体躯呈元宝形。单冠为主，脸、冠、肉垂、耳叶均红色。胫部有发达的胫羽	成年体重公鸡 1.83 kg，母鸡 1.51 kg，7月龄左右开产，65周龄产蛋量 150 枚左右，平均蛋重 60 g，70～80 g 也较多，蛋壳厚密，深褐色或褐色
彭县黄鸡	兼用	成都	体型中等，体态浑圆，单冠、耳叶红色，喙肉色或浅褐色，公鸡羽毛黄红色，母鸡羽毛黄色。皮肤、胫肉色或白色，极少数黑色	成年体重公鸡 2.43 kg，母鸡 1.66 kg，开产日龄 216 d 左右，年产蛋量 150～160 枚，平均蛋重 53.52 g，蛋壳浅褐色
峨眉黑鸡	兼用	四川	体型较大，体态浑圆，全身羽毛黑色，大多红色单冠，肉垂、耳叶、脸部红色，极少数颌下有胡须，喙、脚、趾黑色，部分有胫羽，皮肤多为白色，极少数乌色	成年体重公鸡 3.0 kg，母鸡 2.2 kg，年产蛋量 150 枚左右，平均蛋重 53.84 g，蛋壳褐色或浅褐色
林甸鸡	兼用	黑龙江	体型中等，头部、肉垂、冠均较小，单冠为主，少数玫瑰冠，有的鸡生羽冠或胡须，喙、胫、趾黑色或褐色，胫细，少数有胫羽，皮肤白色，羽毛深黄、浅黄及黑色	成年体重公鸡 1.74 kg，母鸡 1.27 kg，开产日龄 210 d 左右，年产蛋量 150～160 枚，蛋较大，平均蛋重 60 g。蛋壳浅褐色或褐色
静原鸡	兼用	甘肃、宁夏	体型中等，公鸡头颈高举，尾羽高耸，胸部发达，背部宽长，胫粗短，羽毛红色或黑红色，母鸡头小清秀，背宽腹圆，羽毛较杂，黄色麻色较多	成年体重公鸡 1.888 kg，母鸡 1.63 kg，开产日龄 210～240 d，年产蛋量 140～150 枚，平均蛋重 56.7～58 g。蛋壳褐色
茶花鸡	兼用	云南	体小，轻巧，羽毛紧贴，肌肉结实，骨骼细致，体躯匀称，近似船形。冠、肉垂红色，喙、胫、趾黑色或略带黄色，皮肤白色居多，少数黄色	成年体重公鸡 1.07～1.47 kg，母鸡 1.00～1.13 kg，7～8月龄开产，年产蛋量 100 枚，个别高产时可达 150 枚，平均蛋重 38.2 g。蛋壳深褐色
藏鸡	兼用	西藏	体躯呈"U"形，头昂尾翘，体型较小，紧凑，体短胸深，胸肌发达，脚矮。冠、肉垂红色，耳叶白色，喙、脚多黑色。少数胫部有羽，母鸡羽色主要为麻、褐色，公鸡羽色多为黑红花色	晚熟鸡种，成年体重公鸡 2.76 kg，母鸡 1.94 kg，开产日龄 170 d 左右，年产蛋量 40～80 枚，平均 60.9 枚，平均蛋重 39 g。蛋黄颜色深，蛋壳褐色或浅褐色

子项目3 育成期的饲养管理

育成鸡一般是指7～20周龄的鸡。育成期的目的是要培育出鸡体健康、体重达标、群体整齐、性成熟一致、符合正常生长曲线的后备母鸡，从而使产蛋期生产潜力得以发挥。

一、育成鸡的饲养

1. 选择饲养方式

育成鸡有地面平养、网上平养和笼养等(见雏鸡饲养方式)。在不同的饲养方式下，饲养密度有不同的要求，合理的饲养密度见表2-14。

表2-14 育成期不同饲养方式的饲养密度 只/m^2

品种	周龄	饲养方式		
		地面平养	网上平养	笼养
中型蛋鸡	8～12	7～8	9～10	36
	13～18	6～7	8～9	28
轻型蛋鸡	8～12	9～10	9～10	42
	13～18	8～9	8～9	35

2. 育成鸡的饲喂技术

进入育成阶段后的蛋鸡，消化机能提高，对环境的适应性提高，骨骼和肌肉旺盛生长，特别是10周龄以后，母鸡的生殖系统发育加快。因此，育成鸡饲料中粗蛋白含量，从7～20周龄应逐渐减少，6周龄前为19%，7～14周龄为16%，15～18周龄为14%。通过采用这种低水平营养可以控制鸡的早熟、早产和体重过大，这对于以后产蛋阶段的总蛋重、产蛋持久性都有利。育成期饲料中矿物质含量要充足，钙、磷比例应保持在(1.2～1.5)：1。同时，饲料中各种维生素及微量元素比例要适当。

育成期的蛋鸡由于性腺的发育速度极快，而容易出现性成熟早于体成熟的现象。因此适当地抑制鸡的性腺发育是鸡适时开产的关键。在育成鸡的饲养过程中，结合控制光照和营养物质的摄入是控制性腺发育的有效方法。在生产中，往往通过限制饲养的方法来控制鸡的营养物质摄入，以达到控制鸡的生长、抑制性成熟、节省饲料的目的。

(1)换料　鸡进入育成期后，在饲喂方面首先是要进行换料，饲料要由原来的雏鸡料换为育成鸡料。由于雏鸡料和育成鸡料在营养成分上有较大差别，因此换料必须逐渐进行，换料的具体方法见表 2-15。

表 2-15　育成鸡逐渐换料法

方法	雏鸡料＋育成鸡料	饲喂时间/d
1	2/3＋1/3	2
	1/2＋1/2	2
	1/3＋2/3	2～3
	0＋1	
2	2/3＋1/3	3
	1/3＋2/3	4
	0＋1	
3	1/2＋1/2	5～6
	0＋1	

第 1 种方法比较细致，常在雏鸡和饲料种类成分变化较大的情况下使用；第 2 种方法介于两者之间，适用范围广；第 3 种方法较粗，一般在成年鸡和饲料种类成分变化较小时采用。

(2)限制饲养　育成蛋鸡一般从 6～8 周龄开始实施限制饲养。一般有两种方法。

限量法：这是限制饲喂量的方法，主要适用于中型蛋用育成鸡。可分为定量限饲、停喂结合、限制采食时间等。定量限饲就是不限制采食时间，把配合好的日粮按限制饲喂量喂给，喂完为止，限制饲喂量为正常采食量的 80％～90％。采取这种办法，必须先掌握鸡的正常采食量，每天的喂料量应正确称量，而且所喂日粮质量必须符合要求。停喂结合是根据鸡群情况，采用如一周停喂一日、三日停喂一日或隔日饲喂等。

限质法：即限制日粮中的能量和蛋白质水平，主要适用于轻型蛋用育成鸡。可采用低能、低蛋白质日粮，进行自由采食。例如，代谢能 11.72 MJ/kg、粗蛋白质 14％的日粮，对育成鸡群及其以后的产蛋性能无不良影响。另外，还可采取限制日粮中氨基酸含量的办法限制饲养。例如，减低日粮中蛋氨酸或赖氨酸的含量，使育成鸡的生长速度变慢，达到限制过肥和早熟的目的。

(3)限制饲养注意事项　限饲前，要挑出病鸡和弱鸡，避免增加限饲时的死亡数；要备有充足的水槽、食槽，撒料要均匀，使每只鸡都有采食槽位，以免由于采食不均而导致均匀度降低；每 1～2 周(一般隔周称重一次)，在固定的时间，随机抽出鸡群的2%～5%进行空腹称重，以检查限饲效果，并为调整限饲方案提供依据；如遇鸡群发病或处于应激状态，应停止限饲改为自由采食；限饲从8～12周龄开始，至18周转群上笼前结束；限饲过程中，饲料营养水平和喂料量应根据体重、发育情况进行调整。

二、育成鸡的管理

1.转入育成舍初期管理

从雏鸡舍转入育成舍之前，育成鸡舍的设备必须彻底清扫、冲洗和消毒，在熏蒸消毒后，密闭空置3～5 d后进行转群。转入初期必须做好如下工作。

(1)临时增加光照　转群第1天应24 h光照，同时在转群前做到水、料齐备，环境条件适宜，使育成鸡进入新鸡舍能迅速熟悉新环境，尽量减少因转群对鸡造成的应激反应。

(2)补充舍温　如在寒冷季节转群，舍温低时，应补充舍内温度，使舍温达到与转群前温度相近或高1℃左右。这一点，对平养育成鸡更为重要。否则，鸡群会因寒冷拥挤扎堆，引起部分被压鸡窒息死亡。如果转入育成笼，由于每小笼鸡数少，舍温在18℃以上时，则不必补温。

(3)整理鸡群　转入育成舍后，要检查每笼的鸡数，多则捉出，少则补入，使每笼鸡数符合饲养密度要求；同时要清点鸡数，以便管理。在清点时，可将体小、伤残、发育差的鸡捉出另行饲养或处理。

2.环境控制

育成鸡虽然对环境的适应能力大幅度增强，但环境条件的状况依然能够影响其正常的生长发育，因此育成鸡的环境条件也必须重视。在温度方面，育成鸡的最佳生长温度为21℃左右，一般控制在15～25℃。夏天炎热季节要做好防暑工作，冬季寒冷要做好保温工作；育成鸡所处的环境以干燥为宜，要防止环境过于潮湿；要加强育成鸡的通风管理，在深秋、冬季和初春，由于天气较冷，为了鸡舍保温往往忽视通风换气，而这期间，因为育成鸡活泼好动，空气中的灰尘多，造成鸡舍环境差，很容易引起呼吸道疾病的暴发，不仅影响鸡的生长发育，严重时可造成死亡。所以，在保证温度的条件下，应随着季节的变换，保证鸡舍一定的通风量。

3.光照控制

鸡在10～12周龄时性器官开始发育，此时光照时间的长短影响性成熟的早晚，在较长或渐长的光照下，性成熟提前，反之性成熟推迟。为适当抑制育成鸡的性腺发育，使其适时开产，育成期应遵循绝不能延长光照时间原则。光照强度以5～10 lx为宜。

（1）密闭式鸡舍的光照管理　由于密闭式鸡舍不受外界自然光照的影响，可以采用恒定的光照程序，即从4日龄开始，到20周龄，恒定为8～9 h光照，从21周龄开始，使用产蛋期光照程序。

（2）开放式鸡舍光照管理

自然光照法：开放式鸡舍饲养育成鸡，由于受外界自然光照的影响，采用自然光照加补充光照的办法。针对每年4月15日至9月1日孵出的雏鸡，由于其生长后半期自然光照处于逐渐缩短时期，只要每天光照时间不超过10 h，即可利用自然光照，无须人工补充。针对每年9月1日至4月15日之间孵出的雏鸡可采用渐减给光法和恒定给光法。

渐减法：查出本批鸡20周龄时当地的日照时间，以此为准，再加上5 h作为第4天的光照时间，从第2周开始以后每周减少15 min，减到20周龄时恰好为当地的自然光照时间。此期间就形成了一个人为的光照渐减期。以后采用产蛋鸡的光照管理方案。

恒定法：查出本批鸡孵出到20周龄时当地的最长日照时间，作为育成期的光照时间，直到开产前再采用蛋鸡的光照方案。

4.体重、均匀度控制

（1）体重控制　体重是充分发挥鸡遗传潜力、提高生产性能的先决条件。育成期的体重和体况与产蛋阶段的生产性能具有较大的相关性。育成期体重可直接影响开产日龄、产蛋量、蛋重、蛋料比及高峰持续期。现代鸡种生长快，饲料利用率高，如果任其采食而不加限制，则易于沉积体脂而过肥，对生产造成不良影响。在育成过程中，体重不进行测控，在饲养条件较差时，可造成体重过小、体质较弱、生殖系统发育不完善，从而影响生产性能。因此，只有严密注意后备鸡的体重变化并加以控制，使之达到或接近标准（表2-16），才能使鸡群的遗传潜力得到充分发挥。因此，在育成鸡饲养过程中，必须定期随机抽测体重，计算出平均体重后，与标准体重对照，看是否达到标准体重。

当平均体重超过标准体重时，若超标不超过10%，则不用采取措施，若超过10%以上时，就要采取限制饲喂的方法，使其平均体重降到标准范围之内。

（2）均匀度控制　均匀度是体重在平均体重±10%范围内的鸡数占抽测鸡数的百分比。它是鸡群发育整齐程度、生产性能和饲养管理技术的综合指标。

鸡群的均匀度在10周龄时应至少达到70%，15周龄时至少要达到75%，18周龄时至少要达到80%，同时鸡群的平均体重与标准重的差异应不超过5%。鸡群的体重有一定的变异范围，变异系数越大，整齐度越差，均匀度越低，其后果便是降低生产性能。为提高鸡群的均匀度，首先要分群管理，即将个体较小或较大的鸡从鸡群中挑出单独饲养。对个体较小的通过增加营养水平，使其体重迅速增加；对体重过大的进行限饲，减缓生长速度。从而使其生长一致，提高鸡群的均匀度。其次是降低密度，即当鸡群的均匀度较低而又难以分群时，如网上平养，可以通过降低鸡群饲养密度的方法提高鸡群的均匀度。

表 2-16 育成鸡体重标准 g

周龄	白壳蛋鸡		褐壳蛋鸡	
	母	公	母	公
7	570	730	600	950
8	670	820	690	1 050
9	770	900	730	1 140
10	870	980	780	1 240
11	970	1 050	870	1 340
12	1 040	1 120	960	1 430
13	1 120	1 180	1 050	1 530
14	1 200	1 240	1 140	1 630
15	1 260	1 300	1 230	1 720
16	1 320	1 350	1 320	1 820
17	1 360	1 400	1 410	1 920
18	1 410	1 450	1 490	2 010
19	1 450	1 500	1 570	2 110
20	1 490	1 550	1 640	2 210
21	1 530	1 559	1 710	2 300
22	1 570	1 630		2 390

5. 育成鸡保健

(1)卫生防疫工作　应按照制订的免疫程序做好免疫工作，特别是有条件的生产场，最好进行抗体监测；要做好消毒工作，每周带鸡消毒 1～2 次，消毒药物每 2 周更换一个品种，以免产生耐药性；应拒绝无关人员进入鸡舍；要及时清粪，以免造成舍内有毒有害气体含量增高，从而诱发呼吸道疾病。

(2)驱虫　地面饲养容易导致鸡出现患蛔虫病和绦虫病，应注意对这两种寄生虫病及早预防。

6. 育成鸡的日常管理

日常管理是生产的常规性工作，必须认真、仔细地完成。这样才能保证机体的正常生长发育。日常工作主要程序见表 2-17。

表 2-17　育雏、育成期主要工作程序

序号	鸡的日龄	工作内容	备注
1	1	接雏，育雏工作开始	
2	7～10	第 1 次断喙	
3	42～49	第 1 次调整饲料配方。先脱温，后转群。小结	
4	50～56	公母分群，强弱分群	
5	84	第 2 次断喙，只切去再生部分	
6	98～105	第 2 次调整饲料配方	
7	119～126	驱虫，灭虱，转入产蛋舍	
8	126～140	第 3 次调整饲料配方，增加光照	
9	140	总结育雏、育成期工作	

(1)饮水　为了保证育成鸡的健康发育，鸡的饮水必须充足、清洁卫生。特别是刚转群的鸡，饲养人员要仔细观察，认真调教保证每只鸡都能饮上水。同时要定期清洗、消毒水槽和饮水器，并保证槽位充分。

(2)喂料　刚转入育成舍的鸡，饲料不可突然更换，应逐步换成育成料；喂料时要均匀；每天应清洗食槽一次；槽位要适当，不能太少，以免采食不匀而使鸡的整齐度受到影响。

(3)观察鸡群　每日对鸡群详细观察，发现问题及时解决。

精神状况：健康鸡群精神饱满，眼大有神，经常发出"咯咯"的叫声；病弱鸡精神委靡，冠苍白，低头垂翅，羽毛散乱，不爱活动。

采食情况：健康鸡群撒料后抢食，低头连续吃料；病弱鸡没有食欲，蹲伏不积极采食，吃几口便离开槽位。

排粪情况：育成鸡的粪便比较干燥，形状规则。若粪便较稀或无形状，颜色不正常，发黄、发绿等，需对鸡群的健康状况进行全面检查。

(4)记录　做好日常工作记录。

7. 转群

后备蛋鸡转入产蛋鸡舍，称为转群。对规模化养鸡场，特别是实行全进全出制的蛋鸡场，转群的任务重，对鸡群的应激大。因此需要严密筹划和全面安排。

(1)转群时间　一般情况下，母鸡育成期结束，就要转入产蛋鸡舍。转群时应选择适宜时间，一般早的可在17～18周龄，晚的在20周龄转群。过早转群，鸡体重小，笼养时常从笼中钻出，到处乱跑，给管理带来不便，甚至会掉入粪沟被溺死。转群太晚，由于大部分母鸡卵巢发育成熟，这时转群，由于抓鸡、惊吓等原因，易造成卵泡破裂而引起卵黄性腹膜炎。所以，在鸡体重达到标准的情况下，17～18周龄转群较好。当然，各品种间又略有差异，应以实际情况而定。

(2)转群注意事项

停料：转群前应停止喂料10 h左右，让其将剩料吃完，同时也可减轻转群引起的损伤。在寒冷季节转群时，为了缩小两个鸡舍的温差，应适当提高产蛋舍的温度。

捕捉：转群最好在晚上能见度低时进行，这时便于捉鸡，可避免鸡受惊而造成挤堆压死。抓鸡时，动作要轻，最好抓鸡的双腿，不要抓头、颈和翅膀。

运输：在运输过程中，不要使鸡群受热、受凉，时间不要太长，防止缺食缺水。

选择、淘汰：结合转群应对鸡群进行一次彻底的选择、淘汰，把不符合体重要求、生长发育缓慢及有残疾的鸡从群中挑出淘汰。

三、蛋用种鸡育雏、育成期的饲养管理要点

1. 饲养方式及密度

(1)饲养方式　有地面平养、离地面平养和笼养。在生产实践中，为了便于防疫、免疫注射，种鸡多采用离地平养和笼养。

(2)饲养密度　种鸡的饲养密度要比商品蛋鸡小。合适的饲养密度有利于鸡的正常发育，也有利于提高鸡的成活率和均匀度。随着日龄的增加，饲养密度也应相应降低，可在断喙、免疫接种的同时，调整饲养密度并将强弱分开、公母分开饲养。育雏、育成鸡的饲养密度见表2-18和表2-19。

表2-18　平面饲养的密度　　只/m^2

蛋种鸡类型	周龄	全垫料	40%垫料+60%网面	网上平养
轻型鸡	0～8	13	15	17
	9～20	6.3	7.3	8
中型鸡	0～7	11	13	15
	8～20	5.6	6.5	7.0

表 2-19　笼育(重叠式)的饲养密度

类型	周龄	饲养只数/(只/组)	饲养密度/(只/m²)	放置层数/层
轻型	0～2	1 020	74	上 2
	3～4	1 010	50	3
	5～7	1 000	36	4
中型	0～2	816	59	上 2
	3～4	808	39	3
	5～7	800	29	4

2.分群饲养

由于公、母鸡的生长速度不同，为使公、母鸡能够正常生长发育和公鸡的挑选，对自然交配鸡群的公、母鸡必须分群饲养至 6 周龄。至 6 周龄时，为了有利于鸡群及早建立群体“群序”，减少因性成熟时争斗影响产蛋和受精率，可把发育良好、体重达标的公鸡和母鸡混合饲养。由于褐壳蛋鸡父母代种公鸡为红色羽毛，容易遭受白色羽毛母鸡的攻击，混群周龄最好提前到 4 周龄或使其有一定的过渡期。公、母合群最好在晚上进行，以减少鸡群应激。同时要将公鸡均匀放入舍内。最好先将公鸡用铁丝网隔开，单独饲养 1～2 周，待相互熟悉后再混入母鸡群中。

蛋用种鸡在笼养情况下，由于采取人工授精进行繁殖，为避免公、母鸡的彼此干扰，有利于公、母鸡各自的正常发育，可以使公、母鸡始终分开饲养。母、鸡单独饲养的方法同商品蛋鸡。公鸡单独饲养时，光照程序应和母鸡相同，以便同步性成熟；还要控制好光照强度和光照颜色，防止公鸡啄斗出现；同时要控制饲料量，公鸡育成期供料量应比母鸡高 10%左右。

3.种公鸡的处理

(1)剪冠　由于种公鸡的冠较大，既影响视线、活动、采食和配种，也容易受伤。因此，种公鸡应进行剪冠(图 2-18)。同时在引种时，为了便于区别公、母鸡也需要剪冠。

(2)断喙、断趾和戴翅号　人工授精的公鸡要断喙，以减少育雏、育成期的死亡。自然交配的公鸡虽不用断喙，但要断趾(图 2-19)，以免配种时踩伤、抓伤母鸡。引种时，各亲本出雏时都要佩戴翅号，长大后容易区别，特别是白羽蛋鸡，如果混杂后后代就无法自别雌雄。

4.体重和均匀度的控制

现代品系鸡种均有其能最大限度发挥遗传潜力的各周龄标准体重，也就是最适宜的体重。特别是种鸡，在育成和达到性成熟时，适宜体重和良好均匀度的重要

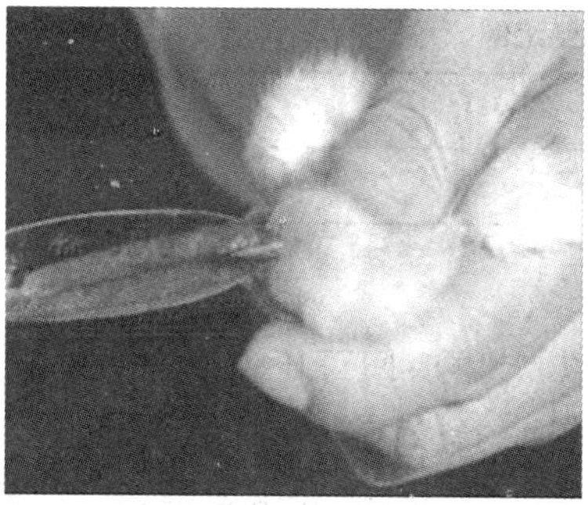

图 2-18 剪冠

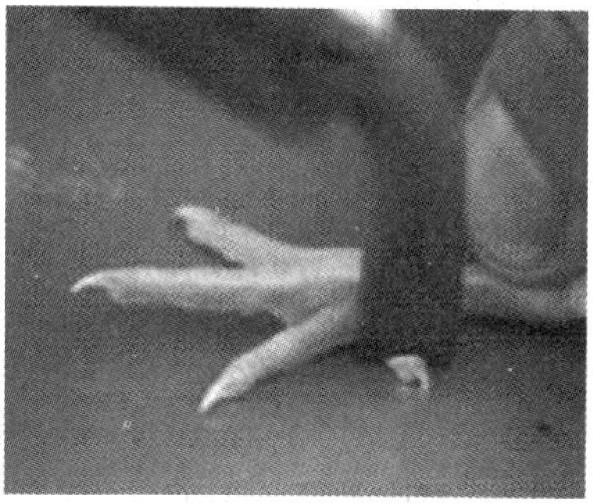

图 2-19 断趾

性，无论如何强调也不过分。种鸡的饲养管理，除要求母鸡有适宜的体重外，还要求公鸡的体重也要保持在适宜水平。只有这样才能发挥种鸡相应的生产水平。因此，在公鸡的育雏和育成阶段，有必要对其适当地限制饲喂，限制饲喂的方法同商品蛋鸡；同时在公鸡转群上笼时，还应将低于和高于标准体重 10％的公鸡淘汰，以利于其繁殖性能的发挥。在生产实际中，公鸡群的均匀度情况，是公鸡饲养水平的体现，也能够影响到将来公鸡的繁殖性能。种公鸡的均匀度从 35 日龄开始应一直保持在 80％～85％之间。当整体均匀度较低(低于 70％)时，则必须按照体重情况分群饲养，体重小的群要加强饲养，以加快其生长；体重大的群则适当地限饲，以抑制其生长。

5. 种公鸡选择

优秀的种公鸡在使用之前，应该至少经过 3 次选择。

第 1 次选择：40 日龄左右，挑选出健康、活泼、发育良好、鸡冠发育快且鲜红的小公鸡作为后备鸡。淘汰生长发育不良、体质差、有生理缺陷的个体。选留比例 1∶10。

第 2 次选择：第 2 次选择在 17～19 周龄，种公鸡上笼时进行。选择第二性征突出、体格健壮、双腿结实、腹部柔软、体重中等，按摩背部和尾部时，尾巴上翘、有性反射的公鸡作为种鸡。淘汰第二性征不明显、体弱、体重过大过小和有生理缺陷，以及性反射不强烈的个体。选留比例 1∶(15～20)。

第 3 次选择：第 3 次选择在 22 周龄采精调教时进行。在生产中，一般在种公鸡使用前 2 周要对种公鸡进行采精训练，此时，可以淘汰采不出精液或精品质差、有缺陷的公鸡。最后再按一定的公、母比例(表 2-20)留足后，把多余的公鸡淘汰处理。如果是全年实行人工授精的种鸡场，还应留有 15％～20％的后备公鸡。

表 2-20　不同交配方式的留种比例

交配方式	人工授精	自由交配
留种比例	1∶(30～50)	1∶(12～15)

6. 转群

由于蛋种鸡比商品鸡通常迟开产 1～2 周，所以，转群时间可比蛋用商品鸡推后 1～2 周。但是，若蛋种鸡采用网上平养，则要求提前 1～2 周转群。目的是使育成母鸡对产蛋有一定的认识和熟悉的过程，以减少窝外蛋、脏蛋、踩破蛋等，从而提高种蛋的合格率。

子项目 4　产蛋期的饲养管理

鸡产蛋期饲养管理的主要任务是，最大限度地消除、减少各种应激对蛋鸡的有害影响，为产蛋鸡提供最有利于健康和产蛋的环境，使其遗传潜力能充分地发挥出来，以生产出更多的优质商品蛋，其中包括降低饲料消耗、破蛋率和死淘率等。由于产蛋期从育成结束到母鸡淘汰，也就是 18(或 20)～72 周龄，有一年之久，时间长，是收获的季节，是关系到养鸡经济效益的重要时期。因此，必须抓好各环节的工作。

一、选择饲养方式

(1)平养　平养所需的设施投入较少，但单位面积的饲养量小(表 2-21)。

表 2-21　不同平养方式的饲养密度

饲养方式	轻型蛋鸡		中型蛋鸡	
	需要的空间/(m^2/只)	饲养密度/(只/m^2)	需要的空间/(m^2/只)	饲养密度/(只/m^2)
厚垫料	0.16	6.2	0.19	5.4
60%网面+40%垫料	0.14	7.2	0.16	6.2
网上平养	0.09	10.8	0.11	8.6

地面垫料平养：就是地面铺上垫料，在垫料上饲养蛋鸡。这种方式设备投资少，冬季保温较好。喂料设备采用吊式料桶或料槽，有条件时，可采用机械链式料槽、螺旋式料盘等。饮水设备采用大型吊塔式饮水器或水槽。

网上平养：用木条、竹条或铁丝网铺放整个饲养区的地面。网面要高出地面

70 cm 以上，以便在母鸡淘汰后清粪。这种方法不需垫草，可控制由粪便传播的一些疾病；同时也便于喂料、饮水的机械化。但这种方式饲养的鸡易受惊吓，易发生啄癖，破蛋脏蛋较多，且生产性能不能充分发挥。

地网混合饲养：是由上述网面与垫料地面混合组成，两者之比为 6∶(3～4)。网面设在中央，垫草地面在两侧，供料、供水系统置于网上，可每周清扫 2 次，这种方式用垫料少，产蛋较多，但为人工拣蛋，窝外蛋多。

(2)笼养　笼养有全重叠式、全阶梯式、半阶梯式等多种方式，可以根据不同条件进行选择。笼养具有饲养密度高(表 2-22)、节约饲料、饲料利用率高等优点，但也有投资较大、鸡的活动量小、体质弱、对饲料要求高的缺点。

表 2-22　笼养鸡的饲料密度

品　种	需要的空间/(m^2/只)	饲养密度/(只/m^2)
轻型蛋鸡	0.038 0	26.3
中型蛋鸡	0.048 1	20.8

全阶梯式：常见的为 2～3 层。其优点是鸡粪直接落于粪沟或粪坑，笼底不需设粪板，如为粪坑也可不设清粪系统；结构简单，停电或机械故障时可以人工操作；各层笼敞开面积大，通风与光照面大。缺点是设备投资较多，目前我国采用最多的是蛋鸡 3 层全阶梯式鸡笼和种鸡 2 层全阶梯人工授精笼。

半阶梯：上下 2 层笼体之间有 1/4～1/2 的部位重叠，下层重叠部分有挡粪板，按一定角度安装，粪便清入粪坑。因挡粪板的作用，通风效果比全阶梯差。

层叠式：鸡笼上下 2 层笼体完全重叠，常见的有 3～4 层，高的可达 8 层，饲养密度大大提高。其优点是鸡舍面积利用率高，生产效率高。缺点是对鸡舍的建筑、通风设备、清粪设备要求较高。此外，不便于观察上层及下层笼的鸡群，给管理带来一定的困难。

二、产蛋期的饲养

现代性能卓越的蛋鸡群，500 日龄入舍母鸡总产蛋重可达 18～19 kg，是它本身体重的 8～9 倍，在产蛋期间体重增加 30%～40%。采食的饲粮约为其体重的 20 倍。因此，在饲养时必须认真研究与计算，用尽可能少的饲粮全面满足其营养需要，既能使鸡群健康正常，也能充分发挥其产蛋潜力，以取得良好效益。鸡的年龄、生产力高低、所处的环境条件不同对饲料营养物质的要求不同，因此，生产中对不同年龄、不同生产力、不同环境条件的鸡采取不同的饲养方法。

1. 阶段饲养

鸡在不同生理状况、产蛋情况下，对营养物质的要求不同。因此，根据鸡的年龄和产蛋水平，根据鸡的产蛋曲线和周龄，可以把产蛋鸡划分为几个阶段，不同阶段采取不同的营养水平进行饲喂，称为阶段饲养。阶段的划分一般有两种方法，即两段法和三段法（表 2-23），其中三阶段划分更合理。

表 2-23　阶段划分

周龄

两段法	21～50	51～72	
三段法	21～40	41～60	61～72

在 21～40 周龄，产蛋率急剧上升到高峰并在高峰期维持，同时鸡的生长发育仍在进行，此时体重增加主要以肌肉和骨骼为主，因此营养必须同时满足鸡的生长和产蛋所需。所以，饲养上饲料营养物质浓度要高，要促使鸡多采食。这一时期鸡的营养和采食量决定着产蛋率上升的速度和在高峰期维持的时间长短。因此此期饲喂上，应该以自由采食为好。

在 41～60 周龄，鸡的产蛋率缓慢下降，此时鸡的生长发育已停止，但是其体重在增加，增加的内容主要以脂肪为主。所以在饲料营养物质供应上，要在抑制产蛋率下降的同时防止机体过多地积累脂肪。在饲养实践中，可以在不控制采食量的条件下适当降低饲料能量浓度。

在 61～72 周龄，此期产蛋率下降速度加快，体内脂肪沉积增多。所以饲养上在降低饲料能量的同时对鸡进行限制饲喂，以免鸡过肥而影响产蛋。

采用三段饲养法，产蛋高峰出现早，上升快，高峰期持续时间长，产蛋量多。我国产蛋鸡的饲养标准也就是按这 3 个阶段制定的。

2. 产蛋鸡的调整饲养

产蛋鸡的营养需要受品种、体重、产蛋率、鸡舍温度、疾病、卫生状况、饲养方式、密度、饲料中能量含量以及饮水温度等诸多因素的影响，而分段饲养的营养标准只是规定鸡在标准条件下营养需要的基本原则和指标，不能全面反映可变因素的营养需要。调整日粮配方以适应鸡对各种因素变化的生理需要，这种饲养方式称为调整饲养。

(1)按气温变化调整　气温在 10～26℃条件下，鸡按照自己需要的采食量采食，超出这一范围，鸡自身的调节能力减弱，则需要进行人工调整。气温低时，鸡的采食量增多，营养物质摄入增加，因此必须提高饲料能量水平，以抑制采食，同时降低其他营养物质浓度；气温高时，鸡的采食量下降，营养物质摄入减少，为促进采食必须降低饲料能量含量，同时增加其他营养物质浓度。

产蛋鸡的调整饲养要根据产蛋的维持需要量、增重量、产蛋量及舍温等情况，对营养需要认真计算才能正确地执行饲养标准，并取得良好效益。

(2)按产蛋曲线调整　按产蛋曲线调整也就是按照鸡的产蛋规律进行调整。在调整营养物质水平时，掌握的原则是：上高峰时为了“促”，饲料营养要走在前头，即在上高峰时在产蛋率上升前 1～2 周先提高营养标准；下高峰时为了“保”，饲料营养要走在后头，即下高峰时在产蛋率下降后 1 周左右再降低营养标准。即在实际生产中，在鸡产蛋高峰上升期，当产蛋率还没上升到高峰时，需要提前更换为高峰期饲料，以促使产蛋率的快速提高；在产蛋率下降期，当产蛋率下降后，为抑制产蛋率的下降速度，要在产蛋率下降后 1 周再更换饲料。

(3)按鸡群状况调整　在鸡群采取一些管理措施或鸡群出现异常时可以进行调整饲养，在断喙当天或前后 1 d，每天饲料中添加 5 mg 维生素 K，断喙 1 周内或接种疫苗后 7～10 d 内，日粮中蛋白质含量增加 1%；出现啄羽、啄肛等恶癖，在消除引起恶癖原因的同时，饲料适当增加粗纤维含量；蛋鸡开产初期，脱肛、啄肛严重时，可加喂 1%食盐 1～2 d；在鸡群发病时，可提高日粮中营养成分，如提高蛋白质 1%～2%，多种维生素提高 0.02%等。

(4)调整饲养注意事项　调整饲养时，要注意配方的相对稳定性，不到万不得已，尽量不要调整配方，这是产蛋鸡稳定的一个重要条件；调整时要以饲养标准为基础进行，偏差过大会给生产造成危害；调整后，要认真观察鸡群的产蛋情况，发现异常，要及时采取措施；调整前，要进行认真细致的计算，保证日粮中各种营养成分之间的平衡；不能为了节约而对配方进行大的调整或对饲料品种进行调换，以免打乱鸡对日粮的习惯性和适口性，引起产蛋量大幅度下降。

3. 产蛋鸡的限制饲养

随着养鸡科技的进一步发展，蛋用型鸡产蛋期限制饲养的意义已日趋明显。由于饲料消耗是影响蛋鸡的最主要的经济性状，在产蛋期实行限制饲养，可以提高饲料的转化率，降低成本。维持鸡的适宜体重，避免母鸡过肥而影响产蛋，即便是由于限饲使产蛋量略有下降，但由于能节省饲料，最终核算时，只要每只鸡的收入大于自由采食收入，限制饲喂也合算。

对产蛋鸡应该在产蛋高峰过后 2 周开始实行限制饲喂。具体方法是：在产蛋高峰过后，将每 100 只鸡每天饲料量减少 230 g，连续 3～4 d，如果饲料减少没有使产蛋量下降很多，则继续使用这一给料量，并可使给料量再减少些。只要产蛋量下降正常，这一方法可以持续使用下去，如果下降幅度较大，就将给料量恢复到前一个水平。当鸡群受应激刺激或气候异常寒冷时，不要减少给料量。正常情况下，限制饲喂的饲料减少量不能超过8%～9%。

三、产蛋鸡的管理

1. 产蛋鸡的环境控制

(1)温度控制　温度对鸡的生长、产蛋、蛋重、蛋壳品质以饲料转化率都有明显影响。鸡因无汗腺，通过蒸发散发热量有限，只有依靠呼吸散热。所以，高温对鸡极为不利，当环境温度高于37.8℃时，鸡有发生热衰竭的危险，超过40℃，鸡很难存活。由于成年鸡有厚实的羽毛，皮下脂肪也会形成良好的隔热层，所以，它能忍受较低的温度。产蛋鸡适宜的环境温度为8～28℃，产蛋适宜温度为13～20℃，13～16℃产蛋率较高，15.5～20℃饲料转化率较高。

降低热应激的措施：①调整饲料成分，使代谢能保持在10.88～11.29 MJ/kg的水平来减少鸡采食量降低的影响；同时提高钙的含量(可以达到4%)以减轻蛋的破损率。②鸡舍建筑结构方面，可以在鸡舍屋顶上加盖隔热层，密闭鸡舍在建筑方面对墙壁的隔热标准要求较高，可达到较好的隔热效果。还可以将外墙和屋顶涂成白色，或覆盖其他物质以达到反射热量和阻隔热量的目的。③加强通风，可增加鸡舍内空气流量和流速，以降低温度。④蒸发降温，是通过水蒸发来吸收热量，以达到降低空气温度的目的。可在屋顶安装喷水装置，使用深井水或自来水喷洒屋顶，这种方法可使舍内降温1～3℃；湿帘-风机降温系统可使外界的温度高、湿度低的空气通过“水帘”装置变为温度低、湿度高的空气，一般可使舍温降低3～5℃(此法在夏季多雨或比较湿润的地方效果不显著)；可以通过低压或高压喷雾系统形成均匀分布的水蒸气，舍内喷雾比屋顶喷水节约用水，但必须有足够的水压；开放式鸡舍还可以在阳面悬挂湿布帘或湿麻袋。⑤充足的饮水，不可断水，保证每只鸡都可以饮到清凉的饮水。还可以在饮水中添加多种维生素及氯化钠、氯化钾及抗应激、抗菌类药物等来增强鸡体的抗应激能力。

其他措施还有减少单位面积的存栏数，喂料尽可能避开气温高的时段，及时清粪。

注意事项：在用水进行降温时，首先要水源充足。如果水不能循环使用，要有通畅的排水系统，还应有足够的水压。另外，降温设施在舍温高于27℃、相对湿度低于80%时才能启用。

减少冷应激的方法：①加强饲养管理，在保证鸡群采食到全价饲料的基础上，提高日粮代谢能的水平。早上开灯后，要尽快喂鸡，晚上关灯前要把鸡喂饱，以缩短鸡群在夜中空腹的时间。在入冬以前修整鸡舍，在保证适当通风的情况下封好门窗，以增加鸡舍的保暖性能，防止冷风直吹鸡体。在条件允许的情况下，可以采用地下烟道或地面烟道取暖。②减少鸡体热量的散发，勤换垫料，尤其是饮水器周围的垫料。防止鸡伏于潮湿垫料上。检查饮水系统，防止漏水打湿鸡体。

(2)湿度控制　一般情况下，湿度对鸡的影响与温度共同发生作用。表现在高温或低温时，高湿度的影响最大。在高温高湿环境中，鸡采食量减少，饮水量增加，生产水平下降，鸡体难以耐受，且易使病原微生物繁殖，导致鸡群发病。低温高湿环境，鸡体热量损失较多，加剧了低温对鸡体的刺激，易使鸡体受凉，用于维持所需要的饲料消耗也会增加。

产蛋鸡在适宜的温度范围内，鸡体能适应的相对湿度是40%～72%，最佳湿度应为60%～65%。如果舍内湿度低于40%，鸡羽毛零乱，皮肤干燥，空气中尘埃飞扬，会诱发呼吸道疾病。若高于72%，鸡羽毛黏连，关节炎病也会增多。

防止鸡舍潮湿，尤其是冬季降低鸡舍湿度，需要采取综合措施。湿度的控制主要是通过调节通风量的大小得以实现。

(3)通风控制　由于鸡舍内厌氧菌分解粪便、饲料与垫草中的含氮物而产生NH_3，鸡体呼吸产生CO_2，还有空气的各种灰尘和微生物。当这些有害气体和灰尘、微生物含量超标时，会影响鸡体健康，使产蛋量下降。所以，鸡舍内通风的目的在于减少空气中有害气体、灰尘和微生物的含量，使舍内保持空气清新，供给鸡群充足的氧气，同时也能够调节鸡舍内的温度，降低湿度。

通风要领：进气口与排气口设置要合理，气流能均匀流进全舍而无贼风。即使在严寒季节也要进行低流量或间隙通风。进气口要能调节方位与大小，天冷时进入舍内的气流应由上而下，不能直接吹到鸡身上。

通风量：鸡的体重愈大，外界气温愈高，通风量也愈高，反之则低。具体根据鸡舍内、外温差来调节通风量与气流的大小。气流速度夏季不能低于0.5 m/s，冬季不能高于0.2 m/s。

(4)光照控制　光照控制的目的是以适宜的光照，使母鸡适时开产，并充分发挥它的生产潜力。光照是蛋鸡高产、稳产必不可少的条件，必须严格管理，准确控制。

产蛋鸡的光照控制原则：产蛋阶段光照时间只能延长，不可缩短，光照强度不可减弱，不管采用何种光照制度，一经实施，不宜随意变动，要保持舍内照度均匀，并保证一定的照度。

产蛋期间的光照制度：产蛋期间的光照一般采用渐增方式，这种方式能使产蛋达到高峰前平稳上升，而产蛋高峰过后缓慢下降。采用光照刺激时，一般应在产蛋高峰过后进行。

开放式鸡舍都需要人工光照补充日照时间的不足。生产中多采用不论哪个季节都可定为早晨5点到晚上21点为光照时间，即每天早晨5点开灯，日出后关灯，日落后开灯，规定时间(21点)关灯。需要注意的是，即使是白天，只要舍内光照强度不足都需要以人工的方式补充光照。

密闭式鸡舍充分利用人工光照，不需要随日照的增减变更来补充光照时间，简单易行，效果也能保证。可在19周8 h/d光照的基础上，20～24周每周增加1 h，25～30周每周增加0.5 h，直至每天光照时间达16 h为止，最多不超过17 h，以后保持恒定。但必须防止漏光。

鸡舍内光照强度应控制在一定范围内，不宜过大或过小，太大会多耗电，增加生产成本，鸡群也易受惊，易疲劳，产蛋持续性会受到影响，还容易产生啄肛、啄羽等恶癖。光照强度太低，不利于鸡群采食，达不到光照的预期目的。一般产蛋鸡的适宜光照强度在鸡头部为10 lx。

(5)保证舍内安静　鸡舍内和鸡舍外周围要避免噪声的产生，饲养人员与工作服颜色尽可能稳定不变。杜绝老鼠、猫、犬等小动物和野鸟进入鸡舍。

2.产蛋鸡的阶段管理

根据鸡群的产蛋情况，将蛋鸡分为3个阶段，即从产蛋开始至产蛋率达85%，为产蛋前期；产蛋率由85%～90%以上为产蛋高峰期；产蛋率在80%以下直到淘汰为产蛋后期。由于各阶段的产蛋率不同，因此，各阶段的鸡对营养和管理的要求也不一样。

(1)产蛋前期的管理　在产蛋前期，由于小母鸡一方面要增长体重，另一方面，见蛋后，产蛋率上升很快，大约6周时间，产蛋率就会上升到85%，同时蛋重也在一天天增大，在这种情况下，如果营养和管理跟不上，不但延缓了鸡的发育，而且使蛋鸡的生产性能得不到充分的发挥，产蛋高峰很难达到，给以后的生产带来了很大的困难。为了避免以上问题的出现，在产蛋前期的管理上应注意以下问题。

检查体重：应根据本品种的标准体重，检查鸡群体重是否符合要求。若体重低于标准，原来的限制饲喂要改为自由采食，还应适当提高饲料中能量和蛋白质的浓度。

增加光照：转群后，要适当增加光照，以促使鸡性成熟、开产，但如果体重未达标，就应首先让鸡的体重迅速达到标准体重，然后再增加光照。

更换饲料：换料一般安排在18周龄较合适。育成鸡转入产蛋鸡舍，开始喂产蛋前期的过渡料，即将饲料中的钙由原来的1%提高到2%或者仍用育成料。到产蛋率达50%时，全部更换为产蛋高峰期饲料，这样使营养水平赶在产蛋率上升的前边，不至于因饲料营养水平不够而使鸡群达不到产蛋高峰。

加强卫生防疫、消毒工作：在产蛋前期，鸡群无论暴发何种疾病，都将可能影响终身产蛋。因此，要做到定期带鸡消毒，在饮水或饲料中添加抗生素以做预防。

(2)产蛋高峰期的管理　优良的蛋鸡品种，在良好的饲养管理条件下，鸡群80%以上的产蛋率可达1年之久，90%以上产蛋率也可达6个月。产蛋高峰是蛋鸡的黄金生产期，这一时期管理的重点是在营养满足的条件下加强管理，使鸡群充分发挥其遗传潜力，以达到理想的生产水平。生产中，要密切关注鸡的采食情况和体重及蛋重的变化情况，以确定营养物质是否满足需要；要减少应激刺激，防止产蛋量下降。

(3)产蛋后期的管理　产蛋鸡经过较长的产蛋高峰期后，随着日龄的增长，产蛋机能减退，产蛋率降到80%以下，蛋重变大，鸡对钙的吸收能力下降，蛋壳变薄，颜色变浅，发白，破损率明显上升，脱肛和腹膜炎的鸡增多。因此，在产蛋后期的死淘率明显上升，在管理上应采取相应措施。

调整饲料的营养水平：原日粮的能量水平不变或适当提高，粗蛋白质水平降低1%～2%，钙由原来的3.5%提高到4%，有效磷水平下降到0.35%，B族维生素水平提高10%～20%，维生素E提高1倍。

加强管理：及时挑出低产、停产和病鸡。最好能在55～60周龄对鸡群逐只挑选，挑出过肥、过瘦及其他有缺陷的鸡。挑出后全部淘汰，以保证鸡群的产蛋水平。

加强防疫：在55～60周龄对鸡群进行抗体水平监测，对抗体水平较低的鸡群进行免疫接种。

3.日常管理

(1)观察鸡群　观察鸡群是蛋鸡饲养管理过程中既普遍又重要的工作。通过观察鸡群，及时掌握鸡群动态，以便于有效地采取措施，保证鸡群的高产稳产。

清晨开灯后，观察鸡群的健康状况和粪便情况。健康鸡羽毛紧凑，冠脸红润，活泼好动，反应灵敏，越是产蛋高的鸡群越活泼。健康鸡的粪便盘曲而干，有一定形状，呈褐色，上面有白色的尿酸盐附着。同时，要挑出病死鸡，及时交给兽医人员处理。

喂料给水时，要注意观察料槽和水槽的结构和数量是否适合鸡的采食和饮水。查看鸡的采食饮水情况，健康鸡采食饮水比较积极，要及时挑出不采食的鸡。

及时挑出有啄癖的鸡。由于营养不全，密度过大，产蛋阶段光线太强或脱肛等原因，均可引起起个别鸡产生啄癖，这种鸡一经发现应立即淘汰。

及时挑出脱肛的鸡。由于光照增加过快或鸡蛋过大，从而引起鸡脱肛或子宫脱出，及时挑出进行有效处理，即可治好。否则，会被其他鸡啄死。

仔细观察，及时挑出开产过迟的鸡和开产不久就换羽的鸡。

夜间关灯后，首先将跑出笼外的鸡抓回，然后倾听鸡群动静，是否有呼噜、咳嗽、打喷嚏和甩鼻的声音，发现异常，应及时上报技术人员。

(2)饲养人员要按时完成各项工作　开灯、关灯、给水、喂料、拣蛋、清粪、消毒等日常工作，都要按规定保质保量地完成。

每天必须清洗水槽，喂料时要检查饲料是否正常，有无异味、霉变等。

及时清粪，保证鸡舍内环境优良。

定期消毒，做好鸡舍内的卫生工作。

(3)拣蛋　及时拣蛋，给鸡创造一个无蛋环境，可以提高鸡的产蛋率。生产中应根据产蛋时间和产蛋量及时拣蛋，一般每天应拣蛋 2～3 次。

(4)搞好环境卫生工作　要定期用 2%火碱对鸡舍及周围环境消毒，鸡场及鸡舍门口要设消毒池并定期更换消毒药物；要及时清除鸡舍外杂草，以避免病原性微生物附着其上而感染鸡群；在不影响鸡舍通风的情况下，在鸡舍外种植低矮植物或草坪，以改善鸡舍周围的空气环境；严防各种应激因素的发生，特别是在产蛋高峰期，一定要保持周围环境安静，饲养人员穿固定的工作服；定期灭鼠，防止鼠、猫、犬进入鸡舍。

(5)做好记录　生产记录通过日报表等形式反映出来(表 2-24)。通过对日常管理活动中的死亡数、产蛋数、产蛋量、产蛋率、蛋重、料耗、舍温、饮水等实际情况的记载，可以反映鸡群的实际生产动态和日常活动的各种情况，可以了解生产，指导生产。所以，要想管理好鸡群，就必须做好鸡群的生产记录工作。也可以通过每批鸡生产情况的汇总，绘制成各种图表，与以往生产情况进行对比，以免在今后的生产中再出现同样的问题。

(6)产蛋鸡的挑选　挑选出低产鸡和停产鸡是鸡群日常管理工作中的一项重要工作。它不仅能节约饲料，降低成本，还能提高笼位的利用率。表 2-25 和表 2-26 列出了产蛋鸡与停产鸡、高产鸡与低产鸡的区别。

表 2-24　蛋鸡生产日报表

日期	日龄	存栏/只	死淘/只		产蛋数/枚			产蛋率/%	产蛋量/kg	耗料量/kg
			淘汰	死亡	完好	破损	小计			
备注										

表 2-25 产蛋鸡与停产鸡的区别

项目	产蛋鸡	停产鸡
冠,肉垂	大而鲜红,丰满,温暖	小而皱缩,色淡或暗红色,干燥,无温暖感
肛门	大而丰满,湿润,呈椭圆形	小而皱缩,干燥,呈圆形
触摸品质	皮肤柔软细嫩,耻骨薄而有弹性	皮肤和耻骨硬而无弹性
腹部容积	大	小
换羽	未换羽	已换或正在换羽
色素	肛门、喙、胫已褪色	肛门、喙、胫为黄色

表 2-26 高产鸡与低产鸡的区别

项目	高产鸡	低产鸡
头部	大小适中、清秀、头顶宽	粗大、面部有较多脂肪、头过长或短
喙	稍粗短,略弯曲	细长无力或过于弯曲,形似鹰嘴
冠,肉垂	大、细致、红润、温暖	小、粗糙、苍白、发凉
胸部	宽而深,向前突出,胸骨长而直	发育欠佳,胸骨短而弯
体躯	背长而平,腰宽,腹部容积大	背短,腰窄,腹部容积小
尾	尾羽开展,不下垂	尾羽不正,过高,过平,下垂
皮肤	柔软有弹性,稍薄,手感良好	厚而粗,脂肪过多,发紧发硬
耻骨间距	大,可容 3 指以上	小,3 指以下
胸、耻骨间距	大,可容 4～5 指	小,3 指或以下
换羽	换羽开始迟,延续时间短	开始早,延续时间长
性情	活泼而不野,易管理	动作迟缓或过野,不易管理
各部位配合	匀称	不匀称
觅食力	强,嗉囊经常饱满	弱,嗉囊不饱满
羽毛	表现较陈旧	整齐清洁

(7)减少饲料浪费　在蛋鸡生产中,饲料支出大约占总支出的 2/3,节约饲料能明显降低成本,提高养鸡场的经济效益。在我国养鸡水平不是很高状况下,饲料浪费却是惊人。据统计,养鸡场饲料浪费量占全年消耗量的 3%～8%,有时可达 10%以上。因此,如何防止饲料浪费,是提高养鸡场经济效益的一条重要措施。

饲养高产优质品种:只有高产优质品种,才能充分利用饲料。若饲养劣质品种,吃同样的配料,产蛋量就不如优质品种高。

采用优质全价配合饲料:要按照饲养标准配合日粮,既满足营养需要,又不致造成过多的浪费。要特别注意各营养之间的合理配比。

按需给料：鸡的不同生长阶段和不同产蛋水平对各种营养成分的需要量是不同的，要按照鸡本身的营养需要量投料。

饲料的添加：我国大多数养鸡场使用料槽，人工加料，在添加饲料时，要注意添加量不能高于料槽深度的1/3。正确掌握投料方法，不能将饲料抛撒在料槽外边。

经常匀料：笼养鸡常将邻近饲料刨在自己面前形成小堆，当堆到一定程度时，会出现抛撒现象，饲养员要经常将堆起的料推平，避免抛撒，浪费饲料。

严把饲料原料质量关：不能购进掺假、变质或不符合标准的饲料，否则会无形中增加饲料成本，这也是一些养鸡场饲料浪费的重要原因之一。

饲料不可粉碎过细：过细的饲料不但适口性差，且“料尘”飞扬，造成浪费，有条件的养鸡场，能使用颗粒料最好。

注意保存饲料：饲料的保存也是养鸡场的一项重要工作。饲料的保存要注意防潮、防霉变、防暴晒，通风要好，还要注意鼠害和鸟害。对一些易变质的饲料，要少存勤购。

改进饲槽：饲槽形状最好为口窄、肚大、底宽。同时要注意水槽内的水深度不能太高，否则，也会造成饲料浪费。

加强管理：在生产中可制定一系列节约有奖的制度，以激励饲养管理人员的工作热情，调动他们的积极性。

4.季节管理

(1)春季管理　春天气候逐渐变暖，日照时间延长，是鸡群产蛋回升的时期，只要加强饲养管理，保持环境稳定，不发病，对全年的高产会起到良好的作用。

搞好通风换气工作：一般情况下，早春北面的窗户夜间关闭，白天可根据具体情况适当打开。南面窗户白天可以打开，夜间少量窗户不关，以利通风换气。密闭式鸡舍，一般是机械通风，在春天可适当加大通风量。

调整日粮浓度：随着气温转暖，鸡的采食量下降，可适当提高饲料中的能量水平。同时，为了尽快恢复鸡群的体质，应定期在饮水中添加水溶性多维电解质，以补充营养。

搞好卫生防疫及消毒工作：春天各种病原微生物容易滋生繁殖，为了减少疾病的发生，最好在天气转暖前进行一次彻底清扫消毒，以减少疫病发生的机会。有条件时，可对鸡群进行抗体水平监测，对抗体水平较低的鸡群，要进行免疫接种。

定期投药：为了有效地抑制疾病发生，要定期投药，特别是广谱抗生素。

(2)夏季管理　夏季是高温、高湿、多雨的季节。因此，产蛋鸡的饲养管理主要应防止高温应激对产蛋的影响。

减少鸡舍受到的辐射热和反射热：在不影响鸡舍通风的前提下，可在鸡舍四周植树或搭凉棚；在鸡舍周围种植草坪或牧草；在鸡舍屋顶喷洒水，也可使舍内温度降低。

加大鸡舍内的换气量和气流速度：当气温高，加大换气量舍内气温仍不下降时，可以提高舍内的气流速度，从而起到降温的作用。

降低进入鸡舍的空气温度：可在进风口处设置水帘，或在舍内安装喷雾器，进行喷雾，从而降低舍内温度。

及时清粪：由于鸡粪含水量达 80%以上，舍内湿度高，不利于散热。

调整日粮浓度：夏季气温高，鸡的采食量减少，为了保证产量，必须调整日粮浓度。可使能量水平略有下降，粗蛋白质水平提高 1%～2%。

保证充足的清洁饮水：饮水要清凉，水温以 10～13℃为宜，水槽要及时清洗。

(3)秋季管理　秋季由热转凉，也是恢复体力、继续产蛋的时期。但是，秋季日照变短，如果饲养管理不当，就会导致过早换羽休产。

在秋季为了保证鸡群稳产、高产，必须要注意饲料配方的稳定性和连续性；要及时调整鸡群，尽早淘汰换羽和停产的低产鸡；在产蛋后期，为保持较高产蛋量，可以适当延长光照时间，但最长不能超过 17 h；由于秋季昼夜温差大，应注意减少外界环境条件的变化对鸡产生的影响，如早秋天气仍较闷热，舍内较潮湿，白天要加大通风，降低湿度，以免发生呼吸道和肠道传染病；要在饲料中经常投药物，防止疾病发生；要为冬季防寒做好准备工作。

(4)冬季管理　冬季气温低，日照短，必须做好防寒保温工作，保证舍温在 10℃以上，杜绝贼风，有条件时，可配备取暖设备，提高日粮的能量水平，同时注意补充光照。

四、产蛋鸡的营养需求特点

1. 产蛋鸡的营养需要

(1)能量需要　产蛋鸡对能量的需要包括维持需要和生产需要。影响维持需要的因素主要由鸡的体重、活动量、环境温度的高低等决定。体重大、活动多、环境温度过高过低，维持需要的能量就越多。生产需要指产蛋的需要，产蛋水平越高生产需要越大。据研究，产蛋对能量需要的总量有 2/3 是用于维持需要，1/3 用于产蛋。鸡每天从饲料中摄取的能量首先要满足维持的需要，然后才能满足其产蛋需要。因此，饲养产蛋鸡必须在维持需要水平上下工夫，否则鸡就不产蛋或产较少的蛋。

(2)蛋白质需要　产蛋鸡对蛋白质的需要不仅要从数量上考虑，也要从质量上注意。体重 1.8 kg 的母鸡，每天维持需要 3 g 左右蛋白质，产一枚蛋需要 6.5 g 蛋白质，当产蛋率 100%时，维持和产蛋的饲料中蛋白质的利用率为 57%，故每天共需17 g左右蛋白质。在实际生产中产蛋率不可能达到100%，所以蛋白质实际需要量低于17 g。从蛋白质需要量剖析来看，有2/3用于产蛋，1/3用于维持。可见饲料中所提供的蛋白质主要是用于形成鸡蛋，如果不足，产蛋量会下降。蛋白质质量的需要实质上是指对必需氨基酸种类和数量的需要，也就是氨基酸是否平衡。

(3)矿物质需要　自然饲料中常常不能满足产蛋鸡对某些矿物质的需要，必须另外补加矿物质或添加剂。钙对产蛋鸡至关重要，缺乏时，对产蛋的影响程度不亚于缺乏蛋白质造成的后果。每枚蛋壳重6.3～6.5 g，含钙2.2～2.3 g，若以产蛋率70%计算，则每天以蛋壳形式排出的钙1.5～1.6 g。饲料中钙的利用率一般为50%，则每日应供给产蛋母鸡钙3～3.2 g。骨骼是钙的贮存场所，由于鸡体小，所以钙的贮存量不多，当日粮中缺钙时，就会动用贮存的钙维持正常生产，当长期缺钙时，则会产软壳蛋，甚至停产。

2. 产蛋鸡的饲养标准

我国产蛋鸡的饲养标准，按产蛋水平为3个档次，各档次的能量水平相同，而粗蛋白质等营养水平，则随产量水平增加而增加。产蛋鸡从饲料中摄取营养物质的多少，主要取决于采食量的多少。在能量水平相同的情况下，采食量主要受季节变化、产蛋量高低和所处的各生理阶段的影响。所以在应用饲养标准时，应根据季节变化、所处生理阶段等进行适当调整，主要是调整粗蛋白质、氨基酸和钙的给量。我国产蛋鸡的主要营养标准见表2-27。

表2-27　产蛋鸡及种鸡主要营养标准

项　目	产蛋率>80%	产蛋率80%～65%	产蛋率<65%
代谢能/(MJ/kg)	11.5	11.5	11.5
粗蛋白/%	16.5	15	14
蛋白能量比/(g/MJ)	14.34	12.9	12.18
钙/%	3.5	3.25	3.0
总磷/%	0.60	0.60	0.60
有效磷/%	0.40	0.40	0.40
食盐/%	0.37	0.37	0.37

五、产蛋规律和生产性能指标

1. 产蛋规律

鸡群产蛋有一定的规律性，鸡群21周龄开产后(产蛋率50%)，最初3～4周内产蛋迅速增加，到 24～25 周龄时产蛋到达高峰，鸡的产蛋在高峰期维持一段时间后(到 40 周龄左右)，产蛋率逐渐下降直至产蛋末期。如果以鸡的周龄大小为横坐标，以周龄所对应的产蛋率为纵坐标即可得出鸡的产蛋曲线(图 2-20)。

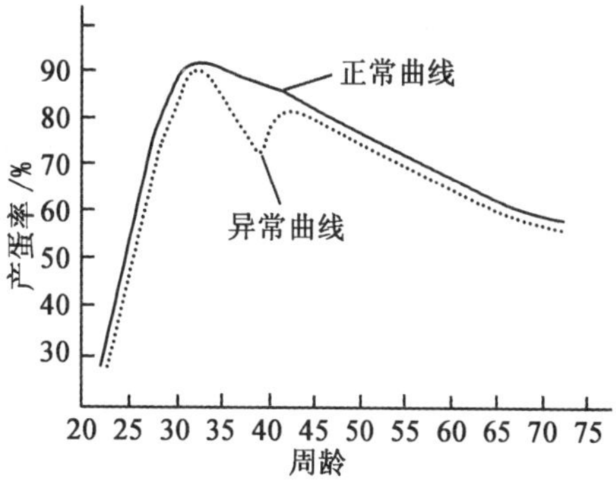

图 2-20 产蛋曲线

这里鸡群产蛋第 1 周是指母鸡日产蛋达 5%时的周龄。现代蛋鸡由于有优异的产蛋性能，所以各品系鸡种的正常产蛋曲线有以下特点：①上升速度快。开产后，产蛋迅速增加，曲线呈陡然上升态势。这一时间产蛋率每周成倍增长，在产蛋 6～7 周之内可达 90%以上，这就是产蛋高峰期。②下降速度慢。产蛋高峰过后，产蛋曲线下降十分平稳，呈直线状。一般情况下此期产蛋率以每周 1%～2%的速度降低，十分缓慢。产蛋损失不可补偿。在产蛋过程中，如遇到饲养管理不当或其他应激刺激时，会使产蛋受到影响，产蛋率低于标准曲线，这种损失在以后的生产中不能完全补偿。如果这种情况发生在前 6 周，会使曲线上升中断，产蛋下降，永远达不到标准高峰。③产蛋率的上升或下降，尽管因鸡的品种不同而有差异，但受饲养管理条件的影响较大。所以，只有在良好的饲养管理条件下，鸡群的实际产蛋状况才能同标准曲线相符合。在生产中，及时绘制出鸡群每周的产蛋曲线，并对照标准曲线相当重要，如果偏离标准曲线，说明饲养管理方面出了问题，应设法及时纠正。同时，由于产蛋高峰与年产蛋量呈高度的正相关关系，通过产蛋曲线可以估算鸡群的年产蛋量(表 2-28)。

表 2-28 鸡群达到早期产蛋性状指标时的不同周龄与产蛋量的关系

达 5%产蛋率时周龄	21	21	21	22
达 50%产蛋率时周龄	24	24	24	26
达 80%产蛋率时周龄	28～29	28～29	30	32
80%以上持续周数	28～30	26～28	22～24	20～22
90%以上持续周数	4～6	4	0	0
43 周龄产蛋数/枚	118～120	113～115	100～110	85～90
72 周龄产蛋数/枚	265～270	255～260	240～250	220～230

2. 生产性能指标

(1)产蛋量　产蛋量是养鸡生产的经济指标之一，生产量多、质优的鸡蛋，是养鸡生产追求的主要目标之一。

产蛋量的计算：产蛋量指母鸡在统计期内的产蛋枚数。通常统计开产后 60 d 产蛋量、300 日龄产蛋量和 500 日龄产蛋量。繁殖场和商品蛋鸡饲养场统计群体产蛋量，群体产蛋量的计算方法有以下两种：

按母鸡饲养只日统计。1 个母鸡饲养只日就是指 1 只母鸡饲养 1 d。

$$饲养只日产蛋量(枚/只)=\frac{统计期内产蛋数}{平均饲养母鸡数}$$

按入舍母鸡数统计。

$$入舍母鸡产蛋量(枚/只)=\frac{统计期内总产蛋数}{入舍母鸡数}$$

(2)产蛋率　指母鸡在统计期内的产蛋百分率。通常用饲养只日产蛋率(%)和入舍母鸡产蛋率(%)来表示。

$$饲养只日产蛋率=\frac{统计期内总产蛋数}{统计期内总饲养只日数}\times 100\%$$

$$入舍母鸡产蛋率=\frac{统计期内总产蛋数}{入舍母鸡数乘以统计期日数}\times 100\%$$

(3)蛋重　蛋重是评价家禽产蛋性能的一项重要指标，同样的产蛋量，蛋重大小不同，总产蛋重不同。蛋重的遗传力为 0.2～0.7，蛋重与鸡的体重呈正相关关系。此外，蛋重还受营养水平和气温的影响，饲粮营养丰富时蛋重大，春季蛋重大，夏季较小，秋季又增加。

平均蛋重：育种场通常采用称测初产蛋重、300 日龄蛋重和 500 日龄蛋重来衡量个体平均蛋重。方法是在上述时间连续称测 3 枚蛋，求其平均数作为该时期的蛋重，一般以 300 日龄蛋重为其代表蛋重；繁殖场和商品鸡场一般仅称测群体平均蛋重，其结果作为生产中的参考指标(如饲养水平、环境条件等是否符合要求的标准)。方法是每月按日产蛋量的 5%连称 3 d，求其平均数，作为该群该月龄的平均蛋重。通常平均蛋重以 g 为单位。

(4)产蛋重　分日产蛋重和总产蛋重。

$$日产蛋重(g)=蛋重\times 产蛋率$$

$$总产蛋重(kg)=(平均蛋重\times 平均产蛋量)\div 1\,000$$

(5)蛋的品质　是衡量鸡蛋质量状况的指标。蛋品质测定要求在蛋产出后24 h内进行,每次测量不得少于50枚。

蛋形指数:即蛋的长径与短径的比值。蛋的正常形状为椭圆形,蛋形指数为1.30～1.35,大于1.35的蛋为长形蛋,小于1.30的蛋为圆形蛋。蛋形指数偏离标准过大,会影响到种蛋的孵化率和商品蛋的等级,而且也不利于机械集蛋、分级和包装。该性状的遗传力为0.25～0.5。

蛋壳强度:指蛋壳耐受压力的大小。蛋壳结构致密,则耐受压力大、不易破碎。一般用蛋壳强度测定仪进行蛋壳强度测定。由于蛋的纵轴比横轴耐压,故在装运时以竖放为宜。

蛋壳厚度:用蛋壳厚度测定仪分别测定蛋的钝端、锐端和中腰3处蛋壳(除去壳膜)厚度,其平均值即为蛋壳的平均厚度。理想的鸡蛋蛋壳厚度为0.33～0.35 mm。该性状的遗传力为0.30。

蛋的比重:蛋的比重不仅能够表明蛋的新鲜程度,而且还可说明蛋壳厚度和蛋壳强度状况。一般用盐水漂浮法测定蛋的比重,鸡蛋的密度应不低于1.070～1.085 kg/m^3。蛋比重遗传力为0.3～0.6。

蛋壳的色泽:蛋壳色泽仅是鸡品种的特征表现,与蛋内营养状况无关。蛋壳颜色一般有白、粉、褐、浅褐和绿色等。其遗传力为0.3～0.9。

蛋白浓度:蛋白浓度是蛋营养情况的表示,国际上用哈氏单位表示蛋白浓度。哈氏单位愈大,则蛋白黏稠度愈大,蛋白品质愈好。

$$\text{哈氏单位}=100\lg(H-1.7W^{0.37}+7.57)$$

式中:H为蛋白高度(mm),W为蛋重(g)。

蛋黄色泽:蛋黄色泽越浓,说明蛋的品质越好。国际上按罗氏比色扇的15个等级进行比色确定蛋黄色泽等级。其遗传力为0.15。

血斑和肉斑:蛋内存在有血斑和肉斑的蛋称为血斑蛋和肉斑蛋。血斑蛋和肉斑蛋占总蛋数的百分比,称为血斑蛋率和肉斑蛋率(通常是1%～2%)。蛋内的血斑或肉斑,能使蛋的品质降低。该性状的遗传力为0.5。

(6)产蛋期母鸡存活率　入舍母鸡数减去死亡和淘汰数后的存活数占入舍母鸡数的百分比。

$$\text{存活率}=\frac{\text{入舍母禽数}-(\text{死亡数}+\text{淘汰数})}{\text{入舍母禽数}}\times100\%$$

(7)产蛋期蛋料比　产蛋期蛋料比是产蛋期饲料消耗量与总产蛋重的比值,即每产 1 kg 蛋所消耗的饲料量。

$$产蛋期料蛋比=\frac{产蛋期耗料量(kg)}{总产蛋量(kg)}$$

六、蛋用种鸡产蛋期的饲养管理要点

(一)蛋用种鸡饲养管理目标

1. 提供合格种蛋

种蛋合格率是指种母鸡在规定的产蛋期内所产的符合本品种和品系要求的种蛋占产蛋总数的百分比。因为只有合格的种蛋才能入孵,加之种蛋合格率也能反映出种鸡的健康状况、体重、产蛋率、饲料和饲养管理水平等,所以种蛋合格率是种鸡场重要的经济和技术指标。因此,在种鸡生产中,提高种蛋合格率是提高种鸡场经济效益的重要措施。正常情况下,种蛋的合格率必须高于 90%。

2. 提高种蛋的受精率

种蛋受精率指受精蛋占入孵蛋的百分比。它不但是种鸡繁殖价值的重要标志,而且还能反映出种蛋质量、公鸡的精液品质、管理水平、种蛋公母比例是否合理、人工授精技术水平等。也对种鸡场的经济效益与信誉有重大的影响。因此,提高种蛋受精率也是提高种鸡场经济效益的重要措施。正常情况下种蛋受精率应在 90%以上。

3. 控制垂直传播疾病

种鸡场、孵化场环境卫生不良,污染严重,或有些种鸡场自身就有多病存在,再加之种蛋管理消毒不严,能使得许多经蛋垂直传染的疾病顺利下传扩散。如鸡沙门氏菌、支原体、鸡白血病、鸡产蛋下降综合征、传染性脑脊髓炎等。因此,对种鸡群中存在可以通过种蛋垂直感染疾病的检疫和净化工作,是生产健康、优质鸡苗的重要保证,也是种鸡场正常生产、提高效益的关键。

4. 降低死淘率

死淘率指产蛋期死亡和被淘汰的总鸡数占入舍母鸡数的百分比。产蛋期死淘率是鸡群生活率的指标,也是鸡群健康状况、饲养管理状况、疫病预防状况以及生产力状况的综合体现。因此,降低死淘率同样是提高种鸡场生产和经济效益的重要方面。鸡群产蛋期的死淘率应控制在 10%以下。

(二)蛋用种鸡产蛋期的饲养管理

1. 饲养方式及密度

蛋用种鸡一般有平养(全垫料地面、网平混合、网上平养)和笼养两种饲养方式。两种饲养方式下的饲养密度高低不同(表2-29)。在笼养时,种母鸡一般两层笼养,以便于进行人工授精。

表2-29　不同饲养方式蛋用种鸡的饲养密度　　只/m^2

周龄	全垫料地面	网地混合	网上平养	笼养
0～6	11	13	15	29
7～20	5.6	6.5	7.0	
21～70	4.8		7.1	20～22

2.收集种蛋

蛋鸡的产蛋高峰一般在日出后的3～4 h,下午产蛋量占全天的20%～30%。因此,笼养每日至少上、下午各拣蛋1次,夏天3次;平养种鸡时,每天人工拣蛋4次。拣蛋时动作要轻,以减少破损率。

3.种鸡营养

蛋用种鸡产蛋期的营养需要标准和商品产蛋鸡的相同,只是多种维生素和微量元素的需要量比商品产蛋鸡要高50%～100%,以保证种蛋的质量和正常孵化率。

4.生产指标

蛋用种鸡的生产指标包括种蛋合格率、种蛋受精率、种蛋孵化率、健雏率、种母禽产种蛋数及种母禽提供健雏数,其统计方法可参考孵化部分。

5.种鸡保健

(1)卫生管理　为了保证种用蛋鸡的正常生产,除要求按商品鸡的标准控制温度、湿度和环境外,更应该强调卫生消毒工作。转群前,对成年鸡舍要彻底消毒,一种消毒药长期使用,会产生耐药性,因此,要选择2～3种交替使用;同时,消毒药的刺激性太强,会诱发呼吸道疾病,腐蚀性较强的消毒剂对鸡体和笼具都有损伤,因此对消毒药剂的选择要慎重;舍外环境的消毒要定期坚持进行,特别是春秋季节。

(2)蛋种鸡的免疫　制定科学、合理的免疫程序,有条件的要定期对鸡群进行抗体检测,以检测的结果确定免疫时间及剂量。

(三)配种

1.自然交配

自然交配是平养种鸡进行繁殖的方式。一般情况下,公鸡一天的交配次数可达15～100次之多。公鸡交配次数的多少因与配母鸡数量、公鸡间的竞争状况及环境温度的高低而不同。交配次数愈多，每次交配时射出的精液量和精子数就愈少。通常以每天第一次交配时射精量最高，可达 1 mL 左右，以后则随交配次数的增加而逐渐降至 0.5 mL 或更低。在自然交配过程中，交配时间对受精率的影响不大。受精率的高低与精液量、精子密度、精子活力及精液中蛋白质的含量有着密切的关系。同时亦受遗传因素、环境因素等的影响，如环境因素中，公母鸡的年龄、交配季节、种鸡的营养水平、健康状况、管理方式（笼养或平养）等。自然交配时公母鸡混群饲养，公、母比例为 1∶(10～12)。

2. 人工授精

(1)意义　采用人工授精可以克服留种公鸡多、配种困难等许多缺点，而且能使授精率提高 10%～15%，公鸡留存减少 2/3，提高公鸡的利用率，也能提高种蛋质量，降低生殖道疾病的交叉感染，并可以及时发现淘汰低产母鸡，降低种鸡的饲养成本，提高经济效益。人工授精时公、母比例一般为 1∶(30～50)。

(2)采精　鸡人工授精器材简单，一般有集精杯、保温瓶、胶球头、细头玻璃吸管、药棉等。应注意的是在使用前器材应消毒烘干备用。

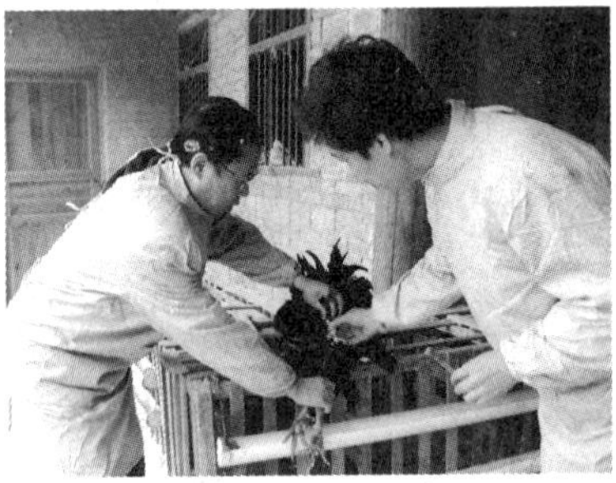

图 2-21　采精

采精方法：采精一般采用背腹式按摩法，具体操作为两个人一组，一人保定一人采精。保定员双手将公鸡双腿和翅膀握住置于腋下固定，头朝后，尾朝前(图 2-21)。采精员左手拇指和其他四指自然分开，贴在公鸡背部两翅内侧向尾部区域轻快按摩，并往返多次，待公鸡引起性反射，立即翻转左手，并以左手掌将尾羽向背部拔使其向上翻，拇指和食指放在勃起的交配沟两侧向交配器挤压，与此同时，右手紧握集精杯，手背紧贴公鸡腹部柔软处触动按摩几次，等精液射出时，把集精杯口转到交配器下承接精液。采精员左手的食指和中指夹一小团药棉，采精时发现有尿酸盐流出时立即用药棉擦去，防止污染精液。采好的精液要在 30 min 内用完。

采精时间：采精时间一般安排在下午大部分鸡产完蛋后的 2:30～3:30 进行为宜。

采精时应注意的问题：收集精液时不要将粪便、羽毛等混入集精杯内，以免造成精液污染，影响精子活力；在公鸡的利用上，一般刚开始，采精 1 d 休息 1 d。数周后可以采精 2 d 休息 1 d。公鸡利用率应根据饲养管理条件、气候、配种任务等决定，切不可以死搬硬套；由于温度、酸碱度、氧化性等诸多因素对精液质量有影响，因而采精要迅速准确。采精时间最好控制在 30 min 左右为宜。

(3)精液的质量评定、稀释

射精量:射精量是鸡一次采精时所射出的精液容积。鸡射精量的多少,因品种、年龄、营养、运动、季节、采精次数及采精技术而异。正常情况下鸡的射精量为0.2～0.5 mL。

精子活力:是指在精液中直线运动的精子占全部精子的百分数。精子的受精能力和精子的活力有密切的关系,因此必须在每次采精后、稀释后和输精后做3次活力检查。精子活力受温度的影响很大,做活力检查时的温度应以38～40℃为宜。精子活力评价一般用10分制,鸡正常情况下活率为6～8。

精子密度:单位容积中精子数量的多少即为精子密度。品质良好的精液密度大,而品质差的精液密度小。一般用平板压片法进行密度检查,按其稠密程度划分为密、中、稀3级。公鸡的精液正常情况下密度为30亿/mL,变化范围为5亿～100亿/mL。

精液的稀释:精液在保存、运输和输精之前都要进行稀释。经过稀释以后的精液,可以增加精液的数量,扩大与配鸡数;可以补充精子代谢所需要的营养物质;也可以消除副性腺分泌物的有害影响,缓冲精子的酸碱度,给离体精子创造适宜的环境,从而延长精子的存活时间。鸡的精液稀释通常用灭菌的0.9%生理盐水作为稀释液,稀释比例为1∶1。

(4)输精　种母鸡在22周龄,产蛋率达到70%以上时,就可以进行人工输精,一般每只母鸡每隔4～5 d输精一次,输精时间在每天下午大部分鸡产蛋结束后进行。

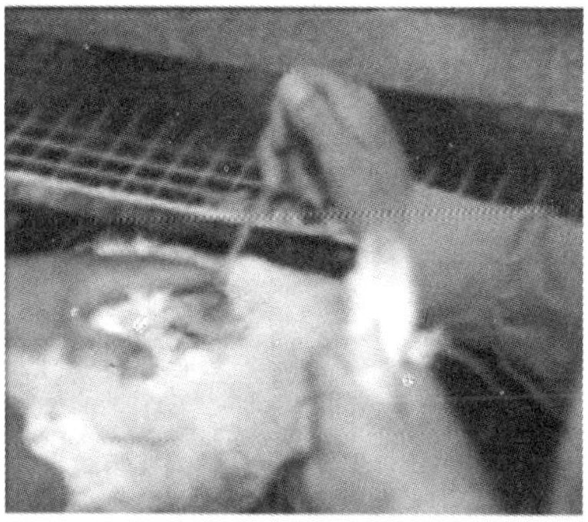

图 2-22　输精

输精方法:输精时由2～3人操作,其中一人输精,另外1～2人翻肛(图2-22)。翻肛人员右手抓住母鸡腿的基部,左手拇指与其他四指自然分开放在母鸡腹部左侧,从肛门向头前方挤压,掌心用力,借腹部压力便可翻出输卵管口,输精员用消毒输精管吸取已被稀释的精液0.02～0.05 mL,向位于泄殖腔左侧上方的输卵管口插入1～2 cm,同时翻肛员左手迅速放开肛门,精液即可输入。输精员每输完一只母鸡后,必须用消毒药棉擦拭输精管进行消毒,要等待消毒剂挥发完后再用。

输精要注意的问题:①翻肛员给母鸡腹部加压力时,一定要着力于腹部左侧,因输卵管开口在殖腔的左上方,右侧为直肠开口,如果着力相反便会引起母鸡排粪。②翻肛员与输精员在操作上要密切配合，当输精器插入的瞬间，翻肛员应迅速解除对母鸡腹部的压力，使精液借助于腹内压降低将精液吸入输卵管内。③输精时注意不要将空气泡输入输卵管内，否则会使精液外溢，影响受精率。④要严格执行灭菌、消毒制度，操作中也应做到小心谨慎，防止因污染而引起母鸡生殖器官的感染。

复习思考题

1. 如何根据雏鸡的生理特点对雏鸡进行良好的饲养管理？
2. 啄癖发生的原因及防止办法有哪些？
3. 育成鸡的光照有何特点？
4. 如何使鸡群适时开产？
5. 蛋鸡产蛋有何规律？怎样评价蛋鸡生产水平？
6. 怎样保证种蛋的合格率和受精率？

项目三 肉鸡生产

◈知识目标

1. 了解不同类型肉鸡的生产特点和营养需要特点。
2. 掌握肉仔鸡及肉用种鸡的饲养管理要点。

◈技能目标

1. 能够选择适宜的鸡种进行饲养。
2. 熟练掌握肉鸡各阶段饲养管理的操作规程和操作技术要点。

肉鸡生产是家禽生产的重要组成部分。优良的品种、优质的饲料和完善的管理是肉鸡生产成功的关键。

本项目将动物科学基础、动物营养与饲料、家畜环境卫生、兽医临床基础等知识与肉鸡生产过程相融合，进一步掌握现代肉鸡生产的有关知识和技术，提高肉仔鸡的生长速度和饲料转化率，生产优质、安全的肉鸡产品，满足人们的需要。

子项目 1 肉鸡场设计和饲养设备选择

一、性质与规模

我国肉鸡场的性质一般按繁育体系分为原种鸡场（曾祖代鸡场）、祖代鸡场、父母代鸡场和商品肉鸡场。

商品肉鸡场的规模一般按年出栏量计，种鸡场按种鸡套数计。

二、主要生产指标

肉仔鸡主要生产指标有：1～4 周龄体重变化（g/只）、1～4 周龄累计饲料效率、5～7 周龄体重变化（g/只）、5～7 周龄累计饲料效率、全期死亡率（%）、胸囊肿发生率（%）等。

肉用种鸡主要生产指标有：体重(g/只)、日耗料量(g/只)、饲养日产蛋数(枚/只)、平均饲养日产蛋率(%)、入舍鸡产蛋数(枚/只)、入舍鸡平均产蛋率(%)、入舍鸡产种蛋(枚/只)、平均孵化率(%)、入舍鸡产雏鸡数(只/只)、平均月死淘率(%)等。

三、饲养管理方式

肉鸡场常采用“全进全出”一段饲养模式，地面厚垫料饲养(图 3-1)、网上平养(图 3-2)或笼养。人工喂料或机械喂料，自动给水，集中清粪。

图 3-1　地面厚垫料饲养

图 3-2　网上平养

四、附属建筑与设施

参考蛋鸡场附属建筑与设施。

子项目 2　肉鸡品种的选择

目前世界上肉鸡品种数目繁多，生产性能各异。但其共同特点是：生长快，体型大，胸部深广发达，向前突出，胸骨长而直，胸围大，背部长、直、宽，胸骨后缘与耻骨间距大，产肉多，肉质嫩。

现代肉鸡品种是专门用于生产肉用仔鸡的配套品系，主要通过肉用型鸡的专门化父系和专门化母系杂交配套选育而成。商品鸡以体型大，体躯宽、深，胸部肌肉发达，外形似方筒状；冠小，颈短而粗，矩短骨粗；腿肌发达，性情温驯，动作迟缓，生长迅速易肥育等为特征。

现代肉鸡一般分为快大型肉鸡和优质肉鸡。

一、快大型肉鸡

快大型肉鸡按羽毛颜色又分为白羽肉鸡和有色羽鸡。

1. 白羽肉鸡

父系大多采用生长快、胸腿肌肉发育良好的白科尼什，也结合少量其他品种血缘。母系最主要用产蛋量高且肉用性能也好的白洛克，在早期还结合了横斑洛克和新汉夏等品种的血缘。此外，还有新培育的节粮型肉种鸡，如D型矮洛克(中华矮脚鸡)。这些商品代肉仔鸡生长速度快，饲料转化率高，适应性强，如爱拔益加、艾维茵、哈巴德、狄高、彼德逊等。一般饲养6～7周龄体重即可达2.0 kg以上，饲料转化率2.0∶1以下。

(1)AA白羽肉鸡　又叫双A鸡，是爱拔益加肉鸡的简称。由美国爱拔益加种鸡公司培育而成，其特点为生长快、耗料少、耐粗饲、适应性和抗病力强。商品鸡羽毛整齐，均匀度好。公、母平均6周龄体重1.86 kg，饲料转化率1.74∶1。49日龄体重2.94 kg，饲料转化率1.91∶1。成活率95.8%以上。

(2)艾维茵白羽肉鸡　是美国艾维茵国际禽业有限公司培育的肉用鸡种，该品种是选用了产蛋高的母系鸡与成活率高、增重快的父系鸡育成的品系配套肉鸡。其父母代种母鸡24周龄体重2.57～2.72 kg，66周龄体重为3.58～3.74 kg。商品代49日龄体重2.615 kg，饲料转化率1.89∶1。成活率97%以上。

2. 有色羽鸡(以红羽为主)

用红科尼什选育成父系，洛岛红选育出母系。一般生产性能低于白羽肉鸡。

(1)安卡红黄羽肉鸡　以色列培育。单冠，黄羽，黄腿，黄皮肤，特点是适应性强、耐应激、生长速度最快、饲料报酬高等。49日龄体重1.93 kg，饲料转化率2∶1。

(2)狄高红羽肉鸡　澳大利亚狄高公司培育的肉用鸡种。父母代母鸡24周龄体重为2.5 kg，66周龄体重为3～3.5 kg，饲料转化率1.77∶1；饲养56日龄体重2.532 kg，饲料转化率2.01∶1。

(3)红布罗红羽肉鸡　又名红宝，是加拿大谢弗种鸡有限公司培育的红羽肉用鸡种。该品种具有黄喙、黄脚、黄皮肤的“三黄”特征。父母代母鸡24周龄体重2.22～2.38 kg，66周龄体重3～3.2 kg，饲料转化率2.2∶1；饲养50日龄体重1.73 kg，饲料转化率1.94∶1。

二、优质肉鸡

优质肉鸡是指其肉品在风味、鲜味和嫩度上优于快大型肉鸡，具有适合当地人们消费习惯所要求的特有优良性状的肉鸡品种或品系。其特点是生长较慢,性成熟较早,具有有色羽,宽胸,矮脚,皮薄,骨细,肉质细嫩滑软,脂肪分布均匀,肉味鲜美,香味诱人,是高档肉食品。一般商品代需饲养2～3个月,体重1.5～2.0 kg,饲料转化率3.0∶1左右。

1.优良的三黄鸡地方品种

这类鸡未经杂交改良,皮薄,骨细,肉质细嫩滑软,肉味鲜美,但生长缓慢,饲料报酬低,饲料转化率(4～5)∶1,就巢性强,繁殖力低,不适于集约化养殖。一般饲养130～150 d,体重1.25～1.4 kg。如北京油鸡、浦东鸡、惠阳胡须鸡、清远麻鸡、杏花鸡、石歧鸡、河田鸡、大骨鸡、桃源鸡、霞烟鸡、鹿苑鸡、溧阳鸡、武定鸡等。两广、港澳需求量大。

(1)北京油鸡　产于北京郊区,肉用型。体躯中等,羽色美观,主要为红色和黄色羽色。多数个体具有“三羽”(凤头、毛腿和胡子嘴)的外貌特征。成年鸡体重公鸡2～2.5 kg,母鸡1.5～2 kg。性成熟较晚,开产日龄210 d,年产蛋120枚,蛋重56 g,蛋壳深褐色,表面覆盖一层白色胶护膜。

(2)浦东鸡　原产地上海东部,肉用型。成年鸡体重公鸡3～4 kg,母鸡2.5～3 kg。性成熟较晚,开产日龄210～240 d,年产蛋120～150枚,蛋重45.8 g,蛋壳褐色,就巢性强。

(3)惠阳鸡　原产地广东,有胡须和“三黄”特征。成年鸡体重公鸡2～2.5 kg,母鸡1.5～1.8 kg。性成熟较晚,开产日龄180 d,年产蛋农家放养45～55枚,现代化管理108枚,蛋重55～60 g,蛋壳褐色,就巢性强。

(4)清远麻鸡　原产地广东,背部羽毛有黑色斑点,肉质细嫩,皮脆骨疏,体型小,以“一楔”、“二细”、“三麻身”为特征。成年鸡体重公鸡1.7～2.8 kg,母鸡1.3～2.5 kg。年产蛋70～80枚,蛋重46.6 g,蛋壳浅褐色,繁殖力低。

2.改良或选育品种

这类鸡是在地方黄羽肉鸡品种基础上,引进外来品种血缘经过杂交选育而培育出的黄羽肉鸡。除了保留地方良种的“三黄”特征,骨细、肉嫩、肉味鲜美等特点,还提高了生长速度和饲料利用率,具有良好的抗病力及群体整齐度,适应性强、易饲养。一般饲养80～100 d,体重1.5～2.0 kg。如新浦东鸡、宫廷黄鸡、北京黄羽肉鸡、石歧杂鸡、兴农黄鸡、海新黄鸡、海红黄鸡、“882”黄鸡、江村黄鸡、墟岗黄鸡等。

(1)新浦东鸡　用浦东鸡作母本和白洛克、红科尼什作父本杂交培育而成,体大,肉质鲜美。成年鸡体重公鸡4.5～5.0 kg,母鸡3～3.5 kg。70日龄公、母平均体重1.5 kg,饲料转化率(2.6～2.8)∶1,平均开产日龄184 d,种鸡500日龄产蛋

150 枚,成活率 92%以上,生产性能稳定。

(2)宫廷黄鸡 用北京油鸡父本和 D 型矮洛克母本杂交培育而成,主要出口或供应高档餐馆。商品肉用鸡 70 日龄公、母平均体重 1.34 kg,饲料转化率 2.7∶1。

(3)北京黄羽肉鸡 用北京油鸡与新汉夏杂交改良培育而成,90 日龄公、母平均体重 1.5 kg,饲料转化率(1.38～3.3)∶1。

(4)石岐杂鸡 用广东省的惠阳鸡、清远鸡和石岐鸡与新汉夏、白洛克、科尼什和哈巴德杂交改良选育而成,是深圳市主要出口肉鸡之一。饲养 110～120 d,母鸡 1.75 kg 以上,公鸡 2 kg 以上,全期饲料转化率(3.2～3.4)∶1,成年母鸡年产蛋 120～140 枚。

子项目 3 快大型肉仔鸡生产

一、选择合适的饲养方式

肉仔鸡的饲养方式主要有以下 3 种:

(1)厚垫料地面平养 是在地面上铺一定厚度的垫料。垫料要求干燥松软、吸水性强、不发霉、不污染。垫料的管理首先要求铺平,厚度 5～10 cm。饲养过程中要经常松动垫料,让鸡粪落到垫料下面,防止鸡粪结块,并根据污染程度及时铺上新的垫料,始终保持垫料干燥。

厚垫料饲养的优点是简便易行,设备投资少,胸囊肿的发生率低,残次品少。缺点是鸡直接接触地面,球虫病、大肠杆菌病发生几率多,药品及垫料费用大。

(2)网上平养 是将鸡饲养在离地 50～60 cm 的网床上。网床一般用金属网或竹夹板制成,上铺一层塑料网,以减少胸囊肿的发生。由于离地饲养,鸡不与粪便接触,可减少球虫病的发生。

(3)笼养 肉仔鸡笼养可提高饲养密度,减少球虫病的发生,便于公、母分群饲养,提高劳动效率和鸡舍空间利用率,节省燃料费用。但一次性投入大,因笼底网硬,笼养鸡活动受限,鸡胸囊肿和腿病较为严重,商品合格率低,推广应用不多。

二、肉仔鸡的饲养管理技术

1. 饮水

雏鸡的第一次饮水称为初饮,雏鸡运抵育雏舍后稍事休息后就应饮水。雏鸡能否及时饮到水是非常关键的。由于出生雏从较高温度的孵化器出来,又在出雏室停留及运输，体内丧失水分较多，故适时饮水可补充雏鸡生理所需水分，有助于促进雏鸡食欲，帮助饲料消化与吸收，促进粪便排出。初次饮水中应添加糖 3%～5%，连饮 12～15 h，可显著降低 1 周龄内的死亡率。为预防疾病，饮水中可加入抗生素，连饮 3～5 d。在 1 周龄内要饮用温开水，以后饮凉水，水温应和育雏室温一致。饮水要清洁干净，饮水器要充足，并均匀分布在室内，饮水器距地面的高度应随鸡日龄的增长而调整，饮水器的边缘高度与鸡背高度水平相同。肉仔鸡每天饮水量见表 3-1。

表 3-1 肉仔鸡每 1 000 只每天饮水量 L

周龄	10℃	21℃	32℃
1	23	30	38
2	49	60	102
3	64	91	208
4	91	121	272
5	113	155	333
6	140	185	380
7	174	216	428
8	189	235	450

2. 开食

雏鸡饮水 2～3 h 后，开始喂料，雏鸡的第一次喂料称为开食。开食料应用全价碎粒料，均匀撒在饲料浅盘或深色塑料布上让鸡自由采食。3 日龄内，每天隔 2 h 喂 1 次，夜间停食 4～5 h。3 日龄后逐渐减少，但每天喂料应不少于 6 次。为防止鸡粪污染，饲料浅盘和塑料布应及时更换，冲洗干净晾干后再用。4～5 日龄逐渐换成料桶，一般每 30 只鸡一个，2 周龄前使用 3～4 kg 的料桶，2 周龄后改用 7～10 kg 的料桶。为刺激鸡的食欲，增加采食量，每天应加料 4 次，但每次加料不应超过深度的 1/3，过多会被刨出造成浪费。料槽必须够用且分布均匀，保证鸡在 1.5 m 内能吃到料、饮到水。随着雏鸡日龄增长，应及时抬高料槽高度，保持与鸡背同高。

3. 肉仔鸡饲喂技术

肉仔鸡生长速度快，要求供给高能量高蛋白的饲料，日粮各种养分充足、齐全且比例平衡。由于肉仔鸡早期器官组织发育需要大量蛋白质，生长后期脂肪沉积能力增强。因此在日粮配合时，生长前期蛋白质水平高，能量稍低；后期蛋白质水平稍低，能量较高。

(1)实行自由采食　从第1天开始起一直到出栏，对肉仔鸡应实施充分饲养，尽可能诱使肉鸡多吃料，实行自由采食。

(2)饲喂颗粒饲料　颗粒饲料进食营养全面、比例稳定，不会发生营养分离现象，鸡采食时不会出现挑食，饲料浪费少。同时颗粒饲料适口性好，体积小，比重大，肉鸡吃料多，增重快，饲料报酬高。据试验，饲喂颗粒饲料肉鸡每增加1 kg体重比饲喂粉料少消耗94 g饲料，饲料转化率提高3.1%。因此，目前国内外普遍采用颗粒饲料饲喂肉仔鸡。但颗粒饲料加工费高，肉鸡腹水症发病率高于粉料，因此要注意前期适当限饲。

(3)保证采食量　保证有足够的采食位置和采食时间；高温季节采取有效的降温措施，加强夜间饲喂；检查饲料品质，控制适口性差的饲料的使用量；采用颗粒饲料；在饲料中添加香味剂。肉仔鸡生长和耗料标准见表3-2。

表3-2　肉用仔鸡生长和耗料标准

周龄	体重/g			累计/g			耗料增重比		
	公鸡	母鸡	混养	公鸡	母鸡	混养	公鸡	母鸡	混养
1	180	170	175	154	146	149	1.10	1.10	1.10
2	456	424	440	484	458	471	1.20	1.23	1.22
3	839	751	795	1 032	939	986	1.43	1.47	1.45
4	1 325	1 175	1 250	1 829	1 669	1 750	1.64	1.72	1.68
5	1 890	1 650	1 770	2 911	2 606	2 761	1.91	1.98	1.94
6	2 536	2 174	2 355	4 337	3 804	4 074	2.21	2.29	2.24
7	3 181	2 699	2 940	5 949	5 236	5 586	2.50	2.73	2.58

(4)逐渐换料　在更换饲料时要几天内完成，突然换料鸡不爱吃新料，形成换料应激，在饥饿状态下壮鸡啄羽，弱鸡发病，病鸡死亡。

(5)减少饲料浪费　饲料要离地离墙存放，以防止霉变，不喂过期饲料。饲料要少加、勤加，加料达饲槽深度的2/3时浪费12%，到饲槽的1/3时仅浪费1.5%。加料次数多还有利于观察和引动鸡群，及时发现疾病和降低胸囊肿的发病率。饲槽的槽边要和鸡背同高或稍高于鸡背，并随鸡的生长不断加高。饲槽、水槽周围可只垫砂不垫草，便于鸡吃槽外的料也防止草湿发霉。

4.环境控制

环境条件的优劣直接影响肉仔鸡的成活率和生长速度。肉仔鸡对环境条件的要求比蛋用雏鸡更为严格,影响更为严重,应特别重视。

(1)温度　雏鸡出生后体温调节能力差,必须提供适宜的环境温度。温度低可降低鸡的抵抗力和食欲,引起腹泻和生长阻滞。因此,保温是一切管理的基础,是肉仔鸡饲养成活率高低的关键,尤其在育雏第 1 周内。肉仔鸡 1 日龄时,舍内室温要求为 27～29℃,育雏伞下温度为 33～35℃。以后每周下降 2～3℃,直至 18～20℃。肉仔鸡适宜温度见表 3-3。

检查温度是否适宜主要通过测温和观察雏鸡表现。低温挤,靠近热源;高温喘,远离热源;鸡舒展开翅腿分散地趴卧就是适温。

温度控制应保持平稳,并随雏鸡日龄增长适时降温,切忌忽高忽低。并要根据季节、气候、雏鸡状况灵活掌握。

表 3-3　肉仔鸡适宜的温度　℃

年龄	保温伞育雏		直接育雏
	保温伞温度	雏舍温度	
1～3 d	35～33	27～29	35～33
4～7 d	32～30	27	33～31
2 周	30～28	24	31～29
3 周	28～26	22	29～27
4 周	26～24	20	27～24
5 周以后	24～21	18	24～21

(2)湿度　湿度对雏鸡的健康和生长影响也较大,育雏第 1 周内保持 70%的稍高湿度。因此,时雏鸡含水量大,舍内温度又高,湿度过低易造成雏鸡脱水,影响羽毛生长和卵黄吸收。以后要求保持在 50%～65%,以利于球虫病的预防。

育雏的头几天,由于室内温度较高,室内湿度往往偏低,应注意室内水分的补充,可在火炉上放水壶烧开水,或地面喷水来增加湿度。10 日龄后,由于雏鸡呼吸量和排粪量增大,应注意高湿的危害,管理中应避免饮水器漏水,勤换垫料,加强通风,使室内湿度控制在标准范围之内。

(3)光照　肉仔鸡的光照制度有两个特点:一是光照时间较长,目的是为了延长采食时间;二是光照强度小,弱光可降低鸡的兴奋性,使鸡保持安静的状态。

光照方法:肉仔鸡的光照方法主要有 3 种,一是连续光照法,即在进雏后的头 2 d,每天光照 24 h,从第 3 天开始实行 23 h 光照,夜晚停止照明 1 h,以防鸡群停电发生的应激。此法的优点是雏鸡采食时间长,增重快,但耗电多,鸡腹水症、猝死、腿病多。二是短光照法,即第 1 周每天光照 24～23 h,第 2 周每天减少 2 h 光照至 16 h,第 3、4 周每天 16 h 光照,从第 5 周第 4 天开始每天增加 2 h 光照至周末达到

23 h光照，以后保持23 h光照至出栏。此法可控制鸡的前中期增重，减少猝死、腹水和腿病的发病率，最后进行“补偿生长”，出栏体重不低却提高了成活率和饲料报酬。对于生长快、7日龄体重达175 g的鸡可用此法。三是间歇光照法，在开放式鸡舍，白天采用自然光照，从第2周开始实行晚上间断照明，即喂料时开灯，喂完后关灯；在全密闭鸡舍，可实行1～2 h照明，2～4 h黑暗的光照制度。此法不仅节约电费，还可促进肉鸡采食。但采用间歇光照，鸡群必须具备足够的采食、饮水槽位，保证肉仔鸡有足够的采食和饮水时间。

光照强度：育雏初期，为便于雏鸡采食、饮水和熟悉环境，光照强度应强一些，以后逐渐降低，以防止鸡过分活动或发生啄癖。育雏头2周每平方米地面2～3 W，2周后0.75 W即可。例如头2周每20 m^2地面安装1只40～60 W的灯泡，以后换上15 W灯泡。如鸡场有电阻器可调节光的照度，则0～3 d用25 lx，4～14 d用10 lx，15 d以后5 lx。开放式鸡舍要考虑遮光，避免阳光直射和过强。

(4)通风　肉仔鸡饲养密度大，生长速度快，代谢旺盛，因此加强舍内通风，保持舍内空气新鲜非常重要。通风的目的是排除舍内的氨气、硫化氢、二氧化碳等有害气体，空气中的尘埃和病原微生物，以及多余的水分和热量，导入新鲜空气。通风是鸡舍内环境的最重要的指标，良好的通风对于保持鸡体健康、生长速度是非常重要的。通风不良，空气污浊易发生呼吸道病和腹水症；地面湿臭易引起腹泻。肉仔鸡舍的氨气含量以不超过20 μL/L(以人感觉不到明显臭气)为宜。

通风方法有自然通风和机械通风。自然通风靠窗户空气对流换气，多在温暖季节进行；机械通风效率高，可正压送风也可负压排风，便于进行纵向通风。要正确处理好通风和保温的关系，在保温的前提下加大通风。实际生产中，1～2周龄以保温为主，3周龄注意通风，4周龄后加大通风。

(5)密度　饲养密度对雏鸡的生长发育有着重大影响。密度过大，鸡的活动受到限制，空气污浊，湿度增加，导致鸡只生长缓慢，群体整齐度差，易感染疾病，死亡率升高。密度应根据禽舍的结构、通风条件、饲养方式及品种确定，具体密度可参考表3-4。生产中应注意密度大的危害，在鸡舍设备情况许可时尽量降低饲养密度，这有利于采食饮水和肉鸡发育，提高体重的一致性。

表3-4　肉用仔鸡的饲养密度　　只/m^2

周龄	育雏室(平面)	育肥鸡舍(平面)	技术措施	立体笼饲
0～2	40～25		强弱分群	60～50
3～5	20～18		公、母分群	42～34
6～8	15～10	12～10	大小分群	30～24
出售前		体重30 kg/m^2		

三、肉仔鸡饲养作业规范

1. 日常管理工作

(1)喂料　1～3 d，每隔 2 h 给料一次；4～21 d，每隔 3 h 给料一次；22 d 至出栏，每隔 4 h 给料一次。

要求：每次给料控制准量，使在规定的时间内刚好吃完，槽内脏物随时清理。

(2)喂水　每天洗涮饮水器 2 次，然后加满水。

要求：1～7 d，用 20℃左右的温开水；8 d 至出栏，用干净的井水或自来水；贮水缸、桶存水时间不超过 3 d。每 3 d 清洗一次贮水缸，每次饮水投药后要及时清洗干净，再加清水。

(3)更换脚踏消毒液　每天上午 7:30 更换脚踏消毒液。

(4)清粪　定期在下午 4:00 清除网下鸡粪，尽量清理干净。

(5)观察鸡群　每天仔细观察鸡群，至少上、下午各一次。

(6)记录　每天及时做好记录工作。

2. 饲养作业规范

肉仔鸡饲养作业规范见表 3-5。

四、现代肉鸡的特点

1. 早期生长速度快、饲料利用率高

肉仔鸡出壳时的体重一般为 40 g 左右，2 周龄时可达 350～390 g，6 周龄达 2 000 g，8 周龄可达 2 500 g 以上，为出生重的 60 多倍。并且随着肉用仔鸡育种水平的提高，现代肉鸡继续表现出遗传潜力的提高，即雄性肉仔鸡达到 2 500 g 体重的时间每年减少约 1 d。由于生长速度快，使得肉仔鸡的饲料利用率很高。在一般的饲养管理条件下，饲料转化率可达 1.8∶1。目前，最先进的水平达到 42 日龄出栏，母鸡达 2.35 kg，公鸡达 2.65 kg，饲料转化率达 1.6∶1。

2. 适于高密度大群饲养

由于现代肉鸡生活力强，性情安静，具有良好的群居性，适于高密度大群饲养。一般厚垫料平养，出栏时可达 13 只/m^2(体重 30 kg/m^2)。

3. 产品性能整齐一致

肉用仔鸡生产不仅要求生长速度快、饲料利用率高、成活率高，而且要求出栏体重、体格大小一致，这样才具有较高的商品率，否则会降低商品等级，也给屠宰带来不便。一般要求出栏时 80%以上的鸡在(平均体重±10%)以内。

表 3-5 肉仔鸡饲养作业规范表

日龄	项目	作业内容	基本要求	备注
进雏前 15 d	清理鸡舍	1. 饲养设备搬到舍外 2. 彻底清除鸡舍粪便 3. 清扫房顶、墙壁、窗	无鸡粪、羽毛、砖块残留	设备包括料桶、饮水器、塑料器、可拆除的棚架灯泡、温度计、湿度计、煤炉、工作服等
进雏前 14 d	清洗鸡舍	1. 清扫墙壁、房顶灰尘 2. 冲洗地面和墙壁 3. 饲养设备于舍外冲洗干净、晒干	地面无积水，舍内任何表面都要冲洗到，无脏污物附着	清扫应由上至下、由内向外，设备及地面干燥后方可消毒
进雏前 13 d	检修工作	1. 维修鸡舍设备 2. 检修电灯、电路和供热设施	设备至少能保证再养一批鸡，否则应予更换	损坏的灯泡要全部换好
进雏前 12 d	治理环境	1. 清除舍外排水沟杂物 2. 清理鸡舍四周杂草	1. 排水畅通 2. 不影响通风	
进雏前 11 d	室外消毒	1. 修整道路 2. 清扫院落	无鸡粪、羽毛、垃圾、凹坑	用生石灰或 3% 热火碱水室外消毒
进雏前 10 d	鸡舍消毒准备	1. 把设备搬进鸡舍 2. 关闭门窗和通风孔		准备好消毒设备及药物
进雏前 9 d	鸡舍消毒	1. 喷雾消毒 2. 消毒 10 h 后通风	药液浓度及用量详见说明，通风 3～4 h 后关门窗	每批鸡更换一种消毒药
进雏前 8 d	安装设备	1. 安装棚架、塑料网和护围 2. 挂好温度计和湿度计	1. 育雏用网与育成用网分别安装 2. 温度计距棚架网面 5 cm 高	人员及鞋底入舍前应认真消毒，棚架表面要求平滑，无钉头、毛刺

续表 3-5

日龄	项目	作业内容	基本要求	备注
进雏前 7 d	安装设备	1. 摆放开食盘 2. 摆放饮水器 3. 安装采暖设备(煤炉、烟筒等)	80～100 只雏鸡一个开食盘,70～80 只雏鸡一个饮水器	食盘、饮水器交叉放置,只放于第 1 周育雏部分棚架上,用塑料布隔开
进雏前 6 d	二次消毒(熏蒸)	1. 关闭门窗和通风孔 2. 检查温度和湿度 3. 用福尔马林、高锰酸钾熏蒸,密闭 24 h	鸡舍密封,舍温 24℃,湿度 75%,每立方米用高锰酸钾 21 g,福尔马林 42 mL	湿度不够,地面洒水,在中间走廊上每隔 10 m 放一个熏蒸盆,盆内先放好高锰酸钾,然后从距离门最远端的熏蒸盆开始依次倒入福尔马林,速度要快,出门后立即把门封严
进雏前 5 d	通风	熏蒸后 24 h 打开门窗、通气孔	全部打开,充分换气	人员进入时必须穿消毒过的鞋和衣服
进雏前 4 d	关闭门窗,组织工作	1. 落实进鸡、运料、购物事宜 2. 下午 4～5 时关上门窗	通风时间不少于 24 h	
进雏前 3 d	组织检查工作	1. 组织进鸡、运料事宜 2. 对上述所有工作进行检查	发现不足,立即补救	
进雏前 2 d	育雏室设置与预温	1. 每舍门口设消毒盆 2. 饲养量达 5 000 只,可用塑料布横向隔出 21 m 作育雏室(在棚架上) 3. 冬春季今晚开始生煤炉预温 4. 防火安全检查,检查煤炉、烟筒	棚架底到地面,上至舍顶,全部遮严,塑料布至少要两层。排除火灾隐患,防止漏烟、倒烟现象,10 d 内棚架上铺料袋或牛皮纸育雏	第 1 周育雏密度 40 只/m^2,人员进舍要消毒

续表 3-5

日龄	项目	作业内容	基本要求	备注
进雏前 1 d	预温及准备接雏工作	1. 夏、秋季上午生煤炉 2. 防火安全检查，检查煤炉、烟筒 3. 检查鸡舍育雏范围内温、湿度 4. 准备好记录表格及接雏育雏用的其他器具 5. 准备好雏料及疫苗	1. 排除火灾隐患，防止漏烟、倒烟 2. 达到开始育雏温度(35℃)、湿度(65%～70%)要求	落实好饲料、少量小米或玉米粉、葡萄糖或食糖、疫苗及滴管、多维电解质、抗生素
1 d（接雏）	免疫，开饮，开食，观察，光照，值班	1. 进雏后 2 h 饮水器装满温开水 2. 传支疫苗 H120 或 Ma5 用灭菌蒸馏水稀释，每雏右眼一滴 3. 将雏鸡均匀移放在育雏室内 4. 饮水 3 h 后给料(少量小米或玉米粉) 5. 观察温度情况 6. 24 h 光照，60 W 灯泡 7. 夜间开始有人值班	1. 20℃左右温开水中加入 5%葡萄糖或食糖，放好后人员撤离，让雏鸡安静 2. 等疫苗进入眼内才能放开 3. 每只雏鸡都要饮到水，否则人工训水 4. 每 2 h 给料一次，少量、勤添，不会吃的人工训食 5. 雏鸡分布均匀	1. 糖水量不要过多，仅够当天用量即可 2. 传支疫苗稀释后 2 h 内必须用完，残雏分栏放置 3. 训水、训食方法：轻轻敲击饮水器、食盘，个别者人工抓起头轻按在水、食盆中即拿出 4. 注意调整舍温，1～2 日龄 35℃，湿度 65%～70%，每天至少检查 8 次温度
2 d	记录工作、常规工作检查	1. 见常规管理 2. 观察雏鸡动态、采食情况、鸡粪色泽，检查温度、湿度 3. 注意通风，24 h 光照	1. 洗刷饮水器后，放入 20℃左右温开水 2. 开始喂雏料，少量勤添，每日 8～10 次 3. 雏鸡活泼好动，不扎堆，温、湿度达到管理要求	1. 育雏第 1 周一直用 20℃左右温开水 2. 雏料内可加入少量小米或玉米粉防止消化不良和拉稀

续表 3-5

日龄	项目	作业内容	基本要求	备注
3 d	常规管理	喂料，换消毒液，记录，清粪，观察鸡群，调整温、湿度，卫生管理，自本日起光照 23 h	喂料每日 8～10 次，随时拣出料盘中粪便等污物，注意清洗饮水器	温度 32℃，湿度 65%～70%，夜间熄灯 1 h
4 d	常规管理	1. 记录，检查温、湿度，换消毒液，清粪，观察鸡群，淘汰病弱雏 2. 注意煤炉、烟道及通风	每隔 3 h 给料 1 次，谨防煤气(CO)中毒	同昨日
5 d	常规管理	1. 记录，检查温、湿度，换消毒液，清粪，观察鸡群，淘汰病弱雏 2. 注意煤炉、烟道及通风	5～7 d 舍温调至 30～32℃	湿度 65%～70%保持到 10 d
6 d	常规管理，调整饲喂设备及光照	1. 饮水中开始添加速补-14，其他同上 2. 撤掉 1/3 开食盘，增加成鸡料桶底盘 3. 灯泡换成 40 W	速补-14 饮水，浓度 1/1 000，现用现配，当天用完。50 只鸡提供一个料桶底盘	从今天起光照控制在 2 W/m² 以下
7 d	常规管理，疫苗接种，扩大育雏面积，称重	1. 速补-14 饮水，其他工作同上 2. 新城设 IV 系苗，点眼或滴鼻，1 滴/鸡 3. 塑料膜横向扩大 2 m，封好 4. 晚上 7 时称重	免疫时每只鸡不要漏免，抓鸡要轻，等疫苗完全进入鼻孔才放开，剂量按说明。适当增加料桶、饮水器。抽样 2%称重，整个舍均匀取 5～8 个点，随机取样	雏鸡密度：35 只/m²，称重记录平均值
8 d	常规管理	1. 最后一次饮速补水，其他工作同上 2. 注意通风	本周舍温逐渐降至 27～29℃	从今天起改用清洁井水或自来水

续表 3-5

日龄	项目	作业内容	基本要求	备注
9 d	常规管理,调整设施	1. 常规管理工作同上 2. 撤走开食盘,使用料桶 3. 撤走雏鸡饮水器,更换成鸡饮水器	35 只鸡提供一个料桶,40 只鸡提供一个饮水器	悬挂料桶,饮水器放在塑料网上
10 d	带鸡消毒,加强观察	1. 带鸡喷雾消毒 2. 夜间闭灯后,细听鸡群有无呼吸异常声音	发现异常立即报告技术员	喷雾均匀,浓度依说明进行,注意喷头向上。从本周起每周带鸡消毒一次
11 d	常规管理	1. 带鸡喷雾消毒 2. 夜间闭灯后,细听鸡群有无呼吸异常声音	加强通风	以后换气量逐渐加大
12 d	常规管理,调整设施	1. 常规管理同上 2. 调整料桶高度	1. 加强通风 2. 料桶底盘边缘与鸡背同高	随鸡日龄增加,料桶高度要经常调整
13 d	常规管理	饮水中加速补-14,其他工作同上	浓度 1/1 000,饮水量准备到明天中午	
14 d	常规管理,免疫接种,扩大育雏面积,称重	1. 饮速补-14 至中午 11 时,其他工作同上 2. 停水,夏秋 2～3 h,冬春 3～4 h,再给鸡饮水,饮水中加倍量法氏囊疫苗、0.2%～0.3%脱脂奶粉 3. 疫苗水喝完后,洗净饮水器,继续加入速补-14 饮水 4. 塑料横隔后移 3 m 5. 称重方法同上次	停水后清除饮水器内余水,用清水把饮水器洗净,禁用消毒剂,使每只鸡都喝到疫苗,1 h 内喝完,塑料横隔须封严	疫苗饮水,每只鸡约 20 mL 饮水量;全脂奶粉需加水煮沸(8 倍水量),冷却后去脂皮,按 0.2%加入疫苗水中;雏鸡密度为 30 只/m^2

续表 3-5

日龄	项目	作业内容	基本要求	备注
15 d	常规管理	继续饮 1 d 速补-14 水，其他工作同上	本周内舍温逐步降至 24～26℃	
16 d	常规管理	常规管理同上	加强通风	注意粪便状况
17～18 d	带鸡消毒	消毒同 10 d	加强通风	准备换料
19 d	常规管理，换料	1. 管理同上 2. 雏饲料中混加 1/4 的育成料	饲料要混匀	自今天起至 22 d，逐步把雏料换成育成料，注意鸡的反应
20 d	常规管理，扩群准备工作，换料	1. 管理同上 2. 饲料中混加 2/4 的育成料 3. 准备料桶、水桶、采暖设施，预温 4. 饮水中加入速补-14	摆放料桶、饮水器，放好水、料；采暖设备无故障；舍温达到 25℃；饲料要混匀	明天鸡舍要全部被利用，注意调好料槽高度
21 d	常规管理，换料，扩群，称重，免疫接种	1. 管理同 7 d 2. 饲料中混加 3/4 的育成料 3. 拆除塑料横隔 4. 称重方法同上次	扩群时，人工撵鸡，尽量减少应激，使鸡均匀布满整舍（密度 10 只/m^2 可增至 12.6 只/m^2）	21～42 d 易发生传染性法氏囊炎，每天要仔细观察粪便，如发现乳白色稀粪应立即报告技术员
22 d	常规管理，调整设施	1. 管理同上 2. 调整料桶、饮水器的高度 3. 饮速补-14	今起全部使用育成料，每隔 4 h 给一次料，饮水器用砖头垫起	今起舍温逐步降至 21～23℃，湿度控制在 55%～60%
23 d	常规管理	管理同上	加强通风	
24～26 d	常规管理，带鸡消毒	1. 管理同上 2. 消毒同 17 d	加强通风	注意更换消毒药

续表 3-5

日龄	项目	作业内容	基本要求	备注
27 d	常规管理	1. 管理同上 2. 饮水中加 1/1 000 速补-14		
28 d	常规管理，免疫接种	1. 饮水中加速补-14，饮至中午 11 时，其他工作同上 2. 停水，夏秋 2～3 h，春冬 3～4 h，再给鸡饮水，饮水中加入 2 倍剂量法氏囊疫苗 3. 饮完疫苗后把饮水器洗净再放入含速补-14 的水 4. 称重方法同上次	11 时后清除饮水器内剩水，用清水把饮水器洗净，然后停水，使每只鸡都喝到疫苗，2 h 喝完	给鸡停水，疫苗饮水量每只鸡按 45 mL，事先应向水中添加 0.3%脱脂奶粉
29 d	常规管理	继续饮用速补-14 1 d，其他工作同上	加强通风	注意鸡只反应，今起舍温逐步降到 21℃，最低不可少于 16℃
30～35 d	常规管理，称重，带鸡消毒	1. 管理同上 2. 35 d 称重	加强通风，夏季温度过高，辅以风扇等降温设施	冬季在保温的同时要注意通风，谨防腹水症发生
36～46 d	常规管理，换料，带鸡消毒	1. 管理同上 2. 42 d 称重	1. 加强通风换气 2. 保持安静 3. 预防用药	冬、春注意保温，预防感冒；夏季注意防暑防温
47～48 d	常规管理，换料，带鸡消毒	1. 用 3 d 时间由育成料换成育肥料 2. 最后一次带鸡消毒方法同上次	每天更换 1/3，要混匀	48 d 后严禁使用任何药物
49～52 d	常规管理，称重，联系毛鸡出栏，总结	1. 管理同上 2. 清点饲料尚可饲喂天数 3. 与现场技术员和公司联系出鸡事宜 4. 总结本批养鸡经验，提出改进意见	剩余饲料要计算好，不可有多余量	加强带鸡消毒

4. 种鸡繁殖力强，总产肉量高

一只肉用种鸡繁殖的后代愈多，总的产肉量也愈高。繁殖率受产蛋数特别是合格的种蛋数、受精率和孵化率的影响。现代肉鸡一只种鸡一个饲养期至 64～66 周龄可繁殖 140 只肉仔雏。

5. 易发生营养代谢疾病

肉仔鸡由于早期肌肉生长速度快，而骨组织和心肺发育相对迟缓，因此易发生腿部疾患和腹水症、猝死等营养代谢病，对肉鸡业危害很大。

五、肉仔鸡养育时期的划分

(1)三段式　前期(0～21 d)，中期(22～37 d)，后期(38 d 至上市)。

(2)二段式　前期 (0～21 d)，后期(22 d 至上市)。

六、肉仔鸡的季节管理

由于肉仔鸡有一半左右的时间在人工供暖的环境下生长，因此季节的变化对肉仔鸡的影响不如蛋鸡。但夏季的高温和冬季的寒冷也会对肉仔鸡饲养造成很大危害，应加强管理。

1. 夏季管理

鸡羽毛稠密，无汗腺，体内热量散发困难，高温下，肉仔鸡采食量下降，饲料报酬降低，生长速度减慢，甚至中暑死亡，特别对中后期的肉仔鸡。据测定，大的肉仔鸡(6～8 周龄)在 16～18℃时生长最快，21℃时饲料报酬最高，当气温超过 32℃时就有中暑的可能，因此必须采取有效措施防暑降温。

(1)减少热辐射　房舍建造时隔热性能要好，房顶涂白，场内绿化遮阴，房顶喷水等。

(2)帮助鸡体散热　加强通风，有条件的采取纵向通风加湿帘；高温时，直接向鸡体喷水。

(3)改变饲喂方式，供给充足饮水　喂料时，应在早晚气温低时，以增加采食量。在预测的热应激来临之前 4～6 h 停止饲喂，一天中最热的时间应停止饲喂。饮水供应要充足，最好饮深井水。为防止热应激，饮水中加入 0.01%～0.04%的维生素 C 或 0.3%～0.4%的小苏打。

(4)改变饲养方式，降低饲养密度　一般网上饲养网上温度比地面高 3℃左右，因此夏季以地面平养为宜，可选用砂作垫料。

(5)搞好环境卫生，加强疾病防治　夏季要清除蚊蝇滋生地，保持垫料干燥，饲料存放不超过1周，以防止饲料霉变，控制舍内湿度。做好疫病预防接种工作，加强对球虫病、曲霉菌病等的防治。

2. 冬季管理

(1)做好保温工作　鸡舍要维修好，杜绝贼风。冬季育雏温度比其他季节可适当高1～2℃，夜晚比白天高1～2℃。

(2)注意通风换气　冬季育雏室内常因保温而导致通风不良、舍内缺氧以及有害气体浓度过高。因此必须处理好保温与通风的关系，给雏鸡创造一个温度适宜、空气清洁的生长环境。冬季通风应适当提高舍内温度，并避免冷风直接吹袭鸡群。有条件的鸡场可采用热风炉供温。

(3)加强垫料管理　冬季气候寒冷，鸡舍地面较凉，采用地面平养的应保持垫料干燥，增加垫料厚度。最好采用网上平养，可节省垫料，降低球虫病、大肠杆菌病等疾病的发生，减少应激，易于环境控制，并且使鸡供温均匀，有利于生长。

(4)疾病防治　冬季应注意鸡的呼吸道、消化道疾病的防治，饲料饮水中应添加适量的预防药物。

3. 春秋季节管理

春秋季节是养鸡黄金时间，但也是细菌繁殖旺盛的时节，应注意做好消毒工作。①鸡舍温度要比正常时提高1℃左右。②饲养人员、管理人员必须提高消毒防疫意识，进入鸡舍必须洗手消毒，必须穿戴工作靴、工作服、帽，并对其进行定期洗刷消毒。③每天清洗消毒饮水器一次，每2 d清洗消毒桶、料槽、料桶一次，每天清粪一次，并及时运走。④工作通道每天消毒一次，鸡舍每2 d带鸡消毒一次，舍外前后要1周消毒　次。鸡舍与周围要有3 m消毒隔离带，进入鸡舍的净道门设有消毒池、消毒盆。⑤在保证鸡舍温度的前提下，尽可能加大通风量，以减少或防止腹水症和其他疾病发生。

七、提高肉仔鸡增重的措施

1. 选择生产性能高的品种

品种是影响肉用仔鸡快速生长的重要因素。现代肉用鸡种都是杂交种，具有显著的杂种优势。在早期生长速度、肉质、饲料利用率、屠宰率和发育整齐度等方面，是标准品种和地力良种所不及的。因此，为了提高养鸡经济效益，应选择早期长速度快的肉用仔鸡饲养。同时，引进的鸡苗，必须是来源于健康无污染的种鸡群；生长整齐，雏鸡活泼、有精神，绒毛整洁、有光泽，腹部不宜过大，脐部闭合良好，无感染症状。

2. 供给肉仔鸡全价优质饲料

现代肉鸡生长快、饲料转化率高，必须在营养完善的全价配合饲料条件下，其性能才能得到充分发挥。采用全价配合饲料，也是实现养鸡机械化的前提，在节省饲料、设备和劳力等方面发挥作用。配合饲料不仅要求营养全面，而且适口性好，不霉变。

3. 加强整个饲养期的饲养管理

(1)加强早期饲喂　肉仔鸡生长速度快，相对生长强度大，前期生长稍有受阻则以后很难补偿。据试验，1 周龄体重每少 1 g，出栏体重少 10～15 g。因此一定要使出壳后的雏鸡早入舍、早饮水、早开食，一般要求在出壳后 24 h 饮水，饮水后 2～3 h 就应喂料。

(2)重视后期育肥　肉仔鸡生长后期脂肪的沉积能力增强，因此应在饲料中增加能量含量，最好在饲料中添加 2%～5%的脂肪，在管理上保持安静的生活环境、较暗的光线条件，尽量限制鸡群活动，注意降低饲养密度，保持地面清洁干燥。

(3)添喂沙砾　鸡没有牙齿，肌胃中沙砾起着代替牙齿磨碎饲料的作用，同时还可能促进肌胃发育、增强肌胃运动力，提高饲料消化率，减少消化道疾病。据报道，长期不喂沙砾的鸡饲料利用率下降 3%～10%。因此要适时饲喂沙砾。饲喂方法，1～14 d，每 100 只鸡喂给 100 g 细沙砾。以后每周 100 只鸡喂给 400 g 粗沙砾，或在鸡舍内均匀放置几个沙砾盆，供鸡自由采用，沙砾要求干净、无污染。

(4)适时出栏　肉用仔鸡的特点是早期长速度快、饲料利用率高，特别是 6 周龄前更为显著。因此要随时根据市场行情进行成本核算，在有利可盈的情况下，提倡提早出售，以免饲料消耗的价值超过了体重增加的回报。目前，我国饲养的肉仔鸡一般在 6 周龄左右，公、母混养体重达 2 kg 以上即可出栏。

4. 创造适宜的环境

创造适宜的环境条件是保证肉用仔鸡快速生长的关键性管理措施。在肉用仔鸡饲养过程中要提供一个温度、湿度适宜，通风良好，光照和饲养密度合适的安静舒适的鸡舍环境，保证肉用仔鸡快速生长。

5. 加强疫病防治

肉鸡生长周期短，饲养密度大，任何疾病一旦发生，都会造成严重损失。因此要制定严格的防疫卫生措施，搞好预防。

(1)实行“全进全出”的饲养制度　在同一场或同一舍内饲养同批同日龄的肉

仔鸡，同时出栏，便于统一饲料、光照、防疫等措施的实施。第一批鸡出栏后，留 2 周以上时间彻底打扫消毒鸡舍，以切断病源的循环感染，使疫病减少，死亡率降低。全进全出的饲养制度是现代肉鸡生产必须做到的，也是保证鸡群健康、根除病源的最有效措施。

(2)加强环境卫生，建立严格的卫生消毒制度　搞好肉仔鸡的环境卫生，是养好肉仔鸡的重要保证。鸡舍门口设消毒池，垫料要保持干燥，饲喂用具要经常洗刷消毒，注意饮水消毒和带鸡消毒。

(3)预防接种　预防接种是预防疾病特别是预防病毒性疾病的重要措施，要根据当地传染病的流行特点，结合本场实际制定合理的免疫程序。最可靠的方法是进行抗体检测，以确定各种疫苗的使用时间。

(4)药物预防　根据本场实际，定期进行预防性投药，以确保鸡群稳定健康。如 1～4 日龄饮水中加抗菌药物（环丙沙星、恩诺莎星），防治脐炎、鸡白痢、慢性呼吸道病等疾病，切断蛋传疾病。17～19 日龄再次用以上药物饮水 3 d，为防止产生抗药性，可添加磺胺增效剂 TMP。15 日龄后地面平养鸡，应注意球虫病的预防。

6. 公、母分群饲养

公、母雏生理基础不同，因而对生活环境、营养条件的要求和反应也不同。主要表现为：生长速度不同，4 周龄时公鸡比母鸡体重大近 13%，7 周龄时大 18 %；沉积脂肪的能力不同，母鸡比公鸡易沉积脂肪，反映出对饲料要求不同；羽毛生长速度不同，公鸡长羽慢，母鸡长羽快；表现出胸囊肿的严重程度不同，公鸡比母鸡胸部疾病发生率高。公、母分群后采取下列饲养管理措施：

(1)分期出售　母鸡在 40 d 以后，体脂和腹脂蓄积程度较公鸡严重，饲料利用效率相应下降，经济效益降低。因此，母鸡应尽可能提前上市。

(2)按公、母调整日粮营养水平　公鸡能更有效地利用高蛋白质饲料，中、后期日粮蛋白质可分别提高至 21%、19%，母鸡则不能利用高蛋白质日粮，而且将多余的蛋白质在体内转化为脂肪，很不经济，中、后期日粮蛋白质应分别降低至 19%、17.5%。

(3)按公、母提供适宜的环境条件　公鸡羽毛生长速度慢，前期需要稍高的温度，后期公鸡比母鸡怕热，温度宜稍低；公鸡体重大，胸囊肿比较严重，应给予更松软更厚些的垫草。

公、母分群饲养可节省饲料，提高饲料的利用率；同时使肉鸡体重均匀度提高，便于屠宰厂机械化操作。

八、提高产品合格率的技术措施

1.减少弱小个体

肉仔鸡的整齐度是肉仔鸡管理中一项重要指标，提高出栏整齐度，可以提高经济效益。挑雏与分群饲养是保证鸡群健康生长均匀的重要因素。第 1 次挑雏应在鸡雏到达育雏室进行。挑出弱雏小雏，放在温度较高处，单独隔离饲喂，残雏应予以淘汰，以净化鸡群；第 2 次挑雏在雏鸡 6～8 d 进行，也可在雏鸡首次免疫时进行，把个头小、长势差的雏鸡单独隔离饲养。雏鸡出壳后要早入舍、早饮水、早开食，对不会采食饮水的雏鸡要进行调教。温度要适宜，防止低温引起腹泻和生长阻滞长成矮小的僵鸡。饮水喂料器械要充足，饲养密度不过大，患病鸡要隔离饲养、治疗。饲养期间，对已失去饲养价值的病弱残雏要进行随时淘汰。

2.防止外伤

肉鸡出场时应妥善处理，即或生长良好的肉鸡，出场送宰后也未必都能加工成优等的屠体。据调查，肉鸡屠体等级下降有 50% 左右是因碰伤造成的，而 80% 的碰伤是发生在肉鸡运至屠宰场过程中，即出场前后发生的。因此，肉鸡出场时尽可能防止碰伤，这对保证肉鸡的商品合格率是非常重要的。应有计划地在出场前 4～6 h 使鸡吃光饲料，吊起或移出饲槽和一切用具，饮水器在抓鸡前撤除。为减少鸡的骚动，最好在夜晚抓鸡，舍内安装蓝色或红色灯泡，使光照减至最小限度，然后用围栏圈鸡捕捉，抓鸡要抓鸡的胫部，不能抓翅膀。抓鸡、入笼、装车、卸车、放鸡的动作要轻巧敏捷，不可粗暴丢掷。

3.控制胸囊肿

胸囊肿就是肉鸡胸部皮下发生的局部炎症，是肉仔鸡常见的疾病。它不传染也不影响生长，但影响屠体的商品价值和等级。应该针对产生原因采取有效措施：①尽力使垫草干燥、松软，及时更换黏结、潮湿的垫草，保持垫草应有的厚度。②减少肉仔鸡卧地的时间，肉仔鸡一天当中有 2/3 左右的时间处于卧伏状态，卧伏时胸部受压时间长，压力大，胸部羽毛又长得晚，故易造成胸囊肿。应采取少喂多餐的办法，促使鸡站起来吃食活动。③若采用铁网平养或笼养时，应加一层弹性塑料网。

4.预防腿部疾病

随着肉仔鸡生产性能的提高，腿部疾病的严重程度也在增加。引起腿病的原因是各种各样的，归纳起来有以下几类：遗传性腿病，如胫骨软骨发育异常、脊椎滑脱症等；感染性腿病，如化脓性关节炎、鸡脑脊髓炎、病毒性腱鞘炎等；营养性腿病，如脱腱症、软骨症、维生素 B_2 缺乏症等；管理性腿病，如风湿性和外伤性腿病。预防肉仔鸡腿病，应采取以下措施：①完善防疫保健措施，杜绝感染性腿病。②确保矿物质及维生素的合理供给，避免因缺乏钙、磷而引起的软脚病；缺乏锰、锌、胆碱、尼克酸、叶酸、生物素、维生素 B_6 等所引起的脱腱症；缺乏维生素 B_2 而引起的蜷趾病。③加强管理，确保肉仔鸡合理的生活环境，避免因垫草湿度过大，脱温过早，以及抓鸡不当而造成的腿病。

子项目 4　优质肉仔鸡生产

一、优质肉鸡概述

（一）优质肉鸡的概念

优质肉鸡是指其肉品在风味、鲜味和嫩度上优于快大型肉鸡，具有适合当地人们消费习惯所要求的特有优良性状的肉鸡品种或品系。优质肉鸡主要具有以下含义。

（1）优质肉鸡是对肉质特别鲜美嫩滑、风味独特的肉鸡类型的特指概念。一般是与肉用仔鸡相对而言的，它反映的是肉鸡品种或杂交配套品系往往具有某些优良地方品种的血缘与特性。优质肉鸡在鸡肉的嫩滑鲜美、营养品质、风味、系水力等方面应具有突出的优点。

（2）优质肉鸡在生长速度方面往往不及快大型肉鸡品种，但肌肉品质优良，外貌和胴体品质等指标更适合消费者需求。

（3）优质肉鸡包含了肉鸡共同的优质性，是肉鸡优良品质在某些方面具体而突出的体现。

（二）优质肉鸡的评定

1. 优质肉鸡的性状

（1）体型外貌　体型符合品种的要求，羽毛整齐干净光亮，毛色鲜明而有光泽，双眼明亮有神，精神良好，冠和肉髯鲜红润泽，双脚无残疾等。

（2）胴体外观　要求胴体干净，皮肤完整，无擦伤、扯裂、囊肿，无充血、水肿，无骨骼损伤；胴体肌肉丰满结实，屠宰率高，皮肤颜色表现该品种颜色，如黄色或淡黄色、黄白色。

(3)保存性　主要由鸡肉本身的化学和物理特性而决定，表现在加工、冷冻、贮藏、运输等过程中承受外界因素的影响、保持自身品质的能力。

(4)卫生　是指肉鸡胴体或鸡肉产品符合人们的食用卫生条件，如胴体羽毛拔除干净，无绒毛、血污或其他污物附着，肉质新鲜无变质、无囊肿，最重要的卫生条件是鸡肉产品来自于正常健康的肉鸡，无重大传染性疫病感染。

(5)安全性　是指鸡肉产品不含对人体健康构成危害的因素，或是含有某些极微量的对人体不利的物质，但达不到构成对人们健康危害的程度。主要包括3方面：一是没有传播感染人类健康的病原微生物，如禽流感病毒、金色葡萄球菌、大肠杆菌、沙门氏杆菌等；二是在加工贮藏、运输等过程中没有污染对人体有害的物质；三是在饲养过程中使用的药物、添加剂、色素或其他物质等应严格控制在国家规定的许可范围之内。这是当前我国优质肉鸡最突出和最迫切需要解决的问题。

(6)鲜嫩度　是指鸡肉的肌纤维结构、肌间脂肪含量、肌纤维的粗细和多汁性等多方面的含义。鲜嫩度同样受到品种、性别、年龄、出栏时期、肌肉组织结构、遗传因素、加工方法等许多因素的影响。

(7)营养品质　包括鸡肉所含的蛋白质、脂肪、水分、灰分、维生素及各种氨基酸的组成等，是优质肉鸡概念的主要内容。鸡肉是公认的最好营养食品之一，其蛋白质含量比许多畜禽肉要高，而脂肪含量则较少。

(8)风味　是指包括味觉、嗅觉和适口性等多方面的综合感觉。指的是鸡肉的质地、鲜嫩度、pH值、多汁性、气味和滋味。鸡肉风味受许多因素影响，主要有鸡的品种、年龄、生长期、性别和遗传等许多因素，饲料种类和饲养方式，加工过程中的放血、去毛、开膛、净膛、冷冻、包装、贮藏和烹调等也会影响鸡肉风味。

2.优质肉鸡的肉品评定

优质肉鸡的性状包括上述多个方面，且每个方面都有许多实质的内容，对优质肉鸡的肉品评定尽管已经确定了许多评定的项目，如肌肉纤维的长度，切面积，肌纤维的组成，脂肪含量，胸肉、腿肌比例，蛋白质、各种氨基酸、维生素和微量元素、系水力、pH值等，这些指标无疑为优质肉鸡评定工作提供了许多客观的科学依据。但是优质肉鸡的肉品评定涉及许多因素且极为复杂，尤其是优质鸡肉的风味评定，人们的生活习惯不同，口感复杂多变，涉及的不确定因素较多。就当前来讲，对优质肉鸡的评定主要有以下几个方面：

(1)鸡肉的营养成分的测定　诸如蛋白质和氨基酸构成，脂肪含量和脂肪酸以及与鸡肉香味有关的各种物质，鸡肉矿物质元素的含量，鸡肉的pH值，肌肉的含水量和系水力等。

(2)物理方法的测定 包括体形、骨骼的测定，肌肉纤维面积和肌纤维粗细的测定等。生长快的肉鸡，其肌纤维较粗，肌纤维截面积平均值较大，且单位面积中肌纤维的根数较少；优质肉鸡的肌肉则相反。

(3)胴体性状的评定 主要指标是对胴体的外观，全(半)净膛率，腿肌、胸肌与胴体的比重，腹脂、皮下脂肪和肌间脂肪的含量，胴体的保存性等方面的评定。

(4)安全性测定 主要测定鸡肉中有害物质、病毒、病菌及药残等。

(5)综合感觉的评定 主要运用人的视觉、嗅觉、味觉对鸡肉产品(一般指经烹调加工后的熟食的鸡肉产品)进行综合评定。这种方法尽管受人的主客观因素影响较大，但通过蒸馏提取法、动态顶空捕集法，氨基酸自动分析仪、嫩度计测定的结果显示，优质肉鸡的肉品在风味、嫩度都明显比快大型肉鸡好，从理论上阐述了优质肉鸡口感好的基本原因。

(三)影响肉质的因素

优质肉鸡产品是肉鸡生长过程和屠宰加工过程中许多因素综合作用的结果，一般认为主要受如下因素的影响。

(1)品种 品种对肉鸡生长、性成熟、体形、胴体肌肉含量、脂肪积聚能力、皮下脂肪厚度、脂肪在肌间的分布、肌肉纤维的粗细、弹性、系水力等都有重大的影响，如我国南方地方品种肉鸡性成熟早、皮下脂肪少、肌间脂肪分布均匀、肌纤维细小、肌肉鲜美滑嫩等都是由品种所决定的，所以品种是优质肉鸡的主要决定因素。

(2)生长速度 一般来说，生长速度快的肉鸡，其产量虽高，但鸡肉品质往往较差；肌肉纤维直径的增大以及肌肉中糖解纤维比例增高，蛋白水解力下降，还会引起肌肉苍白，系水力降低。而这些都是评价优质肉鸡的重要指标。

(3)饲料营养 饲料中的营养物质是构成鸡肉产品的物质基础，供给肉鸡理想的全价饲料，同时又能严格的控制饲料中有害物质的含量是保证肉质的最重要措施之一。

(4)年龄 年龄大小关系到鸡的体成熟、性成熟程度、肌肉组织的嫩度、骨骼的硬化、鸡肉的含水量和系水力、脂肪的积累与分布等重要优质肉品指标。

(5)性别 不同的消费群体，性别往往被认为是影响肉质的一个重要因素。如在中国南方，母鸡比公鸡的价格高很多，主要认为母鸡的肉质、风味和营养比公鸡好，而在北方某些地区则正好相反。

(6)性成熟 性成熟的影响和年龄影响存在许多共同点，主要是因为性成熟和出栏日龄对鸡肉的风味、滋味的浓淡具有明显影响。一般认为母鸡开产前的鸡肉风味最好。

(7)生长环境　放养在舍外的肉鸡，其肉质风味较舍内圈养或笼养肉鸡好是许多人的共识。在野外放养的肉鸡可自由采食植物及其果实与昆虫，且良好的生长环境，阳光照射、清新的空气、洁净的泉水等更可饲养出高品质的肉鸡。故环境对肉质的影响是多方面的，综合性的。

(8)运动　运动有利于改进鸡肉品质，改善机体组织成分的组成比例，也有利于增强抵抗疾病的能力，最终势必影响肉鸡产品的品质。

(9)加工　肉鸡在屠宰加工过程中的放血、浸泡、拔毛、开膛、冲洗等环节都对肉鸡胴体的外观、肉质有重大的影响。

(10)保存　对屠宰加工后鸡肉产品进行冷冻保存的时间、温度、速度都会对细胞组织起破坏作用而影响肉质。一般来说，0～3℃的冷藏对肉质风味影响较小，但保存时间较短；冷冻状态下，尽管延长了贮存时间，但破坏了鸡肉组织结构，从而影响了产品风味；而在温热的条件下，肉质却极易变质，甚至发生腐败。

(11)疾病　严格意义的优质肉鸡应是没有传染性疾病或感染过疾病的肉鸡。以临床诊断和肉眼观察为依据，判定鸡群是否感染疾病的方法，难以保证达到严格意义上的优质肉鸡要求。有待于通过卫生防疫与定期检测净化等工作，从源头做起，加以改善。

二、优质商品肉鸡的饲养管理

(一)生长发育特点和阶段划分

1. 优质商品肉鸡生长发育特点

优质商品肉鸡生产与快大型肉鸡比较，在生长发育方面表现有以下特点：

(1)生长速度相对缓慢　优质肉鸡的生长速度介于蛋鸡品种和快大型肉鸡品种之间，有快速型、中速型及慢速型之分。如快速型优质肉鸡 6 周龄平均上市体重可达 1.3～1.5 kg，而慢速型优质肉鸡 90～120 d 上市体重仅有 1.1～1.5 kg。

(2)优质肉鸡对饲料的营养要求水平较低　在粗蛋白质 19%、能量 11.50 MJ/kg 的营养水平下，即能正常生长。

(3)生长后期对脂肪的利用能力强　消费者要求优质肉鸡的肉质具有适度的脂肪含量，故生长后期应采用含脂肪的高能量饲料进行育肥。

(4)羽毛生长丰满　羽毛生长与体重增加相互影响，一般情况，优质肉鸡至出栏时，羽毛几经脱换，特别是饲养期较长，出栏较晚的优质肉鸡，羽毛显得特别丰满。

(5)性成熟早　如我国南方某些地方品种鸡在 30 d 时已出现啼鸣，母鸡在 100 d 就会开始产蛋；其他育成的优质肉鸡品种公鸡在 50～70 d 时冠髯已经红润，出现啼鸣现象。

2. 饲养阶段划分

根据优质肉鸡的生长发育规律及饲养管理特点，大致可划分为前期(育雏期，0～3 周龄)、中期(生长期，4 至出栏前 2 周)和后期(肥育期，出栏前 2 周至出栏)。而供温时间的长短应视气候及环境条件而定。

(二)优质肉鸡的饲养方式

优质肉鸡的饲养方式通常有地面平养、网上平养、笼养和放牧饲养 4 种方式。

1. 地面平养

地面平养对鸡舍的基础设备的要求较低，在舍内地面上铺 5～10 cm 厚的垫料，定期打扫更换即可；或在 5 cm 垫料的基础上，通过不断增加垫料解决垫料污染问题，一个饲养周期彻底更换一次垫料的厚垫料饲养方法。地面平养的优点是设备简单，成本低，胸囊肿及腿病发病率低。缺点是需要大量垫料，密度较小，房舍利用率偏低。

2. 网上平养

网上平养设备是在鸡舍内饲养区以木料或钢材做成离地面 40～60 cm 的支架，上面排以木或竹制棚条，间距 8～12 cm，其上再铺一层弹性塑料网。这种饲养方式，鸡粪落入网下地面，减少了消化道疾病二次感染，尤其对球虫病的控制有显著效果。弹性塑料网上平养，胸囊肿的发生率可明显减少。网上平养的缺点是设备成本较高。

3. 笼养

笼养优质肉鸡近年来愈来愈广泛地得到应用。鸡笼的规格很多，大体可分为重叠式和阶梯式两种。有些养鸡户采用自制鸡笼。笼养与平养相比，单位面积饲养量可增加 1 倍左右，可有效地提高了鸡舍利用率；限制了鸡在笼内活动空间，采食量及争食现象减少，发育整齐，增重良好，育雏、育成率高，可提高饲料效率 5%～10%，降低总成本 3%～7%；鸡体与粪便不接触，可有效地控制白痢和球虫病蔓延；不需要垫料，减少了垫料开支，降低了舍内粉尘浓度；转群和出栏时，抓鸡方便，鸡舍易于清扫。但笼养方式的缺点是一次性投资较大。

4. 放牧饲养

育雏脱温后，4～6 周龄的肉鸡在自然环境条件适宜时可采用放牧饲养，即让鸡群在自然环境中活动、觅食、人工补饲，夜间鸡群回鸡舍栖息的饲养方式。

该方式一般是将鸡舍建在远离村庄的山丘或果园之中，鸡群能够自由活动、觅食，得到阳光照射和沙浴等，可采食虫草和沙砾、泥土中的微量元素等，有利于优质肉鸡的生长发育，鸡群活泼健康，肉质特别好，外观紧凑，羽毛光亮，也不易发生啄癖。

(三)优质肉鸡饲喂技术

1.饲喂方案

生产中优质肉鸡的喂养方案通常有两种：一种是使用两种日粮方案，即将优质商品肉鸡分为两个阶段进行饲养，即0～35 d(0～5周龄)幼雏阶段，36 d至上市中雏、肥育阶段。这两个阶段分别采用幼雏日粮和中雏日粮，这种喂养方案又称为“两阶段饲养”。另一种是使用3种日粮方案，即将优质肉鸡的生长分为3个阶段，即0～35 d幼雏阶段，36 d至上市前2周中雏阶段，上市前2周至出栏的肥育阶段。这3个阶段分别采用幼雏日粮、中雏日粮、肥育日粮进行饲养，这种喂养方案也称为“三阶段饲养”。

两种喂养方案生产中根据管理及饲料等情况可采用任何一种，一般使用“三阶段饲养”较好，育肥日粮更有利于后期催肥，同时还可作为停药期日粮。

2.饲喂方式

饲喂方式可分为两种：一种是定时定量法，就是根据鸡日龄大小和生长发育的要求，把饲料按规定的时间分为若干次投放饲喂的方法，投喂的饲料量以在下次投料前半小时吃完为准，这种方式有利于提高饲料的利用率。另一种是自由采食法，就是把饲料置于料槽或料桶内任鸡随时采食，一般每天加料2～3次，终日保持饲料器内有饲料。这种方式可以避免饲喂时鸡群抢食、挤压和弱鸡争不到饲料的现象，使鸡群都能比较均匀地采食饲料，生长发育也比较均匀，减少因饥饿感引起的啄癖；但是，若饲料过细或粗细不均，容易造成饲料浪费、营养失衡。

(四)优质肉鸡的管理

1.日常管理要点

(1)光照　光照时间的长短及光照强度对优质肉鸡的生长发育和性成熟有很大影响，优质肉鸡的光照制度与肉用仔鸡有所不同，肉用仔鸡光照是为了延长采食时间，促进生长，而优质肉鸡还具有促进其性成熟，使其上市时冠大面红，性成熟提前的作用。光照太强影响休息和睡眠，并会引发啄羽、啄肛等恶癖；光线过弱不仅不利于饮水和采食，也不能促进其性成熟。合理的光照制度有助于提高优质肉鸡的生产性能。优质肉鸡光照方案见表3-6。

表 3-6　优质商品肉鸡光照参考方案

光照	日龄/d						
	1～2	3～7	8～13	14 至育肥前 14	育肥前 14～7	育肥前 7 至育肥	育肥期
光照时间/h	23～24	20	16	自然	16	20	23～24
光照强度/lx	60	40	30	光照	20	30	40

注：夜间光照建议采用间断性照明。保证在不影响肉鸡采食的前提下，节约能源使用，增强肉鸡对黑暗的适应能力。

(2)温度　育雏温度不宜过高，太高会影响优质肉鸡的生长，降低鸡的抵抗力，因此要控制好育雏温度，适时脱温。一般采用 1 日龄舍温 33～34℃，每天下降 0.3～0.5℃，随鸡龄的增加而逐步调低至自然温度，同时应随时观察鸡的睡眠状态，及时调整。特别注意要解决好冬春季节保温与通风的矛盾，防止因通风不畅诱发腹水症及呼吸道疾病。

(3)湿度　湿度对鸡的健康和生长影响也较大，湿度大易引发球虫病，太低雏鸡体内水分随呼吸而大量散发，影响雏鸡卵黄的吸收。一般以舍内相对湿度 55%～65%为好。

(4)通风　保持舍内空气新鲜和适当流通，是养好优质肉鸡的重要条件之一，所以通风要良好，防止因通风不畅诱发肉鸡腹水症等疾病。另外，要特别注意贼风对仔鸡的危害。

(5)密度　密度对鸡的生长发育有着重大影响，密度过大，鸡的活动受到限制，鸡只生长缓慢，群体整齐度差，易感染疾病以及发生啄肛、啄羽等恶癖。密度过小，则浪费空间，养殖成本增加。平养育雏期 30～40 只/m^2，舍内饲养生长期 12～16 只/m^2。

(6)公、母分群饲养　优质肉鸡的公鸡生长较快，体型偏大，争食能力强，而且好斗，对蛋白质、赖氨酸利用率高，饲养报酬高；母鸡则相反。因此，通过公、母分群饲养而采取不同的饲养管理措施，有利于提高增重、饲养效益及整齐度，从而实现较好的经济效益。

(7)加强免疫接种　某些优质肉鸡品种饲养周期与肉用仔鸡相比较长，除进行必要的肉鸡防疫外，应增加免疫内容，如马立克、鸡痘等；其他免疫内容应根据发病特点给予考虑。此外，还要搞好隔离、卫生消毒工作。根据本地区疾病流行的特点，采取适当的方法进行有效的免疫监测，做好疫病防治工作。

2. 炎热季节的管理要点

优质商品肉鸡对热应激特别敏感，体温升高，体内酸碱平衡失调，血液指标异常，采食量下降，生产效率低下，饲料利用率降低，严重的还会导致死亡。生产中除了在肉鸡饲养管理方面采取一些降温和抗热应激措施外，可从饲料营养方面采取以下技术措施：一是增加给料次数，改变喂料时间，减少因采食量下降而造成的损失；二是饮用低温水和添加补液盐类，调节鸡体内渗透压；三是短时间绝食，有利于减少鸡在热应激时的产热量，降低死亡率；四是在饮水中添加小苏打等，保持血液 CO_2 的含量，使血液 pH 值趋于正常；五是调整日粮营养，在热应激条件下，重点考虑日粮的能量水平以及能量饲料原料，采用适中的能量水平日粮，并保持必需氨基酸的平衡；六是在肉鸡日粮、饮水中添加多维素，资料证明维生素 C 对缓解一定气温的热应激有一定作用。

3. 啄癖的防止

优质肉鸡，活泼好动、喜欢追逐打斗，特别容易引起啄癖。啄癖的出现不仅会引起鸡的死亡，而且影响长大后商品鸡的外观，给生产者带来很大的经济损失，必须引起高度注意(啄癖的发生原因及防治办法参照蛋鸡生产)。

4. 减少优质肉鸡残次品的管理措施

养鸡场生产出良好品质的优质肉鸡后，若将其品质一直保持到消费者手中，需要在抓鸡、运输、加工过程中对胸部囊肿、挫伤、骨折、软腿等方面进行控制。减少优质肉鸡残次品要注意以下问题：①避免垫料潮湿，增加通风，减少氨气，提供足够的饲养面积。②抓鸡、运输、加工过程中操作要轻巧。③抓鸡前一天不要惊扰鸡群。防止鸡群受惊后与食槽、饮水器相撞而引起碰伤。装运车辆最好在天黑后才驶进鸡舍，防止白天车辆的响声惊动鸡群。④强调抓鸡技术，捉鸡时要求务必稳、准、轻。抓鸡前，应移除地面的全部设备。抓鸡工人不要一手同时抓握太多鸡，一手握住的愈多则鸡外伤发生的可能性愈大。⑤抓鸡时，鸡舍应使用暗淡灯光。⑥搞好疾病控制，如传染性关节炎、马立克氏病等。⑦合理调配饲料，加强饲喂管理。饲料中钙、磷缺乏或钙、磷比例不当，缺乏某些维生素、微量元素，饲料含氟超标，以及采食不均等均会造成产品质量下降。

子项目5 肉用种鸡生产

一、肉用种鸡的饲养方式

1. 平养

平养方式饲养优质肉用种鸡主要有条板-垫料鸡舍和全条板鸡舍两种类型，生产中以条板-垫料鸡舍的使用较多。

条板-垫料鸡舍中，条板应占地面面积的60%，垫料地面占40%。条板宽为2.5～5 cm，也可用足够粗的金属网来代替条板，网眼尺寸为2.5 cm×5 cm。一般在板条或金属网上再铺一层弹性塑料网，以减少腿病。

条板鸡舍内的安装方法，一般为一半条板靠左墙，另一半条板靠右墙，中央为管理走道；条板离地面约60 cm，产蛋箱安装在垫料和条板衔接处。这种两高一低的鸡舍，使用比较普遍，饲养肉种鸡效果也较好。

全条板鸡舍建筑安装要求与条板-垫料鸡舍条板区域相同，不需定期更换垫料，但投资较高。

2. 笼养

(1)方笼饲养　优质肉用种鸡采用自然交配方式时一般用该种笼具。方笼长2 m，宽1 m，高0.7 m，笼底向外倾斜，伸出笼外形成蛋槽。数个或数十个组装成一列，笼外固定有料槽和饮水管，多采用乳头饮水器饮水。

(2)叠层笼养　叠层式为多层鸡笼相互重叠而成，每层之间设有粪板。安装时每两笼背靠背安装，数个或数十个笼子组成一列，每两列之间留有走道。随设备条件不同，可多层笼子重叠在一起，一般以2～3层为宜，以便人工授精。

(3)全阶梯笼养　这是目前优质肉种鸡生产中采用人工授精方式时的主要饲养笼具之一。这种笼具各层之间全部错开，粪便直接掉入粪坑或地面，不需安装粪板。多采用2～3层结构，以降低饲养人员喂料、集蛋等工作强度和有利于保护笼具及人工授精等。

(4)半阶梯笼养　与全阶梯式的区别在于上下层鸡笼之间有一半重叠，其重叠部分设有一倾斜粪板，粪便通过粪板后落入地面。由于有一半重叠，故节约了地面而使单位面积上的养鸡数量比全阶梯式增加了1/3，同时也减少了鸡舍的建筑投资，生产效果二者基本相似。

(5)综合阶梯笼养　这种布局为3层中的下两层重叠，顶层与下两层之间完全错开呈阶梯式。此布局与半阶梯式在占地面积上是相等的，不同的是施工难度较半阶梯式低。同时，在低温环境下，重叠部分的局部区域空气质量相对较好。

二、肉用种鸡的饲养管理要点

(一)育雏期的饲养管理

1. 公雏处理

在育雏过程中,随时注意观察并选择公雏,以备留取种公鸡。按照适宜公、母比例,遵照选一留二的原则,选择体型符合品种标准、健康活泼、精神旺盛、无任何残疾的公雏作为待选种公鸡进行饲养,未被选留的公雏在育雏期及时转为商品肉鸡饲养,减少饲料浪费。

1 日龄时,种鸡场饲养的大冠品种公鸡应进行剪冠;大型自然交配的公鸡应实行断趾。

2. 分群与调群

雏鸡进入育雏舍的第 1 天,要按强弱、性别分笼或分群饲养,切不可怕麻烦将大小不等、强弱不均及性别不同的雏鸡混养在一起。在育雏过程中调群工作要坚持进行,一旦发现某笼或某群雏鸡强弱不均,要及时调整分群。调群工作一般每 1～2 周进行一次。

3. 合理光照

雏鸡进入育雏舍后第 1 天实行 24 h 光照,2～3 d 实行夜间黑暗 1 h 的光照制度,以后每天光照时间必须逐渐减少,减少到 8 h/d 时保持恒定,直到开产前 3～5 周不得增加。育成期若采取自然光照制度,则应依据育成期间最长自然光照时间,按照逐渐减少光照时间的原则,计算出育雏开始时的光照时间,制定人工补充光照计划,使鸡群在产蛋前始终处于光照逐渐缩短的环境。

4. 限制饲喂

(1)限制饲养的目的和作用　①延迟性成熟。通过限制饲喂,后备种鸡的生长速度减慢,体重减轻,性成熟推迟。一般可使开产日龄推迟 10～40 d。②控制生长发育速度。通过限制饲喂使种鸡体重符合品种标准要求,提高均匀度,防止母鸡脂肪沉积过多,并减少开产后小蛋数量。③降低产蛋期死亡率。在限制饲喂期间,鸡无法得到充足的营养,非健康和弱残鸡在群体中处于劣势,在限饲期将被淘汰,育成后,鸡得到限饲锻炼,在产蛋期间的死亡率则会降低。④节省饲料。限制饲喂可节约饲料,降低生产成本,一般可节省 7%～10%的饲料。⑤使同群内的种鸡的性成熟与体成熟基本一致,做到同期开产,同期完成产蛋周期。

(2)限制饲喂的方法　为了控制体重,首先必须进行称重以了解鸡群的体重状况。称重一般从 3 周龄开始,以后每两周称重 1 次。每次随机抽取全群总数的 5%或每栋鸡舍抽取 100～200 只,公、母分别称重。称重后与标准体重进行对比,如果体重未达标，则应逐渐增加料量，延长采食时间，通过 2～3 周饲养或延长育雏料（育雏料中能量、蛋白质含量较高）饲喂时间，直至体重达标为止。如体重达标或超标，则应考虑进行限制饲喂，限制饲喂一般有 3 种方法。

数量限制：饲料配方不变，减少饲喂料量，不限定采食时间。限制饲喂前依据鸡的自由采食量、超重程度计算出喂料量，喂料量一般是自由采食量的 90%。

质量限制：调整饲料配方，降低饲料营养成分含量，使饲料中一些重要营养指标（能量、蛋白质）低于正常水平。

时间限制：规定每天喂料时间，其余时间封闭或吊起料槽或料桶。此方法操作较难，若操作不当，群体均匀度较差。

以上 3 种方法生产中根据实际需要选用，也可合并或交叉使用。生产中常见的限制饲喂措施是采取数量限制，主要有以下两种。

每日限饲法：限制每天饲喂的饲料量，一天的饲料一次性投给，饲料量一般为自由采食的 90%左右。

隔日限饲法：两天的饲料合在一天喂给，这种方法一次投料较多，弱小的鸡也能吃到应得的份额，有利于提高均匀度，使整个鸡群发育较整齐。但一次投料较多，鸡群吃得过饱，容易导致消化不良，致使饲料利用率降低。

另外，还可采取 4/3、5/2、6/1 限饲法，即将一周的料量分别在 4 d、5 d、6 d 投喂，停料分别为 3 d、2 d、1 d。停料时应供给充足的饮水。

（3）限制饲养注意事项　①所有肉用种鸡如超重，不可马上减料，应维持原有水平并保持不再增加料量，直到达到标准体重为止。②转群、免疫、发病、天气突变等应激因素来临前后，应适当增加 5%～10%喂量。③体重不足时应增加料量，通常按 1～2 g/d·只增加，使鸡的体重在 2～3 周内达标。④限制饲喂前要进行调群、断喙。调群时，将鸡群分为大、中、小 3 类，针对不同类群采取不同的饲喂方式。断喙对防止啄癖也很有帮助，因限饲时鸡群饥饿感增加，会诱使啄癖的出现。⑤采用适宜的料形。限饲过程中，使用粒径较小的饲料，有利于延长采食时间，控制体重增长，防止啄癖发生。⑥足够的料槽长度。槽位不足可考虑使用隔日饲喂法，以防因采食不均致使鸡群生长不匀。

5. 雏鸡保健

雏鸡出生时体质较差，抵抗力低下，再加上转运、环境改变、称重、分群、免疫接种、换料等多次应激，容易发生疾病。为使雏鸡育成率高，做好雏鸡的保健至关重要。在做好生物安全、卫生消毒工作的前提下，提供如下日程以供参考。

1～4 d：保健目的主要在于预防鸡白痢、脐炎、大肠杆菌、支原体等疾病，同时阻断病原体在雏鸡群内传播。推荐用抗生素+多维素+5%葡萄糖。1 日龄马立克氏病疫苗皮下注射，4 日龄传染性支气管炎 H_{120} 饮水，或用肾型传支苗点眼、滴鼻。免疫前后 3 d 内，可在饮水中加入复合多维素、免疫增效剂等，提高机体免疫力，修复损伤的免疫器官，有助于肠道正常菌群的建立。

5～7 d：本时段保健目的主要是预防新城疫、传支。建议用 ND＋H_{120} 活苗点眼、滴鼻，每只鸡 1 羽份；新城疫复合油苗颈部皮下注射 0.3 mL/只。免疫前后可在饮水中加入复合多维素，更好地提高机体免疫力。

8～10 d：防止因接种疫苗所引起的应激性呼吸道病。建议用泰乐菌素等药物，连用 3～5 d。并注意白痢病的预防投药。

10～12 d：开始投喂预防球虫药物，同时预防坏死性肠炎。

12～14 d：预防法氏囊病。最好选用保护力高的多价苗，1 羽份/只滴口。如果采取饮水免疫，须在水中加入 3 g/kg 水的脱脂奶粉，以保护疫苗。接种疫苗前后各 2 d，饮水中加多维素。

15～18 d：预防因接种疫苗所引起的应激性呼吸道疾病。可用泰乐菌素，连用 3 d，或用强力霉素、环丙沙星等。

19～21 d：预防法氏囊病。在法氏囊高发区，进行法氏囊病的重复免疫。方法同 12～14 d。

22～24 d：预防因接种疫苗而引起的呼吸道病及传染性鼻炎，同时预防大肠杆菌病、支原体病等。推荐使用泰乐菌素＋多西环素，连用 3 d。

28～34 d：用新城疫Ⅳ系或 Clone30 苗 3～4 倍饮水。接种当天饮水中加入多维素防止接种应激。预防各种病毒性传染病如 AI、IB 以及大肠杆菌、支原体的发生。

因前期用药多，会对肝肾造成一定损害，因此后期应添加一些保肝健肾的药物来增强机体的抵抗力。育雏后期，特别是 5 周龄前后，病毒性疾病容易暴发并呈现混合感染态势，要加强对抗病毒药物的使用。一般预防用药 3～5 d 为一个疗程。

疫苗预防接种程序，一般需要依据当地疫病发生状况，制定合理的防疫接种程序，一旦制定了合理的防疫程序，应严格按照程序进行防疫接种，并注意疫苗接种方法及免疫效果。有条件的可通过抗体检测，规范免疫程序，选择疫苗种类，改进接种方法，提高免疫效果。同时，防疫接种还要考虑实际情况，不断调整防疫程序，不可一成不变。

另外，要注意育雏舍、设备工具与环境的卫生清理、消毒、饲料饮水卫生及带鸡消毒等措施，严格消毒卫生管理制度；但防疫前后 1～2 d 内不要进行消毒，也不可在饲料、饮水中添加抗病毒药物，防止免疫失败。

(二)育成期的饲养管理

1. 光照控制

光照制度对种鸡生产性能的影响十分明显。光照的强弱和时间的长短,直接影响到育成鸡性成熟的早晚。产蛋鸡对光照亦非常敏感,光照管理得好,能控制母鸡适时开产,延长产蛋高峰及其持续期,提高母鸡产蛋量与合格种蛋率。如果光照控制不好,母鸡开产日龄太早,蛋重小,长时间内蛋重不能达标,经济价值低。延迟开产会明显降低种蛋产量。

育成期光照原则是在整个育成期的任何阶段都不能延长光照时间。光照强度应为 5～10 lx。在开放式鸡舍饲养育成鸡,采用自然光照加人工补充光照。原则上,以一天内自然光照最长的时间为基础恒定光照时间,随着时间的变化自然光照时间就会缩短,不足的时间加人工补充光照。在自然光照时间较长的月份,掌握好控制原则是非常重要的。这一点对育成鸡的性成熟和以后的产蛋率有很大影响。开产前 3～5 周,应逐渐增加光照,直至产蛋高峰,保持 16～17 h/d 的光照即可,决不能缩短光照。

2. 体重与均匀度控制

体重与均匀度的控制主要通过限制饲喂方式实施。从育雏期 3 周左右实行,最迟从育雏结束后开始,结束时间依据肉鸡品种、体型大小而定,有的在育成期末结束,有的贯穿整个育成、产蛋期。

(1)逐渐降低饲养密度和适当分群　随着鸡只的不断增长,每只鸡占用的单位面积越来越大,将影响鸡的正常采食、休息和运动,对鸡的生长和发育都有影响。所以,随着鸡的长大,应适当调整饲养密度和分群,以保证育成鸡有适当的活动空间,增强鸡的体质。育成期适宜的饲养密度见表 3-7。

表 3-7　每只种鸡所需地面面积　　cm^2

周龄	饲养方式		周龄	饲养方式	
	垫草地面	网上平养		垫草地面	网上平养
7	680～730	590～680	14	1 160～1 340	1 160～1 220
8	820～900	710～900	15	1 200～1 420	1 240
9	910～940	830～940	16	1 240～1 500	1 300
10	960～1 010	950～960	17	1 350～1 580	1 390
11	1 020～1 100	1 020～1 070	18	1 540～1 660	1 540
12	1 060～1 200	1 050～1 200	19	1 690～1 740	1 690
13	1 080～1 270	1 080～1 210	20	1 860	1 800

(2)及时淘汰　除在限制饲喂开始淘汰那些生长发育不良及不符合留种的个体外，在育成期还应经常观察鸡群，对病、残鸡应及时剔除。在开产前1～2周，再进行一次挑选淘汰，对发育不良、畸形、不符合品种特征、第二性征(冠的大小和颜色等)表现较差、早熟产蛋小的鸡只予以淘汰。

(3)增加料槽数量或长度　目的是防止抢食致使食量不均而出现群体均匀度下降。

另外，还要按时称重、调群，选用适宜的限制饲喂方式，提高采食的均衡性。

3.育成鸡保健

养好优质肉种鸡，育雏是基础，育成是关键。种鸡育成期的主要任务是：控制鸡的生长发育，提高鸡群个体均匀度，调节性成熟时间和保证育成鸡的体质健康。

育成期种鸡生长发育速度快，食量增大，环境适应能力增强，抗病力提高，感染的疾病往往呈阴性表现，容易被忽视。但是阴性感染的疾病在种鸡开产后，由于产蛋任务繁重，抵抗力下降而表现出来，影响种蛋质量及日后孵化水平，乃至雏鸡质量。因此，该阶段尽管饲养看似容易，进行实际保健管理工作难度更大。

育成期种鸡非病毒性疾病主要以大肠杆菌病、禽霍乱、沙门氏杆菌、伤寒、副伤寒、盲肠肝炎和球虫病等为主，舍养条件还应注意霉形体、支原体等所引起的呼吸道疾病的预防。在整个育成阶段要经常使用具有针对性的药物进行投药预防。值得注意的是，在整个育成期内不可全期用药，否则会导致育成鸡的抗病能力下降，病原微生物产生抗药性。因此，在该阶段投药预防时应注意：一是不可盲目用药，要根据疫病流行特点及流行季节，及时投药预防；二是注意观察鸡群，依据鸡群采食、饮水、呼吸、粪便等状况的变化，及时治疗性投药；三是注意应激的及时控制与投药，有条件的最好定期检测鸡群，及时投药治疗或预防；四是预防投药时，采取第1天使用治疗量，日后为预防量的投药方式。

同时，应高度重视防疫接种，防止病毒性传染病的发生。除新城疫、传支外，要注意预防接种鸡痘、传染性喉气管炎等以及减蛋综合征等疾病的预防接种。

(三)产蛋期的饲养管理

一般在产蛋前2～3周转入蛋鸡舍，以利鸡群在开产前有足够的时间适应和熟悉新的环境。如开产后转群，一方面会引起输卵管内的鸡蛋破裂，形成腹膜炎，造成死亡或以后不再产蛋；另一方面转群应激会严重影响早期产蛋率的上升，母鸡因不熟悉产蛋箱而随地产蛋的现象增多，种蛋合格率下降。

1.种鸡的营养

(1)产蛋期饲料　产蛋期与育成期对饲料的要求不同。优质肉种鸡育成期一般指6～21周龄阶段，21周龄之后进入产蛋期。产蛋期、育成期饲料的差别主要表现在饲料原料、饲料配方和饲料中所含营养物质浓度上。育成料使用低蛋白质配方，一般蛋白质含量为15%～16%，产蛋料使用高蛋白质配方，根据产蛋率的高低，蛋白质含量为16%～18%。另一主要不同之处是钙、磷含量和比例不同，育成期饲料钙含量为1.5%～1.2%，总磷0.71%左右，钙、磷比例一般为2∶1；产蛋期饲料钙含量高达3.2%～3.8%，磷0.71%，钙、磷比例为(5～7)∶1。三是产蛋期饲料要特别注重维生素添加及氨基酸平衡的调控。

18～20周龄为母鸡性成熟的关键时期，这个阶段应使用预产料，经3～5 d过渡到产蛋料。预产料就是将产蛋料中的钙降低50%即可。产蛋饲料中应按标准增加蛋白质和钙的含量，增加蛋白质以满足性成熟期和初产前对蛋白质的需要，增加钙使母鸡体内贮存一定量的钙以供开产时对钙的需要。公、母分饲，公鸡使用育成料即可。

(2)根据产蛋率的高低及时调整饲料配方　在鸡的育雏、育成、产蛋的任何时期，适时调整饲料配方是不可忽视的。产蛋期饲养管理中根据产蛋率的高低进行饲料配方的调整显得尤为重要，解决这一问题不仅能达到降低饲料成本，还可以充分发挥优质肉种鸡的产蛋潜力。

优质肉种鸡的产蛋率变化模式同其他种鸡是一样的，从开产到达高峰后再逐渐下降。优质肉种鸡的产蛋率一般是22～24周龄达5%，然后迅速上升，在26～27周龄产蛋率达50%，30周龄左右产蛋率便可达85%左右的高峰，维持一段时间后便逐步下降，一般每周下降1%左右，到72周龄降至50%左右。

产蛋率不同，鸡所需饲料的营养物质浓度和数量便不一样。应根据产蛋率情况对饲料配方进行及时调整，尤其是蛋白质和钙的含量应有不同的指标要求。产蛋率在80%以上时，蛋白质含量为18%；产蛋率在65%～85%之间时，蛋白质含量为17%；产蛋率小于65%时，蛋白质含量为15.5%。这样既能得到高产蛋率，充分发挥生产潜能，又不浪费饲料。但须注意生产中常犯的错误是降低营养水平过快，应该是当产蛋高峰过后，产蛋量开始缓慢下降时，维持原来的营养水平1～2周，让鸡恢复体力，然后再适当降低蛋白质和能量水平。开产后饲料钙3.2%，有效钙达到0.42%左右即可。随着产蛋母鸡周龄的增长，对钙的吸收有所降低，而磷的吸收并不下降，所以产蛋中后期应将钙的水平提高到3.5%～3.8%，有效磷降到0.38%～0.35%。

2.种蛋收集

多提供优质合格的种蛋是种鸡场生产的目的。为此，除了给种鸡提供合理而丰富的营养物质，提高公鸡精液质量与母鸡健康体质外，饲养管理的改善也会明显增加合格种蛋数量，尤其是平养方式下合理的管理措施有利于减少不能用作种蛋的污染蛋、破损蛋比例。

(1)种蛋的收集　根据季节不同,要求每日收集种蛋次数为 4～5 次,夏季收集种蛋次数应适当增多。母鸡每天产蛋时间并非均匀分布,约 70%的鸡蛋集中在上午 9 时至下午 3 时这段时间内产出,这段时间收集蛋间隔时间应短,产蛋箱中存留的蛋越少,蛋的破损也就越少。种蛋收集后应在半小时内进行熏蒸消毒,然后在温度、湿度合理的环境下贮存。

(2)夜晚应关闭产蛋箱　晚上最后一次收集蛋时应将产蛋箱关闭,空出产蛋箱,不留种蛋在产蛋箱内过夜,也不能让鸡留在产蛋箱内过夜,以保持产蛋箱内的清洁、卫生。

(3)产蛋箱内垫料　垫料应清洁、干燥、松软,并及时添加和更换。

(4)防止地面蛋　产蛋箱应于开产前两周放入舍内,让鸡逐渐熟悉并训练在产蛋箱内产蛋的习惯。产蛋箱数量应充足,每 4 只母鸡应有一个产蛋箱。产蛋箱垂直放置于舍内,放置在光线较暗的位置。产蛋箱应遮光,箱内保持幽暗,使鸡能安静下来。

3. 种鸡保健

种鸡开产前一般已经进行了各种病毒性疾病的预防接种,产蛋后,为防止应激发生,导致产蛋量下降,原则上不再进行防疫接种。但是应做好以下方面工作:①有条件的饲养场,转群前进行一次全面的抗体检测,对那些抗体水平较低的群体进行加强免疫或进行淘汰。②为防止种鸡群抗体水平下降而发生某些病毒性疾病,应采用低毒疫苗通过饮水进行定期防疫。如可用新城疫Ⅳ或 Clone30 饮水预防鸡的新城疫。③密切关注鸡群采食、饮水、呼吸、粪便等状况的变化,及时诊断,群体防治。④控制并预防因管理、换料、疾病、防疫或自然等因素所引起的应激,适时添加抗应激药物。⑤合理选用药物,进行疾病药物预防。如磺胺类药物可使种鸡产软壳蛋和薄壳蛋;地克珠利、球痢灵、氯苯胍、可爱丹等有抑制产蛋的作用,应禁止使用。而抱窝母鸡可用甲基睾丸素和丙酸睾酮等雄激素催醒,但醒抱后应立即停药,以防抑制排卵。⑥合理调配饲料,特别是维生素、氨基酸等的足量添加与平衡调制,以提高产蛋种鸡的抗病力水平;炎热季节,应提高饲料浓度,饲料或饮水中添加小苏打、维生素 C 等,不仅可以增加抗热应激能力,而且能减少软壳蛋、薄壳蛋比例。

4. 配种

鸡的配种一般有自然交配和人工授精两种方法。自然交配往往应用于鸡场规模较小或平养种鸡场,方法是:首先将种母鸡按一定数量分成若干小群,在每个种母鸡群内,按照适宜的公、母比例(根据体型大小,公、母比例一般为 1∶(8～10))

将选出的优秀公鸡与母鸡群饲养在一起，实现自然状况下的交配；采用人工授精时，公、母鸡是分笼饲养的。人工授精时鸡的公、母比例多为1∶(20～30)。

复习思考题

1.现代肉鸡品种有何特点？

2.简述当地饲养快大型肉鸡和优质肉鸡的主要生产性能、外貌特征和优缺点。

3.肉仔鸡光照管理有何特点？

4.肉仔鸡公、母分养有何优点？

5.如何搞好夏季肉仔鸡的饲养管理？

6.怎样提高商品肉鸡的合格率？

项目四　水禽生产

◆知识目标

1. 理解鸭、鹅生产的特点和饲养方式。

2. 掌握鸭、鹅的饲养管理技术。

◆技能目标

熟练掌握鸭、鹅生产中的基本操作技能。

我国是最早驯化和饲养水禽的国家之一，从出土的鸭形铜饰和家鹅的玉石雕像可以证实，我国劳动人民在 4 000 多年前就已开始驯化和饲养水禽。目前我国已发展成为世界上最大的水禽生产国，同时水禽产品的消费量也居世界之首。近年来，我国水禽生产已逐渐由分散零星饲养向集约化、专业化方式转变，由小农经济向现代化商品经济方式转变，由落后的传统饲养方式向科学的现代化饲养方式转变。水禽产品也越来越受到广大消费者的青睐。

子项目 1　水禽品种的选择

一、水禽的品种类型

1. 鸭的品种类型

鸭的品种类型按经济用途可分为蛋用型、肉用型和兼用型 3 个类型。我国蛋用型鸭品种资源丰富，主要以麻鸭为主，除麻鸭外还有一些非麻色的品种如莆田黑鸭、连城白鸭等。肉用型品种有北京鸭、瘤头鸭等；兼用型品种以高邮鸭和建昌鸭分布较广，四川、云南和贵州省多饲养兼用型麻鸭品种，且以稻田放牧补饲饲养肉用仔鸭为主。

2. 鹅的品种类型

鹅的品种类型按体型大小可分为大、中、小型 3 种。中国鹅除伊犁鹅在新疆外，其余主要分布在东部农业发达地区，长江、珠海、淮河中下游和华东、华南沿海地区饲养较多，大型鹅品种以狮头鹅（广东）著称于世；中型鹅品种有皖西白鹅（安徽、河南）、溆浦鹅（湖南）、雁鹅（安徽）、合浦鹅（广西）、马岗鹅（广东）、浙东白鹅（浙江）、四川白鹅（四川、重庆）；小型鹅品种如太湖鹅（江苏、浙江）、豁眼鹅（山东、辽宁、黑龙江）、乌鬃鹅（广东）和籽鹅（东北三省），其中四川白鹅和豁眼鹅的繁殖性能较高，近年来全国各地都引进饲养。

二、鸭的优良品种简介

1. 肉用型品种简介

(1)北京鸭（图 4-1） 北京鸭是世界著名的优良肉用鸭标准品种。具有生长发育快、育肥性能好的特点，是闻名中外"北京烤鸭"的制作原料。原产于北京西郊玉泉山一带，现已遍布世界各地，在国际养鸭业中占有重要地位。北京鸭体型较大，性情温驯，合群性强，配套系成年公鸭体重 3.5～4.0 kg，母鸭 3.2～3.45 kg，母鸭年均产蛋 220 枚左右，蛋重 85～92 g，蛋壳白色。商品肉鸭 45 日龄体重可达 3.2 kg，饲料转化率 2.4∶1，胸肉率 13.5%左右。

图 4-1 北京鸭（左雄右雌）

(2)樱桃谷鸭 原产于英国，由英国林肯郡英樱桃谷公司引进北京鸭和埃里斯伯里鸭为亲本经杂交育成。我国于 20 世纪 80 年代开始引入，建立了祖代场，是世界著名的肉用型鸭。具有生长快、瘦肉率高、净肉率高和饲料转化率高，以及抗病力强等优点。樱桃谷鸭体型较大，成年体重公鸭 4.0～4.5 kg，母鸭 3.5～4.0 kg。父母代群母鸭性成熟期 26 周龄，年平均产蛋 210～220 枚。SM 系商品肉鸭 49 日龄活重 3.3 kg，饲料转化率(2.5～2.8)∶1。

(3)瘤头鸭 俗称番鸭，原产于南美洲及中美洲热带地区。番鸭与家鸭杂交，其后代无繁殖能力，俗称骡鸭。瘤头鸭具有生长快，体型大，胸、腿肌丰满，肉质优良等特点，是我国南方主要肉禽品种之一。成年体重公鸭 4.0～5.0 kg，母鸭 2.5～3.0 kg。母鸭开产日龄为 180～210 d，年均产蛋 80～120 枚，蛋重 70～80 g。商品鸭 3 月龄体重公鸭 2.7 kg，母鸭 1.8 kg，饲料转化率 3∶1，瘦肉率达 75% 左右。

2.蛋用型品种简介

(1)绍兴鸭(图 4-2)　绍兴鸭又称绍兴麻鸭，是我国著名的优良蛋用型麻鸭品种。绍兴鸭具有体型小、成熟早、产蛋多、耗料省、抗病力强、适应性广等优点。主要分布于浙江省的绍兴、上虞、萧山、诸暨等地，全国已有 20 多个省、市、自治区引种饲养。绍兴鸭经长期提纯复壮、纯系选育，已形成了带圈白翼梢型和红毛绿翼梢型两个品系。成年体重，“带圈”型公鸭 1.45 kg，母鸭 1.5 kg；“红毛”型公鸭 1.5 kg，母鸭 1.6 kg。母鸭性成熟年龄为 132～135 d。在正常饲养管理条件下，平均年产蛋量 260～300 枚，最高可达 320 枚，蛋重 63～65 g，蛋壳颜色，“带圈”型以白色为主，“红毛”型以青色为主。

图 4-2　绍兴鸭(左雄右雌)

(2)金定鸭(图 4-3)　金定鸭是我国优良蛋用型鸭种。具有产蛋量多、蛋型大、蛋壳青色、觅食能力强、饲料转化率高和耐热抗寒等特点。原产福建省龙湾县金定乡及厦门市郊等九龙江下游一带。金定鸭经多年选育，其体型、羽色和蛋壳颜色已基本一致，遗传性能稳定。成年体重公鸭 1.5～2.0 kg，母鸭 1.5～1.7 kg。母鸭 110～120 d 开产，500 d 累计产蛋量 260～280 枚，蛋重 70～72 g，蛋壳以青色为主。

(3)卡基康贝尔鸭　原产于英国，是世界著名的优良蛋用型鸭种。具有适应性广、产蛋量高、饲料利用率高、抗病力强、肉质好等优良特性。卡基康贝尔鸭体型较大，近于兼用型鸭的体型，但产蛋性能好，性情温驯，适于圈养。成年体重公鸭 2.3～2.5 kg，母鸭 2.0～2.3 kg。母鸭 120～135 d 开产，年平均产蛋量为 250～

图 4-3　金定鸭(左雄右雌)

270 枚,蛋重 70～75 g,蛋壳白色。

3. 兼用型品种简介

(1)高邮鸭(图 4-4)　为我国较大型的麻鸭品种,属蛋肉兼用型品种。原产于江苏省高邮、宝应、兴化一带,分布于江苏北部京杭运河沿岸的里下河地区。高邮鸭肉质好,觅食能力强,耐粗杂食,善潜水,生长快且易肥,产蛋大,且有较多的双黄蛋。适于放牧饲养。高邮鸭体躯呈长方形,胸深背阔肩宽,发育匀称,具典型的兼用型种鸭体型。成年公鸭体重 2.8 kg 左右,母鸭体重 2.5 kg 左右。一般在放牧条件下,70 d 体重可达 1.5 kg,在较好的饲养条件下可达 1.8～2 kg,以 40～70 日龄期间生长最快。高邮鸭繁殖率较强,公鸭 70 d 后即有性行为,母鸭开产日龄 120～160 d,500 日龄产蛋 206 枚左右,蛋重 85 g 左右,蛋壳白色者居多,约占 82.9%。

图 4-4　高邮鸭(左雄右雌)

(2)建昌鸭(图 4-5)　建昌鸭是肉用性能优良、以生产肥肝著称的肉蛋兼用型麻鸭,素有"大肝鸭"的美称。产于四川省的西昌、德昌、冕宁、米易和会理等县。西昌古称建昌，因而得名。建昌鸭体型中等大小，体躯宽阔，头大、颈粗。成年公鸭体重 2.2～2.5 kg，母鸭 2～2.3 kg。年均产蛋量 150 枚左右，平均蛋重 72.9 g，蛋壳以青色居多，占 60%～70%。公鸭性成熟日龄 120 d 左右，母鸭开产日龄 150～180 d。建昌鸭生长较快，初生体重 37.4 g，肉用仔鸭 8 周龄活重 1.3～1.6 kg。7 月龄建昌鸭填肥 14 d 平均肝重 229.24 g，最大者达 455 g。

图 4-5　建昌鸭(左雄右雌)

三、鹅的优良品种简介

1. 小型鹅品种简介

(1)豁眼鹅(图 4-6)　原产于山东莱阳地区，广泛分布于辽宁昌图、吉林通化地区以及黑龙江延寿县等地。因其上眼睑中间有个小豁口，为该品种独有的特征，故称豁眼鹅。本品种在山东称五龙鹅，吉林称疤拉眼鹅，辽宁称豁鹅。1982 年，经《中国家畜家禽品种志》编委组织调查核实，实系同种异名，故按其外貌特征统一定名为豁眼鹅。豁眼鹅是我国最高产的小型白色鹅种。体型小而紧凑，额前肉瘤不

图 4-6　昌图豁鹅(左雄右雌)

大，眼呈三角形，上眼睑有一疤状缺口，体躯卵圆形，背平宽，腹部略下垂。喙、肉瘤、趾、蹼橘红色，眼睑淡黄色，虹彩蓝灰色。羽毛白色、雏鹅绒毛黄色。成年公鹅体重 3.7～4.5 kg，母鹅 3.1～3.8 kg。开产期 7～8 月龄，年产蛋量 100 枚左右，蛋重 120～130 g，蛋壳白色。没有就巢性。

(2)太湖鹅(图 4-7)　原产于江苏省南部的苏州、无锡和浙江省北部的湖州、嘉兴等地区。因这一带均是太湖沿岸，故称太湖鹅。太湖鹅是小型的白色鹅种，没有就巢性，产蛋率高，是该品种的主要特点。体型小而紧凑，颈细长，肉瘤圆而突起，无咽袋。喙、趾、蹼橘红色，喙端色较淡，爪白色。眼睑淡黄色，虹彩灰蓝色。肉瘤淡黄褐色。全身羽毛白色，少数个体在眼梢、头顶、腰背部有少量灰褐色斑点。雏鹅的绒毛乳黄色，喙、趾、蹼橘红色。成年公鹅体重 3.8～4.4 kg，母鹅 3～3.5 kg。开产期 160～190 d，年产蛋量 60～70 枚，平均蛋重 135 g，蛋壳白色。

图 4-7　太湖鹅(左雄右雌)

(3)籽鹅　产于黑龙江省的松嫩平原，以肇东市和肇源、肇州等县饲养最多。是我国白色羽毛鹅中的小型高产品种，因高产多子而名籽鹅。体型较小，体躯呈卵圆形，颈细长，肉瘤较小，多数鹅头顶上有缨状羽毛。颌下垂皮(咽袋)小，腹部下垂。全身羽毛白色。喙、趾、蹼橘黄色。虹彩灰蓝色。成年公鹅体重 4～4.5 kg，母鹅 3～3.5 kg，开产期 6～7 月龄，年产蛋量 100 枚左右，平均蛋重 130 g 左右。蛋壳白色。没有就巢性。

2. 中型鹅品种简介

(1)雁鹅(图 4-8)　原产于安徽省的霍丘、寿县、六安、舒城、肥西及河南省的固始等县，分布于安徽各地，以江苏省西南部与安徽省接壤的镇宁丘陵地区发展较快。目前，安徽的郎溪、广德一带是雁鹅的饲养中心。雁鹅是中国鹅灰色品种中的代表类型。头顶肉瘤黑色，呈桃形或半球形向前方突出。肉瘤边缘及喙的后部有半圈白羽,喙扁阔,黑色,眼球黑色,虹彩灰蓝色。颈细长,胸深广,背宽平,腹下有皱褶,腿粗短,跖、蹼橘黄色(少数有黑斑),爪黑色。雏鹅全身绒毛墨绿色或棕褐色;喙、跖、蹼均灰黑色。成年鹅羽毛灰褐色或深褐色,颈的背侧有1条明显的灰褐色羽带;体躯的羽色由上向下从深到浅,至腹部成为灰白色或白色;除腹部的白色羽毛外,背、翼、肩及腿羽都是镶边羽(即灰褐色羽镶白色边),排列整齐。成年公鹅体重6 kg左右,母鹅4.5～5 kg。开产期7～9月龄,年产蛋量25～35枚,平均蛋重150 g,蛋壳白色。就巢性较强,一般年就巢2～3次。

图4-8 雁鹅(左雄右雌)

(2)浙东白鹅(图4-9) 主要产区在浙江东部的奉化、象山、定海一带,故称浙

图4-9 浙东白鹅(左雄右雌)

东白鹅。浙东白鹅是我国中型鹅中肉质较好的地方品种之一。体躯长方形,颈细长,无咽袋。额上肉瘤高突,呈半球形覆盖于头顶,随年龄增长而突起明显(公鹅比

母鹅更突出)。喙、跖、蹼幼年时橘黄色,成年后橘红色,爪白色,眼睑金黄色,虹彩灰蓝色。全身羽毛白色,仅有少数个体在头颈部或背腰处杂少数黑色斑块。成年公鹅体重约 5 kg,母鹅 4 kg 左右。开产期 6 月龄左右,年产蛋量 35～45 枚,平均蛋重 140～150 g ,蛋壳乳白色。绝大多数个体都有较强的就巢性,每年就巢 3～5 次。一般连续产蛋 9～11 枚就巢 1 次。

(3)四川白鹅(图 4-10) 产于四川省温江、乐山、宜宾、永川和达县等地。广泛分布于平坝和丘陵水稻地区。四川白鹅是我国中型的白色鹅种中唯一无就巢性而产蛋量较高的品种。公鹅体型较大,颈粗,肉瘤突出。母鹅头清,颈细长,肉瘤不明显。公、母鹅的全身羽毛白色;喙、跖、蹼橘红色,虹彩灰蓝色。成年公鹅体重4.5～5 kg,母鹅 4.3～4.9 kg。开产期 6～8 月龄,年产蛋 60～80 枚,平均蛋重 146 g,蛋壳白色。没有就巢性。

图 4-10 四川白鹅(左雄右雌)

3. 大型鹅品种简介

狮头鹅(图 4-11) 原产于广东省饶平县溪楼村。现在的主要产区在广东省澄海县及汕头市郊区,即潮汕平原一带。狮头鹅是我国最大型的鹅种。因成年鹅的头部形状颇像狮头而得名。体躯似方形。头大颈粗,肉瘤发达,并向前方突出,覆盖于喙的上方,两颊有左右对称的黑色肉瘤 1～2 对,尤其是公鹅和 2 岁以上的母鹅,肉瘤突出更为明显。喙短小呈黑色;跖、蹼橘红色,带有黑斑。脸部皮肤松软,眼皮突出,看上去好像眼球下陷。颌下咽袋发达,一直延伸至颈部。全身羽毛以灰色为基调,前胸和背部的羽毛以及翼羽均为棕褐色。由头顶至颈部直达背部形成 1 条鬃状的深褐色羽毛带。腹部毛色较浅,呈白色或灰白色。成年公鹅体重 8.5～9.5 kg,母鹅 7.5～8.5 kg;60 日龄公鹅 4.6～5.5 kg,母鹅 4.2～5.2 kg。经 3～4 周填饲,平均肥肝重可达 600～750 g。6～7 月龄开产,第 1 年年产蛋量20～24 枚,2 年以上 24～30 枚。平均蛋重第 1 年 170～180 g,第 2 年 210～220 kg。蛋壳乳白色。母鹅都有较强的就巢性，一般产蛋 6～10 枚就巢 1 次，全年就巢 3～4 次。

图 4-11　狮头鹅(左雄右雌)

子项目 2　肉鸭生产

一、大型肉鸭的饲养管理

(一)商品肉鸭生产的特点

1. 生长快，周期短，经济效益高

目前，用于集约化生产的肉鸭大多是配套系生产的杂交商品代鸭。其早期生长速度是所有家禽中最快的一种，8 周龄活重可达 3.2～3.5 kg，其体重的增长量为出壳重的 60～70 倍。

由于大型肉鸭的早期生长速度极快，生产周期短，可在较短的时间内上市，不但提高了鸭舍和设备的利用率，同时资金周转快，经济效益好，这对集约化的经营者十分有利。

2. 体重大，出肉率高，肉质好

大型肉鸭的上市体重一般在 3.0 kg 以上，胸肌特别丰厚，出肉率高。据测定，8 周龄上市的大型肉用鸭的胸腿肉可达 600 g 以上，占全净膛屠体重的 25%以上，胸肌可达 350 g 以上。这种肉鸭肌间脂肪含量多，所以特别细嫩可口。

3. 性成熟早，繁殖率强，商品率高

肉鸭是繁殖率较高的水禽，大型肉鸭配套系母本开产日龄为 26 周龄左右，开产后 40 周内可获得合格种蛋 180 枚左右，可生产肉用仔鸭 120～140 只。以每只肉鸭上市活重 3.0 kg 计算，每只亲本母鸭年产仔鸭活重为 360～420 kg，约为其亲本成年体重的100倍。

4.采用全进全出的生产流程

大型肉用鸭的生产采用全进全出的生产流程,可根据市场的需要,在最适屠宰日龄批量出售,以获得最佳经济效益。同时,建立配套屠宰、冷藏、加工和销售体系,以保证全进全出制的顺利实施。

(二)商品肉鸭的饲养管理技术

1.育雏期的饲养管理

0～3周龄是大型肉鸭的育雏期,习惯上把这段时期的肉鸭称为雏鸭。雏鸭的饲养是肉鸭生产的重要环节。刚出壳的雏鸭比较娇嫩,各种生理机能都不完善,还不能完全适应外部环境条件,而大型肉鸭的雏鸭生长又特别迅速,因此,必须从营养和饲养管理上采取措施,给予雏鸭周到细致的照顾,促使其平稳、顺利地过渡到以后的生长阶段,同时也为以后的生长奠定基础。

(1)进雏前的准备　育雏前首先要根据进雏数量准备好育雏人员、育雏舍和各种育雏设备,饲料、药品以及地面平养所需的垫料也要准备充足。接雏前1～2 d还要将育雏舍内的温度调整好,待温度上升到合适的范围并稳定后方可进雏。

(2)掌握好育雏温度　大型肉鸭是长期以来用舍饲方式饲养的鸭种,不像麻鸭那样比较容易适应环境温度的变化。因此,在育雏期间,特别是在出壳后第1周内要保持较高的环境温度。1日龄时的舍内温度通常保持在29～31℃,随日龄增长而逐渐降低,至20日龄左右时,应把育雏温度降到与舍温相一致的水平。室温一般控制在18～21℃最好。

(3)控制好环境湿度　育雏前期,室内温度较高,水分蒸发快,育雏室内的相对湿度要高一些。如舍内空气湿度过低,雏鸭易出现脚趾干瘪、精神不振等轻度脱水症状,影响健康和生长。所以,1周龄以内,育雏室内的相对湿度应保持在60%～70%,2周龄起维持在50%～60%即可。环境低湿时,可通过放置湿垫或洒水等提高湿度;环境高湿时,可通过加强通风,勤换垫料、保持垫料的干燥等加以控制。

(4)提供新鲜的空气　雏鸭的饲养密度大,排泄物多,育雏舍内容易潮湿,积聚NH_3和H_2S等有害气体,影响雏鸭的生长发育。因此,育雏舍在保温的同时要注意通风,保持舍内空气清新。在舍外气温较低时,可将育雏舍内温度先提高1～2℃,再打开窗户通风,以保证舍温的稳定。

(5)正确的光照和合理的密度　光照可以促进雏鸭的采食和运动,有利于雏鸭的健康生长。出壳后的头3 d内采用23～24 h光照,以便于雏鸭熟悉环境、寻食和饮水。关灯1 h保持黑暗,目的在于使雏鸭能够适应突然停电的环境变化。光照的强度不要过高,通常在10 lx左右。4日龄以后可不必昼夜开灯,白天利用自然光照，早晚开灯喂料，光照强度只要保证雏鸭能看见采食即可。

育雏时，还要掌握好密度。密度过大，雏鸭活动不便，采食、饮水困难，空气污浊，不利于雏鸭生长；密度过小，则房舍利用率低，多消耗能源，不经济。因此，要根据品种、饲养管理方式、季节等的不同，确定合理的饲养密度。不同饲养方式雏鸭的饲养密度见表 4-1。

表 4-1 雏鸭的饲养密度 只/m^2

周龄	地面平养	网上饲养	笼养
1	20～30	30～50	60～65
2	10～15	15～25	30～40
3	7～10	10～15	20～25

（6）精心饲养 清洁而充足的饮水对肉鸭正常生长至关重要，雏鸭出壳 12～24 h 发现雏鸭东奔西走并有啄食行为时，要立即给雏鸭饮水、开食。“开水”的水中可加入 0.1%的高锰酸钾或 5%的葡萄糖；开食的饲料可直接使用小粒径或破碎的全价颗粒饲料，“开水”后，要保持清洁饮水不间断。“开食”后，最初几天，因为雏鸭的消化器官还没有经过饲料的刺激和锻炼，消化机能不健全，因而要少喂勤添，随吃随给。以后逐步过渡到定时定餐。

2. 肥育期的饲养管理

4 周龄至上市前的阶段为商品肉鸭的肥育期。在此时期雏鸭的骨骼和肌肉生长旺盛，消化机能已经健全，采食量大大增加，体重增加很快，在饲养管理上要抓住这一特点，使肉鸭迅速达到上市体重后出栏。

（1）平稳脱温 育雏期向肥育期过渡时，要逐渐打开门窗，使雏鸭逐步适应外界气温，遇到外界气温较低或气温变化不定时，可适当推迟脱温日龄。脱温期间饲养员要加强对鸭群的观察，防止挤堆，保证脱温安全。

（2）及时更换饲料 从第 4 周起换用肉鸭肥育期的日粮，即适当降低蛋白质水平，使饲料成本相对降低。颗粒料的直径提高到 3～4 mm。

（3）及时分群 脱温后，应按体格强弱、体重大小分群饲养，对体质较差。体重偏轻的鸭，要补充营养，使他们在此期内迅速生长发育，保证出栏时的体重要求，肥育期如采用地面平养，其饲养密度分别为：4 周龄 7～8 只/m^2，5 周龄 6～7 只/m^2，6 周龄 5～6 只/m^2，7～8 周龄 4～5 只/m^2。

（4）及时上市 根据肉鸭的生长状况及市场价格选择合适的上市日龄，对提高肉鸭饲养的经济效益有较大的意义。大型肉鸭的生长发育较快，4 周龄时体重即可达到 1.75 kg 左右。4～5 周龄时，饲料报酬较高，个体又不太大，肉脂率也较低，适合市场的需要，但胸肉较少，鸭体含水率较高，瘦肉率较低。7 周龄时肌肉丰满，且羽毛也基本长成，饲料转化率也高，若再继续饲养，则肉鸭偏重，绝对增重开始下降，饲料转化效率也降低。所以，一般选择 7 周龄上市。当然，如果是生产分割肉，则建议养至 8 周龄。

(5)正确运输　商品肉鸭行动迟缓，皮肉很嫩，容易损伤。在运输前 2～3 h 应停止喂料，让鸭充分饮水后装笼运输。装笼时应视气温高低确定装载密度，一般冬季和早春可多装些，炎热夏季少装些，以防闷热致死。

二、半番鸭(骡鸭)生产

番鸭又称"瘤头鸭"、"麝香鸭"、"洋鸭"，为著名的肉用型鸭。番鸭与普通家鸭之间进行的杂交，是不同属间的远缘杂交，所得的杂交后代具有较强的杂交优势，但一般没有生殖能力，故称为半番鸭（又称骡鸭）。半番鸭的主要特点是生长快，体重大，胸肌丰厚(胸肌占全净膛重的 15%～16%)，瘦肉率高，肉质细嫩，生活力强，耐粗放饲养，也适于填肥、生产优质肥肝。

1. 雏番鸭的饲养管理

雏番鸭是指 4～5 周龄内的小番鸭。雏番鸭的体温调节机能较弱，消化能力差，但生长极为迅速。育雏时必须根据这些特点采取合理的饲养管理措施。栖鸭属的雏番鸭与河鸭属的雏鸭在饲养管理技术上基本相似，但也有一些不同的要求。番鸭异性间差别较大，3 周龄以后，公、母体重距离拉大(达 50%左右)，公鸭性情粗暴，抢食强横，因此应对初生雏进行性别鉴定，公、母分群饲养。为防止番鸭之间相互啄斗、交配时互相抓伤和减少饲料浪费，雏番鸭在第 3 周内要进行断趾和断喙。由于母番鸭具有低飞能力，留种母鸭在育雏阶段还需切去一侧翅尖。

2. 种番鸭的饲养管理

(1)育成期的饲养管理要点　从第 5～24 周为番鸭的育成期，这 20 周是饲养种番鸭的关键时间，育成期的好坏直接影响到种鸭的产蛋性能及种蛋的受精率。育成期的工作重点是限制饲养和控制光照，以控制种鸭的体重，防止过肥或过瘦，保持鸭群良好的均匀度和适时性成熟。

(2)产蛋期的饲养管理要点　24 周龄左右转群，转群时按种鸭的体形、体重、体尺标准进行选择，公、母比例控制在 1∶(4～5)，分群饲养，每 200～300 只为一群，饲养密度为 3～4 只/m^2。24 周龄起，逐渐增加光照时间和光照强度，并将育成日粮转换为产蛋日粮，将限饲调整为每天喂饲，适当增加喂料量。

番鸭是晚熟的肉鸭品种，28 周龄左右才开产，整个产蛋期分 2 个产蛋阶段，第 1 阶段为 28～50 周，第 2 阶段为 64～84 周，在 2 个产蛋阶段之间有 13 周左右的换羽期(休产期)。成功的换羽是提高番鸭产蛋量的有效措施,当母鸭群产蛋率降低到30%左右、蛋重减轻时,应实行人工强制换羽,以缩短换羽期。

抱窝是母番鸭的一种生理特性,在临床上表现为停止产蛋,生殖系统退化,骨盆闭合,形成孵化板,鸣叫,在产蛋箱内滞留时间延长,占窝,采食减少,羽毛变样。易形成抱窝的条件主要有饲养密度过大、产蛋箱太少、光照分布不均匀或较弱、拣蛋不及时等。解除抱窝的办法是定期转换鸭舍,第1次换舍是在首批抱窝鸭出现的那一周(或之后),2次换舍间隔时间平均为夏季10～12 d、春秋季16～18 d。换舍必须在傍晚进行,把产蛋箱打扫干净,重新垫料,清扫料盘。加强饲养管理,尽量消除引起抱窝的不利条件。

3.半番鸭(骡鸭)生产

生产骡鸭的杂交分为正交(即公瘤头鸭与母家鸭)和反交(即公家鸭与母瘤头鸭)两种方式。我国普遍采用正交方式生产骡鸭,这样可充分利用番鸭优良的肉质性能和家鸭较高的繁殖性能,提高经济效益。而且用正交方式生产的骡鸭公、母之间体重相差不大,12周龄平均体重可达3.5～4.0 kg,这对肉鸭生产来说是有利的。如果采用反交方式生产骡鸭,母瘤头鸭产蛋少,而且所生产的骡鸭公、母体重相差较大,12周龄公骡鸭体重可达3.5～4.0 kg,而母骡鸭只有2.0 kg。用反交方式生产骡鸭经济效益较低。

采用自然交配的公、母比一般为1∶4。公瘤头鸭应在20周龄前放入母家鸭群中,公、母混群饲养,让彼此熟识,性成熟后方能顺利交配。自然交配受精率较低,一般在50%～60%。由于公番鸭与母家鸭(尤其是麻鸭品种)体重相差较大,现多采用人工辅助交配或人工授精技术。采用人工授精时需要加强公番鸭的采精训练和诱情,每周授精两次效果较好。

子项目3　蛋鸭及种鸭生产

一、选择饲养方式

由于我国各地自然条件和经济条件以及鸭品种的差异,鸭的饲养方式有所不同。主要有放牧、全舍饲和半舍饲3种饲养方式。

(1)放牧　放牧是我国传统的饲养方式。由于鸭的合群性好,觅食能力强,能在陆上、水中觅食各种天然的动植物性饲料。放牧饲养可以节约大量饲料,降低成本,同时使鸭群得到很好锻炼,增强鸭的体质。育成期蛋鸭、肉用麻鸭等常采用这种饲养方式。大型肉鸭及蛋鸭大规模生产时不宜采用放牧饲养的方式。

(2)全舍饲　指整个饲养过程在鸭舍内进行。这种方式的优点是可以人为地控制饲养环境，受自然界因素制约较少，有利于科学养鸭，达到稳产高产的目的；由于集中饲养，便于向集约化生产过渡，同时可以增加饲养量，提高劳动效率；由于不外出放牧，减少寄生虫病和传染病感染的机会，从而提高成活率。此法饲养成本比其他方式高。雏鸭、大型肉鸭、蛋鸭大规模生产时一般采用这种方式。全舍饲又可分为 3 种类型。

地面平养：在舍内地面上铺上 5～10 cm 厚的松软垫料，将鸭直接饲养在垫料上。若垫料出现潮湿、板结，则加厚垫料。一般随鸭群的进出更换垫料，可节省清圈的劳动量。这种方式简单易行，投资少，寒冷季节还可因鸭粪发酵而有利于舍内增温。但这种管理方式需要大量垫料，房舍的利用率低，且舍内必须保证通风良好，否则垫料潮湿、空气污浊、氨气浓度上升，易诱发各种疾病。

网上平养：在舍内设置离地面 60～90 cm 高的金属网、塑料网或竹木栅条，将肉鸭饲养在网上，粪便由网眼或栅条的缝隙落到地面上，可采用机械清粪设备，也可人工清理。这种方式省去日常清圈的工序，避免或减少了由粪便传播疾病的机会，而且饲养密度比较大，房舍的利用率比地面平养增加 1 倍以上，提高了劳动生产率。这种方式一次性投资较大。

立体笼养：这种方式一般用于育雏，即将雏鸭饲养在特制的单层或多层笼内。笼养既有网上平养的优点，又比平养更能有效地利用房舍和热量。缺点是投资大。近年来，蛋鸭的立体笼养也在逐步兴起。

(3)半舍饲　鸭群饲养固定在鸭舍、陆上运动场和水上运动场，不外出放牧。吃食、饮水可设在舍内，也可设在舍外，一般不设饮水系统，饲养管理不如全舍饲那样严格。这种方式一般与养鱼的鱼塘结合在一起，形成一个良性循环。半舍饲是我国当前养鸭中采用的主要方式之一，尤其是种鸭大多采用这种饲养管理方式。

二、雏鸭的培育

刚孵化出来的雏鸭，绒毛稀短，调节体温的能力差，常需要人工保温；其消化器官容积小，消化机能尚未健全，饲养雏鸭时要喂给容易消化的饲料，雏鸭的生长速度快，尤其是骨骼的相对生长更快，需要丰富而且全面的营养物质，才能满足其生长发育的要求；对外界环境的抵抗力差，易感染疾病，因此育雏时要十分重视卫生防疫工作。

1. 做好育雏前的准备工作

育雏是一项艰苦而又细致的工作，是决定养鸭成败的关键。因此，在雏鸭运到之前要做好充分的准备。首先，要根据雏鸭数量准备好足够面积的房舍，足够数量的供温、供料、供水等设备。育雏舍的门窗、墙壁、通风孔及所有设备都应检修完好后彻底清洗消毒。如采用育雏笼或网上育雏，要仔细检查网底有无破损，铁丝接头不要露在平面上，以免茬口刺伤雏鸭。其次，要准备好足够数量的饲料和药品，地面饲养的还要准备足量干燥、清洁且松软的垫料，如刨花、木屑或切碎的稻草等。进雏鸭前一天要调试好加温设备，并将舍温提高到合适的温度，切忌等到雏鸭放进育雏室或育雏笼时才临时加温。

2. 雏鸭的选择

雏鸭品质的优劣是雏鸭养育成败的先决条件。因此要选养出壳时间正常、初生重符合本品种标准的健康雏鸭。健康的雏鸭活泼好动，眼大有神，反应灵敏，叫声洪亮，腹部柔软，大小适中，脐口干燥、愈合良好，绒毛整洁、毛色符合品种标准。凡是头颈歪斜、瞎眼、痴呆、站立不稳、反应迟钝、绒毛污秽、腹大坚硬、脐口收缩不好及有其他不符合品种要求的雏鸭均应剔除。

3. 适时“开水”和“开食”

雏鸭出壳后第一次饮水和喂食称为“开水”(也叫“潮水”)和“开食”。原则上“开水”应在雏鸭出壳后 12～24 h 内进行，运输路途远的，待雏鸭到达育雏舍休息 0.5 h 左右立即供给复合维生素和葡萄糖水让其饮用。传统养鸭“开水”的方式是将雏鸭分装在竹篓里，慢慢将竹篓浸入水中，以浸没鸭爪为宜，让雏鸭在 15℃的浅水中站 5～10 min，雏鸭受水刺激，将会活跃起来，边饮水边活动，这样可促进新陈代谢和胎粪的排出。集约化养鸭“开水”多采用饮水器或浅水盘，直接让雏鸭饮用。饮水 15～30 min 后可给雏鸭“开食”，即“开水”以后让雏鸭梳理一下羽毛，身上干燥一点后再“开食”。也有紧接“开水”之后就给雏鸭喂食的做法，这主要根据气温高低、出壳迟早和雏鸭的精神状态而定。传统养鸭“开食”的饲料是使用煮制的夹生米饭，现在集约化养鸭大多直接采用全价颗粒饲料破碎后饲喂。

4. 做好保温工作

育雏舍内合适而平稳的温度环境是确保雏鸭成活和健康成长的关键。温度适宜时，雏鸭饮水、采食活动正常，行动灵活，反应敏捷，不扎堆，休息时分布均匀，生长快。温度偏低时，雏鸭趋向热源，相互挤压扎堆，易造成死伤和发生呼吸道疾病，生长速度也会受到影响。温度偏高时，雏鸭远离热源，渴欲增加，食欲降低，正常代谢受到影响，抗病力下降。通常第 1 周龄雏鸭对温度的要求为 32～30℃，以后每周比前一周降低 2℃左右。育雏温度力求平稳，切忌忽高忽低。

5. 及时分群

刚出壳的雏鸭有大小、强弱之分，育雏时应及时分群饲养，每群雏鸭以 300 只左右为宜。一般情况下，分群后不再随便混合。饲养一段时间需要调整时，只将最大、最强和最小、最弱的雏鸭提出，然后将各群的强大者合为一群，弱小者合为一群。

6. 下水训练，锻炼放牧

采取放牧或半舍饲方式饲养蛋鸭，一般 5 日龄后即可训练雏鸭下水活动。由于雏鸭全身的羽毛容易被水浸湿下沉，最初调教时，只能将鸭赶入浅水池或沟渠的边沿线处活动，嬉水片刻要及时上岸休息，并要有专人守望。10 日龄后适当延长下水活动时间，并可选择较理想的放牧环境进行放牧调教，放牧的时间要由短到长，逐步锻炼。

7. 搞好清洁卫生

要经常保持育雏舍内环境卫生，所有喂料和饮水的用具都要保持清洁。粪便及脏污的垫草要及时清除，舍内要干燥通风，防止潮湿，保持饮水的卫生，以免引起消化道疾病。

三、育成期的饲养管理

蛋鸭自 5 周龄起至开产前的养育时期，称为育成期。育成期内鸭生长发育迅速，活动能力很强，贪吃贪睡，食性很广，需要及时补充各种营养物质；育成鸭神经敏感，合群性很强，可塑性较大，适于调教和培养良好的生活规律。

1. 育成鸭的舍饲饲养管理

从雏鸭舍转到育成鸭舍时，饲养管理方法应该逐渐转变，不要使转群前后的饲养管理方法和环境出现太大变化。重点要做好平稳脱温和从育雏饲料向育成饲料的逐步过渡工作。

育成期间的青年鸭，各器官系统进入旺盛的发育阶段，向健全和成熟方向发展。从生理上看，这个时期鸭的性腺开始活动，发育迅速。因此，在育成鸭的培育过程中，在保证其正常生长发育所需营养的前提下，应适当控制饲养，尤其注意日粮中蛋白质水平不能太高，钙的含量也要适宜，防止性腺过早发育，保证鸭体均衡发展，防止超重、早产、早衰，力求使后备种鸭的体重和性成熟期达到最适化。育成期限制饲养时要定期称测体重，一般每周一次，称重时随机抽样，比例为 5%～7%。每次称重后，与制定的相应品种各阶段体重标准进行比较，以便及时调整饲喂次数和料量。

育成鸭的生殖器官发育迅速，对光照敏感，育成期要注意控制光照时间，防止过早性成熟。开放式鸭舍一般执行自然光照法，不再补充人工光照，密闭式鸭舍控制在 8～10 h。进入产蛋期后，要逐渐增加光照时间，达到规定值后必须保持稳定，切忌随意减少或打乱光照时间。育成期的鸭富神经质，性急胆小，因此在饲养过程中应尽量减少各种应激因素。此外，育成期间还要加强疫病的预防工作，鸭瘟、禽霍乱等传染病的预防注射都要在开产以前完成。

2. 育成鸭的群牧饲养管理

放牧养鸭是我国传统的养鸭方式，这种方法可充分利用鸭场周围丰富的天然饵料，适时为稻田除虫，同时也满足了育成期蛋鸭食性广、觅食能力强、易于驯化的生理要求。

放牧养鸭首先要科学选择放牧场所。早春放浅水塘、小河流，让鸭觅食螺蛳、鱼虾、草根等水生生物。春耕开始后在耕翻的田内放牧，觅取田里的草籽、草根和蚯蚓、昆虫等天然动植物饲料。水稻栽插之前，将鸭子放牧在麦田，充分觅食遗落的麦粒。稻田插秧后 2 周左右至水稻成熟之前，将鸭子放牧稻田，觅食害虫、杂草。待水稻收割后再放牧，可让鸭觅食落地稻粒和草籽。

育成鸭放牧之前还要进行采食训练和信号调教。放牧前要有意识地诱导鸭子采食稻谷、草种、螺蛳等。大群放牧必须使鸭子能听懂各种指令和信号，因此放牧前要用固定的信号和动作进行训练，使鸭群建立起听指挥的条件反射。

3. 肉用仔鸭生长-肥育期的饲养管理

肉用仔鸭从育雏期结束至上市这个阶段称生长-肥育期。肉用仔鸭这一时期的生理特点是体温调节机能已趋于完善，对外界环境的适应性较强，消化机能已经健全，肌肉与骨骼的生长和发育处于旺盛期，采食量迅速增加，绝对增重增加较快。生长-肥育期的饲养管理要根据生长发育特点，结合当地自然条件和品种类型，选用合适的饲养方式（舍饲、放牧、填饲），进行科学的饲养管理。

大型肉鸭、工厂化规模饲养肉鸭或在没有放牧条件的地区多采用舍饲饲养方式（见大型肉鸭的饲养管理）。

我国南方大部分地区水网密布，气候温和，野生动植物饲料资源丰富，又是我国水稻的主产省区。这些地区，长期以来习惯采用当地麻鸭类型的品种或用大型肉鸭与麻鸭杂交生产的后代生产肉用仔鸭。为充分利用天然的动植物资源和秋收后稻田中散落的谷粒，肉用仔鸭生长-肥育期大多采用放牧补饲的饲养方式。这种方式要根据当年一定区域内水稻栽播时间的早迟选择好放牧路线，到放牧结束时该鸭群尽可能达到上市体重。保持适当的放牧节奏，尽量满足放牧鸭群的生活规律。如春末秋初，鸭群每天要出现 3～4 次采食高潮，同时也出现 3～4 次休息和戏水过程；在秋后至初春，气温低、日照短，一般出现早、中、晚 3 次采食高潮。

填饲是肉鸭的一种快速育肥方式，填肥鸭主要供制作烤鸭用。北京鸭经填肥制作烤鸭已有数百年历史。填饲是在雏鸭养到 5～6 周龄、体重达 1.75 kg 以上时，进行人工强制喂饲大量高能饲料，使其在短期内快速增重和积聚脂肪。填肥期一般 2 周左右，填肥开始前，先将鸭子按公母、体重分群，以便于掌握填喂量。一般每天填喂 3～4 次，每次的时间间隔相等，前后期料各填喂 1 周左右。填喂时动作要轻，每次填喂后适当放水活动，清洁鸭体，帮助消化，促进羽毛生长。

四、产蛋期的饲养管理

与育成时期相比，开产后的母鸭胆子逐渐大起来，敢接近陌生人，性情温驯，食量大、食欲好，勤于觅食。产蛋鸭代谢旺盛，对饲料要求高。在管理上，鸭舍内应保持环境安静，谢绝陌生人进出。放鸭、喂料、休息等都要有规律，如改变喂料次数、调整光照时间、大幅度更换饲料品种等，都会引起鸭群生理机能紊乱，造成减产或停产。

1. 产蛋初期和前期的饲养管理

蛋鸭产蛋初期一般指从开产至 200 日龄左右，产蛋前期指 201～300 日龄。当母鸭适龄开产后，产蛋量逐日增加。日粮营养水平特别是蛋白质含量要随产蛋率的递增而调整，并注意能量蛋白比适度，促使鸭群尽快达到产蛋高峰，达到高峰期后要稳定饲料种类和营养水平，使鸭群的产蛋高峰期尽可能长久些。

此期内鸭群自由采食，每只蛋鸭每日耗料 150 g 左右。从育成期过渡到此期，光照时间要逐渐增加，达到产蛋高峰期时，自然光照加上人工光照时间应增加到 14～15 h。在此期内，要经常观察蛋重和产蛋率上升的趋势，如发现蛋重增加的势头慢，产蛋率高低徘徊，甚至出现下降的趋势，要从饲养管理上找出原因。每月应空腹抽测母鸭的体重，如超过此期标准体重的 5%以上，应检查原因，并调整饲喂量或日粮的营养水平。

2. 产蛋中期的饲养管理

蛋鸭产蛋中期一般指 301～400 日龄。此期内的鸭群因已进入高峰期产量并已持续 100 多天，体力消耗较大，对环境条件的变化敏感，如不精心饲养管理，难以保持高峰产蛋率，甚至引起换羽停产。此期内的营养水平尤其是日粮中蛋白质和钙的含量要在前期的基础上适当提高。光照时间稳定在 16～17 h。在日常管理中要注意观察蛋壳质量有无明显变化，产蛋时间是否集中，精神状态是否良好，洗浴后羽毛是否沾湿等，以便及时采取有效措施。

3. 产蛋后期的饲养管理

蛋鸭产蛋后期指 400～500 日龄。蛋鸭群经长期持续产蛋之后，产蛋率将会不断下降，此期内饲养管理的主要目标是尽量减缓鸭群产蛋率的下降。如果管理得当，此期内鸭群的平均产蛋率仍可保持 75%～80%。此期内应按鸭群的体重和产蛋率的变化调整日粮营养水平和给料量。如果鸭群体重增加有过肥趋势时，应将日粮中的能量水平适当下降，或适当增加些青粗饲料，或控制采食量。如果鸭群产蛋率仍维持在80%左右，而体重有所下降，则应增加些动物性蛋白质的含量。如果产蛋率已下降到60%左右，已难于使其上升，则无需加料，应予及早淘汰或进行强制换羽。

五、种鸭的饲养管理

饲养种鸭的目标与饲养商品蛋鸭一样，都要求获得较高的产蛋量，但饲养种鸭是要获得尽可能多的合格种蛋，而且要有较高的受精率，能孵化出品质优良的雏鸭。

1. 种公鸭的选择与饲养

留种公鸭需按种公鸭的标准进行严格的选择。公鸭必须符合相应的品种标准，生长发育良好，体格强壮，性器官发育健全，精液品质优良。育成期公、母鸭最好分群饲养，有放牧条件时，尽可能采用放牧为主的饲养方法，让其多活动、多锻炼。当公鸭性成熟但还未到配种期时，尽量放旱地，少让其下水活动，以免形成恶癖。配种前20 d将公鸭放入母鸭群中，此时要多放牧，少关饲，创造条件，引诱并促使其性欲旺盛。

2. 注意合适的公、母配比

蛋用型麻鸭品种，体型小而灵活，性欲旺盛，配种性能很好。在早春和冬季，公、母比例为1∶20，夏、秋季，公、母比例可提高到1∶(25～33)。大型肉用种鸭公、母比例1∶5左右，公鸭不能过少，但也不宜过多，否则会引起争配反而使受精率下降。在育成期公、母分群饲养的种公鸭群中，注意混入少量的母鸭，防止发生“同性恋”。饲养过程中，要观察公鸭的配种表现，经常检查种公鸭的生殖器官和精液品质，注意受精率的变化，发现伤残或其他不合格的公鸭应及时淘汰，并补充新的公鸭。

3. 加强饲养管理，做好卫生防疫工作

饲养上，要按照种母鸭的产蛋率和体重的变化及时提供必需的营养物质，注意保持必需氨基酸的平衡和维生素的供给，以提高种蛋的受精率和孵化率。管理上，要特别注意舍内垫草的干燥和清洁，每日早晨及时收集种蛋，不能让种蛋受潮或受污染。加强鸭舍通风换气，保持鸭舍环境安静。在气候良好的天气，放牧饲养的鸭群，应尽量早放鸭、迟收鸭，保证种鸭舍外的活动时间。种鸭场应谢绝外人参观，防止带入病原。认真做好场区的卫生消毒工作，按照种鸭的免疫程序按时防疫。

子项目4 肉鹅生产

一、选择饲养方式

鹅的饲养方式可分为舍饲、圈养和放牧3种饲养方式。肉用仔鹅3种方式均可选用。产蛋期种鹅以舍饲为主，放牧为辅。

舍饲多为地面垫料平养或网上平养，一般在集约化饲养时采用。整个饲养期可分为育雏(0～4周龄)和育肥(5周龄至上市)两个阶段。舍饲适合于规模批量生产，但生产成本相对较高，对饲养管理水平要求也高。

圈养是早期将雏鹅饲养在舍内保温，后期将鹅饲养在有棚舍的围栏内露天饲养。围栏内可以有水池，无水池也可以旱养。饲喂配合饲料或谷物饲料及青绿饲料，不进行放牧。这种方式也适合于规模化批量生产，投资比舍饲少，对饲养管理水平要求也没有舍饲高。

放牧饲养方式是以放牧为主，适当补饲精料。放牧饲养可灵活经营，并可充分利用天然饲料资源，节约生产成本，但饲养规模受到限制。从我国当前养鹅业的社会经济条件和技术水平来看，采用放牧补饲方式，小群多批次生产肉用仔鹅更为可行。

二、雏鹅的培育

雏鹅是指孵化出壳到4周龄或1月以内的鹅，又叫小鹅。雏鹅的培育是养鹅生产中的一个重要环节，是鹅饲养管理的基础，是种鹅饲养成败的关键。

1. 育雏前的准备

(1)制定育雏计划　主要包括育雏时间的确立和育雏数量的确定等。育雏时间要根据当地的气候状况与饲料条件、市场的需要等因素综合确定，其中市场需要尤为重要。育雏数量的多少应根据鹅场的具体情况而定，主要考虑鹅舍的多少、资金条件和生产技术与管理水平等。

(2)育雏舍与设备的准备　首先根据进雏数量计算育雏舍面积，准备育雏舍，并对舍内照明、通风、保温和加温设备进行检修。进雏前要对育雏舍彻底清扫、清洗与消毒。

(3)饲料、垫料、药品及育雏用品的准备　育雏前要准备好开食饲料，开食的精饲料要求不霉变、无污染、营养完善、颗粒大小适中、适口性好、易消化等。还要事先种一些鹅喜爱吃的青绿饲料，刈割切碎后供雏鹅食用。地面平养育雏时要准备好卫生、干燥、松软的垫料。育雏期间应准备的药品包括消毒药物、抗菌药物、疫苗和维生素、微量元素添加剂等。此外还要准备温度计、称、记录表格以及清洁卫生用具等。

(4)预温　为了使雏鹅接入育雏舍后有一个良好的生活环境，在接雏前1～2 d启用加热设备，使舍温达到28～30℃。地面平养育雏，在进雏前3～5 d在育雏区铺上一层厚约5 cm的垫料，厚薄要均匀。预热期间注意检查供热设备是否存在问题。

2.育雏期的饲养管理

(1)雏鹅的选择　雏鹅质量的好坏，直接影响雏鹅的生长发育和成活率。因此，生产上必须选择出壳时间正常、健壮的雏鹅饲养。健康的雏鹅体重大小符合品种要求，群体整齐，脐部收缩良好，绒毛洁净而富有光泽，腹部柔软，抓在手中挣扎有力、有弹性。

(2)雏鹅的饲养　雏鹅经选择后应尽快运送到目的地，并在育雏室稍作休息后进行“潮口”与“开食”。潮口的水要清洁卫生，首次饮水时间不能太长，以3～5 min为宜，潮口后即可喂料，开食料可使用浸泡过的小米或破碎的颗粒饲料和切成丝状的幼嫩青饲料，随着雏鹅日龄的增长，逐步使用配合饲料，逐步增加青饲料的比例，满足供应清洁的饮水。雏鹅日粮的配制应根据鹅的品种、日龄、当地饲料来源等条件综合考虑。

(3)雏鹅的管理　雏鹅体质娇嫩，各种生理机能尚不健全，对外界环境的适应能力较差。因此，在育雏期必须加强管理，满足雏鹅生长发育所需的各种环境条件。

雏鹅的保温期一般为2～3周，第1周的温度控制在30～28℃，而后每周下降2～3℃。小规模育雏可采用传统的自温育雏方法，即将雏鹅置于有垫料的育雏器内，加盖麻袋、棉毯等物进行保温，并视气候的变化适当增减保温物，温度的控制全靠饲养人员的经验。自温育雏时，一定要掌握好适宜的密度，根据雏鹅动态准确地控制保温物，注意调整好保温和通风的关系。大群饲养采用人工给温育雏，热源可采用红外灯、电热板、保温伞、热风炉等。给温育雏时，雏鹅生长快，饲料利用率高，适合批量生产，而且劳动效率较高。

雏鹅最怕潮湿和寒冷，低温潮湿时，雏鹅体热散发加快，容易引起感冒、下痢等疾病。因此，室内喂水时切勿外溢，及时清除潮湿垫料，保持育雏舍的清洁和干燥。

为了防止集堆，要根据出雏时间的迟早和雏鹅的强弱分群饲养，每群100～150只。掌握合理的饲养密度，一般第1周12～20只/m^2，第2周8～15只/m^2，第

3周5～10只/m²，第4周4～6只/m²，饲养员要加强观察，及时赶堆分散，尤其在天气寒冷的夜晚更应注意。

适时放牧和放水，既可使雏鹅清洁羽毛，减少互啄癖，又可促进雏鹅体内新陈代谢，加快骨骼、肌肉和羽毛生长，并能提高雏鹅的适应性，增强抗病能力。但雏鹅的放牧和放水都不宜过早，放牧时间不宜过长。放牧前舍饲期长短应根据雏鹅体质、气候等因素而定。春末夏初，雏鹅养到10日龄左右，如天气晴朗、气候温和，可在中午进行放牧。夏季温度高，气候温暖，雏鹅养到5～7日龄就可在育雏室附近的草地上活动，让其自由采食青草。放水可以结合放牧进行。刚开始放牧的时间要短，1 h左右即可，以后逐渐延长。

搞好育雏舍内外的环境卫生，可提高雏鹅的抗病力，保证鹅群的健康。育雏舍要制定严格的卫生防疫制度，切实做好雏鹅常见病的防治工作。

三、肉用仔鹅的育肥

1. 肉用仔鹅的特点

肉用仔鹅是指雏鹅不论公、母，一般养到10～12周龄上市作肉用的仔鹅。雏鹅经过1个月左右的舍饲育雏和放牧锻炼后，消化道容积增大，对饲料的消化吸收力和对外界环境的适应性及抵抗力都有所增强。这一阶段是骨骼、肌肉和羽毛生长最快的时期。此时，圈养鹅要加大青饲料的供给，放牧鹅群应加强放牧和补饲，尽可能满足仔鹅生长发育所需要的各种营养物质，促进肉用仔鹅快速生长，适时达到上市体重。

2. 肉用仔鹅的育肥

肉鹅饲养到60～70日龄，圈养膘度好的即可上市出售，放牧饲养的仔鹅骨架大，胸肌不够丰满，屠宰率较低，尚需短期育肥后才能上市出售。按照饲养管理方式的不同，育肥期可分为放牧育肥、舍饲育肥和填饲育肥3种方式。

放牧育肥是传统的育肥方法，适用于放牧条件较好的地方，主要利用收割后茬地残留的麦粒或稻田中散落的谷粒进行肥育。放牧育肥必须充分掌握当地农作物的收割季节，事先联系好放牧的茬地，预先育雏，制定好放牧育雏计划。一般可在3月下旬或4月上旬开始饲养雏鹅，这样可以在麦类茬地放牧一结束，仔鹅已育肥上市。

舍饲育肥生产效率较高，育肥的均匀度比较好，适用于放牧条件较差的地区或季节，最适于集约化批量饲养。舍饲育肥需饲喂配合饲料，也可喂给高能量的日粮，适当补充一部分蛋白质饲料。供给充足的饮水。在光线较暗的房舍内进行，减少外界环境因素对鹅的干扰，限制鹅的光照和运动，让鹅尽量多休息。

填饲育肥可缩短肥育期，肥育效果好，但比较麻烦。此法是将配合日粮或以玉米为主的混合料加水拌湿，搓捏成1～1.5 cm粗、6 cm长的条状食团，待阴干后填饲。填饲是一种强制性的饲喂方法，分手工填饲和机器填饲两种。手工填饲时，用左手握住鹅头，双膝夹住鹅身，左手的拇指和食指将鹅嘴撑开，右手持食团先在水中浸湿后用食指将其填入鹅的食道内。开始填饲时，每次填3～4个食团，每天3次，以后逐步增加到每次填4～5个食团，每天4～5次。填饲时要防止将饲料塞入鹅的气管内。机器填饲法速度快、效率高，更适用于大群仔鹅的肥育。填饲方法是用填饲机的导管将调制好的食团填入鹅的食道内。填饲的仔鹅应供给充足的饮水，或让其每天洗浴1～2次，有利于增进食欲，光亮羽毛。

四、肉鹅生产的特点

(1)鹅生产具有明显的季节　鹅的繁殖具有季节性，绝大多数品种在气温升高、日照延长的6～9月份，卵黄生长和排卵都停止，接着卵巢萎缩，进入休产期，一直至秋末天气转凉时才开产，主要产蛋期在冬、春两季。因而肉用仔鹅生产具有明显的季节性，多集中在每年的上半年。

(2)鹅是节粮型家禽，生产成本低　鹅是最能利用青绿饲料的家禽。无论以舍饲或放牧方式饲养，其生产成本费用较低。

(3)鹅早期生长快，生产周期短　鹅的早期生长发育很快，4周龄体重可达成年体重的40%，鸡只能达到15%。因此，肉用仔鹅生产具有投资少、收益快、效益高等优点。

(4)鹅产品用途广　鹅肉脂肪含量少(11.2%左右)，肉质细嫩，营养丰富；鹅绒富有弹性，吸水率低，隔热性强，质地柔软，是高级衣、被的填充料；鹅肥肝是一种高热能的食品，具有质地细嫩、营养丰富、风味独特等优点，是西方国家食谱中的美味佳肴。

复习思考题

1. 简述鸭、鹅的品种类型及其分布情况。
2. 商品肉鸭生产有哪些特点？
3. 如何提高肉鸭生产的经济效益？
4. 简述种用番鸭的饲养管理要点。
5. 鹅的饲养方式可分为哪几种？各有何特点？
6. 肉用仔鹅有哪几种育肥方法？
7. 简述种鹅产蛋期的饲养管理要点。

项目五　养禽场经营管理

◆知识目标

1. 理解家禽生产的成本分析和养禽场的经济效益分析。
2. 掌握养禽场的经济核算方法。

◆技能目标

1. 能够编制养禽场生产计划和禽群周转计划。
2. 会对养禽场的经济效益进行分析。

经营管理是养禽生产的重要组成部分。无论大型养禽场还是小型养禽场都应重视和研究自己的经营管理。实践证明，一个养禽场如果只有生产设备和生产技术的现代化，而没有经营管理的科学化是很难获得较高经济效益的。所以，在学习和掌握了家禽生产基本技术的同时，必须学习和掌握养禽场的经营管理。

子项目1　养禽场生产成本及其控制

一、养禽场生产成本

生产成本分析是成本管理的重要组成部分，通过成本分析可以确定养禽场在本期的实际成本水平，准确反映养禽场生产经营的经济效益，以便为进一步管理、降低成本、增加盈利提供可靠的依据。

生产成本一般分为固定成本和可变成本两大类。

固定成本与养禽场的房屋、禽舍、饲养设备、运输工具、动力机械、生活设施、研究设备有关，在会计账面上称为固定资金。特点是使用期长，以完整的实物形态参加多次生产过程，并可以保持其固有物质形态。随着养禽生产的不断进行，其价值逐渐转入到禽产品中，并以折旧费用方式支付。

可变成本以货币表示，在成本管理中称为流动资金，是指养禽场在生产和流通过程中使用的资金，其特点是仅参加一次生产过程即被全部消耗，价值全部转移到禽产品中。属于可变成本的物质资料包括饲料、兽药、疫苗、能源、工资等。

根据养禽业生产的特点，按照生产费用的经济性质，禽产品成本支出分为直接生产费用和间接生产费用两大类。

1. 直接生产费用

即直接为生产禽产品所支付的开支。具体项目如下：

(1)工资和福利费　指直接从事养禽生产人员的工资、津贴、奖金、福利等。

(2)疫病防治费　指用于禽病防治的疫苗、药品、消毒剂和检疫费、专家咨询费等。

(3)饲料费　指养禽场在生产过程中实际耗用各种饲料的费用及其运杂费。

(4)种禽摊销费　指生产每千克蛋或每千克活重所分摊的种禽费用。

种禽摊销费(元/kg)=(种禽原值－种禽残值)/只禽产蛋重(kg)。

(5)固定资产修理费　是为保持禽舍和专用设备的完好所发生的一切维修费用。

(6)固定资产折旧费　指禽舍和专用机械设备的折旧费。房屋等建筑物一般按5～10年折旧，禽场专用设备一般按3～5年折旧。

(7)燃料及动力费　指直接用于养禽生产的燃料、动力、水电费和水资源费等。

(8)低值易耗品费用　指低价值的工具、材料、劳保用品等易耗品的费用。

(9)其他直接费用　凡不能列入上述各项而实际已经消耗的直接费用。

2. 间接生产费用

即间接为禽产品生产或提供劳务而发生的各种费用。包括经营管理人员的工资、福利费；生产经营中的折旧费、修理费、低值易耗品摊销；经营中的水电费、办公费、差旅费、运输费、劳动保险费、检验费；季节性、修理期间的停工损失等。这些费用不能直接计入到某种禽产品中，而需要采取一定的标准和方法，在养禽场内各产品之间进行分摊。

3. 期间费用

所谓期间费用就是养禽场为组织生产经营活动发生的、不能直接归属于某种禽产品的费用。包括管理费、财务费和销售费。按照我国新的会计制度，期间费用不能计入成本，但是养禽场为了便于各群禽的成本核算，便于横向比较，都把各种费用列入来计算单位产品的成本。

以上项目的费用，构成养禽场的生产成本。禽产品成本支出项目可以反映养禽场产品成本的结构，通过分析考核可以找出降低成本的途径。

要提高养禽企业的经济效益，除了市场价格这一不由企业能决定的因素外，成本控制则应完全由企业控制。从规模化集约化养禽的生产实践看，首先应降低固定资产折旧费，尽量提高饲料费用在总成本中所占比重，提高每只禽的产蛋量、活重和降低死亡率；其次是料蛋价格比、料肉价格比控制全成本；第三，降低间接生产费用和期间费用，减少非生产性开支，精简机构，这些都能有效地控制生产成本。

二、养禽场盈亏平衡点分析

盈亏平衡点分析是一种动态分析，又是一种确定性分析，适合于分析短期问题。生产成本盈亏临界点又叫保本点，它是根据收入和支出相等为保本生产的原理而确定的，这一临界点就是养禽场盈利还是亏损的分界线。

（一）盈亏平衡点分析

1.鸡蛋生产成本临界点

$$\text{鸡蛋生产成本临界点}=\frac{\text{饲料价格}\times\text{日耗料量}}{\text{饲料费占总费用的比率}\times\text{日产蛋量}}$$

如某鸡场每只蛋鸡日均产蛋重为 52 g，饲料单价 2.1 元/kg，饲料消耗 120 g/(d·只)，饲料费占总成本的比率为 70%。该鸡场每千克鸡蛋的生产成本临界点为：

$$\text{鸡蛋生产成本临界点}=\frac{2.1\times120}{0.70\times52}=6.92$$

即表明每千克鸡蛋平均价格达到 6.92 元，鸡场可以保本，不亏不盈；市场销售价格高于 6.92 元/kg 时，该鸡场才能盈利。

2.临界产蛋率分析

$$\text{临界产蛋率}=\frac{\text{每千克蛋的枚数}\times\text{饲料单价}\times\text{日耗饲料量}}{\text{饲料费占总费用的比率}\times\text{每千克鸡蛋价格}}\times100\%$$

如果鸡群产蛋率高于此线即可盈利，低于此线就要亏损，应查找原因，及时调整以至做淘汰处理。

（二）养禽场经济效益分析

经济效益分析是对生产经营活动中已取得的经济效益进行事后的评价，一是分析在计划完成过程中，是否以较少的资金占用和生产耗费，取得较多的生产成果；二是分析各项技术组织措施和管理方案的实际成果，以便发现问题，查明原因，提出切实可行的改进措施和实施方案。

生产经营活动的每个环节都影响着养禽场的经济效益，其中产品的产量、禽群工作质量、成本、利润、饲料消耗和职工劳动生产率的影响尤为重要。下面就以上因素进行鸡场经济效益的分析。

1. 产品产量(值)分析

(1)计划完成情况分析　用产品的实际产量(值)计划完成情况,对养鸡场的生产经营总状况作概括评价及原因分析。

(2)产品产量(值)增长动态分析　通过对比历年历期产量(值)增长动态,查明是否发挥自身优势,是否合理利用资源,进而找出增产增收的途径。

2. 鸡群工作质量分析

鸡群工作质量是评价养鸡场生产技术、饲养管理水平、职工劳动质量的重要依据。鸡群工作质量分析主要依据鸡的生活力、产蛋力、繁殖力和饲料报酬等指标的计算比较来进行。

3. 成本分析

产品成本直接影响着养鸡场的经济效益。进行成本分析,可弄清各个成本项目的增减及其变化情况,找出引起变化的原因,寻求降低成本的具体途径。

分析时应对成本数据加以检查核实,严格划清各种成本费用界限,统一计算口径,以确保成本资料的准确性和可比性。

(1)成本项目增减及变化分析　根据实际生产报表资料,与本年计划指标或先进的鸡场比较,检查总成本、单位产品成本的升降,分析构成成本的项目增减情况和各项目的变化情况,找出差距,查明原因。

(2)成本结构分析　分析各生产成本构成项目占总成本的比例,并找出各阶段的成本结构。成本构成中饲料是一大项支出,而该项支出最直接地用于生产产品,它占生产成本比例的高低直接影响着养鸡场的经济效益。对相同条件的鸡场,饲料支出占生产总成本的比例越高,鸡场的经济效益就越好。不同条件的鸡场,其饲料支出占生产总成本的比例对经济效益的影响不具有可比性。如家庭养鸡,各项投资少,其主要开支就是饲料;而种鸡场,由于引种费用高,设备、人工、技术投入比例大,饲料费用占的比率就低。

4. 利润分析

利润是经济效益的直接体现,任何一个企业只有获得利润,才能生存和发展。养鸡场利润分析包括以下指标:

(1)利润总额

$$利润总额=销售收入-生产成本-销售费用-税金\pm营业外收支净额$$

营业外收支是指与鸡场生产经营无直接关系的收入或支出。如果营业外收入大于营业外支出,则收支相抵后的净额为正数,可以增加鸡场利润;如果营业外收入小于营业外支出，则收支相抵后的净额为负数，鸡场的利润就减少。

(2)利润率　由于各个鸡场生产规模、经营方向不同，利润额在不同鸡场之间不具有可比性，只有反映利润水平的利润率才具有可比性。利润率一般表示为：

$$产值利润率=\frac{年利润总额}{年总产值}\times 100\%$$

$$成本利润率=\frac{年利润总额}{年总成本额}\times 100\%$$

$$资金利润率=\frac{年利润总额}{年流动资金额+年固定资金平均总值}\times 100\%$$

鸡场盈利的最终指标应以资金利润率作为主要指标，因为资金利润率不仅能反映鸡场的投资状况，而且能反映资金的周转情况。资金在周转中才能获得利润，资金周转越快，周转次数越多，鸡场的获利就越大。

5. 饲料消耗分析

从鸡场经济效益的角度上分析饲料消耗，应从饲料消耗定额、饲料利用率和饲料日粮 3 个方面进行。先根据生产报表统计各类鸡群在一定时期内的实际耗料量，然后同各自的消耗定额对比，分析饲料在加工、运输、贮藏、保管、饲喂等环节上造成的浪费情况及原因。此外，还要分析在不同饲养阶段饲料的转化率即饲料报酬。生产单位产品耗用的饲料愈少，说明饲料报酬就越高，经济效益就愈好。

对日粮除了从饲料的营养成分、饲料转化率上分析外，还应从经济上分析，即从饲料报酬和饲料成本上分析，以寻找成本低、报酬高、增重快的日粮配方、饲喂方法，最终达到以同等的饲料消耗取得最大经济效益的目的。

6. 劳动生产率分析

劳动生产率反映着劳动者的劳动成果与劳动消耗量之间的对比关系。常用以下形式表示：

(1)全员劳动生产率　养鸡场每一个成员在一定时期内生产的平均产值。

$$全员劳动生产率=\frac{年总产值}{职工年平均人数}$$

(2)生产人员劳动生产率　指每一个生产人员在一定时期内生产的平均产值。

$$生产人员劳动生产率=\frac{年总产值}{生产工人年平均人数}$$

(3)每工作日(d)产量　用于直接生产的每个工作日(d)所生产的某种产品的平均产量。

$$每工作日(d)产量=\frac{某种产品的产量}{直接生产所用工日(d)数}$$

以上指标表明，分析劳动生产率，一是要分析生产人员和非生产人员的比例，二是要分析生产单位产品的有效时间。

子项目2　养禽场年度生产计划的制定

一、生产计划的制定

生产计划是一个养禽场全年生产任务的具体安排。制定生产计划要尽量切合实际，才能很好地指导生产、检查进度、了解成效，并使生产计划完成和超额完成的可能性更大。

（一）生产计划制定的依据

（1）生产工艺流程　制定生产计划，必须以生产流程为依据。生产流程因企业生产的产品不同而异。各鸡群的生产流程顺序，蛋鸡场为：种鸡（舍）—种蛋（室）—孵化（室）—育雏（舍）—育成（舍）—蛋鸡（舍）。肉鸡场的产品为肉用仔鸡，多为全进全出生产模式。一个养鸡场总体流程为：料（库）—鸡群（舍）—产品（库）；另外一条流程为：饲料（库）—鸡群（舍）—粪污（场）。

（2）经济技术指标　各项经济技术指标是制定计划的重要依据。制定计划时可参照鸡饲养管理手册上提供的指标，并结合本场近年来实际达到的水平，特别是近一两年来正常情况下场内达到的水平，这是制定生产计划的基础。

（3）生产条件　将当前生产条件与过去的条件对比，主要在房舍设备、家禽品种、饲料和人员等方面比较，看有否改进或倒退，根据过去的经验，酌情确定新计划增减的幅度。

（4）创新能力　采用新技术、新工艺或开源节流、挖掘潜力等可能增产的数量。

（5）经济效益制度　效益指标常低于计划指标，以保证承包人有产可超。也可以两者相同，提高超产部分的提成，或适当降低计划指标。

（二）禽群周转计划

1.养鸡场生产计划的制定

鸡群一般分为肉用种鸡、蛋用种鸡、商品蛋鸡、育成鸡、肉用仔鸡、幼雏、成年淘汰育肥鸡等几种类型。

鸡群周转计划是根据鸡场的生产方向、鸡群构成和生产任务编制的。鸡场应以鸡群周转计划作为生产计划的基础，以此来制定引种、孵化、产品销售、饲料供应、财务收支等其他计划。在制定鸡群周转计划时要考虑鸡位、鸡位利用率、饲养日和平均饲养只数、入舍鸡数等因素。结合存活率、月死亡淘汰率便可较准确地制订出一个鸡场的鸡群周转计划。

(1)商品蛋鸡群的周转计划　商品蛋鸡原则上以养一个产蛋年为宜。这样比较合乎鸡的生物学规律和经济规律，遇到意外情况才实行强制换羽，延长产蛋期。

①根据鸡场生产规模确定年初、年末各类鸡的饲养只数。

②根据鸡场生产工艺流程和生产实际确定鸡群死淘率指标。

③计算每月各类鸡群淘汰数和补充数。

④统计全年总饲养只日数和全年平均饲养只数。饲养只日数就是 1 只母鸡饲养 1 d。

⑤入舍鸡数。一群蛋鸡 130 日龄上笼后，由 141 日龄起转入产蛋期，以后不管死淘多少，都按 141 日龄时的只数统计产蛋量，每批鸡产蛋结束后，据此计算出每只鸡的平均产蛋量。国际上通用这种方法统计每只鸡的产蛋量。一个鸡场可能有几批日龄不同的鸡群，计算当年的入舍鸡数的方法是：把入舍时(141 日龄)鸡数乘到年底应饲养日数，各群入舍鸡饲养日累计被 365 除，就可求出每只入舍鸡的产蛋量。

计算公式如下：

$$\text{全年总饲养只日数} = \sum (1\text{月} + 2\text{月} + \cdots + 12\text{月饲养只日数})$$

$$\text{月饲养只日数} = \frac{(\text{月初数} + \text{月末数})}{2} \times \text{本月的天数}$$

$$\text{全年平均饲养只数} = \frac{\text{全年总饲养只日数}}{365}$$

例如，某父母代种鸡场年初饲养规模为 10 000 只种母鸡和 800 只种公鸡，年终保持规模不变，实行“全进全出”的饲养制度，只养 1 年鸡，在 11 月份大群淘汰。其周转计划见表 5-1。

(2)雏鸡的周转计划　专一的雏鸡场，必须安排好本场的生产周期以及本场与孵化场鸡苗生产的周期同步，一旦周转失灵，衔接不上，会打乱生产计划，经济上造成损失。

①根据成鸡的周转计划确定各月份需要补充的鸡只数。

②根据鸡场生产实际确定育雏、育成期的死淘率指标。

③计算各月次现有鸡只数、死淘鸡只数及转入成鸡群只数，并推算出育雏日期和育雏数。

④统计出全年总饲养只日数和全年平均饲养只数。

表 5-1　鸡群周转计划表

群别			月份												合计	全年总计饲养只日数	全年平均饲养只数
			1	2	3	4	5	6	7	8	9	10	11	12			
一、成鸡	1.种公鸡	月初现有数	800	800	800	800	800	800	800	800	800	800	800	800		292 000	800
		淘汰率/%										100			100		
		淘汰数										800			800		
		由雏鸡转入										800			800		
	2.一年种母鸡	月初现有数	10 000	9 800	9 600	9 400	9 200	9 000	8 750	8 500	8 200	7 900	7 400			2 825 925	7 742
		淘汰率(占年初数比率/%)	2.0	2.0	2.0	2.0	2.0	2.5	2.5	3.0	3.0	5.0	74.0		100		
		淘汰数	200	200	200	200	200	250	250	300	300	500	7 400		10 000		
	3.当年种母鸡数	月初现有数											10 440	10 231		623 986	1 710
		淘汰率(占转入数比率/%)											2.0	2.0	4.0		
		淘汰数											209	209	418		
二、雏鸡		转入数(月底)					1 800										
	1.种公雏	月初现有数						1 800	1 620	1 404	1 381	13 400				214 255	587
		死淘率(占转入数比率/%)						10.0	12.0	1.3	2.3	30			55.6		
		死淘数						180	216	23	41	540			1 000		
		转入当年种公鸡数(月底)										800			800		
		转入数(月底)					1 200										
	2.种母雏	月初现有数						12 000	11 040	10 800	106 800	10 560				1 661 160	4 551
		死淘率(占转入数比率/%)						8.0	2.0	1.0	1.0	1.0			13.0		
		死淘数						960	240	120	120	120			1 560		
		转入当年种母鸡数(月底)										10 440			10 440		

(3)种鸡群周转计划

①根据生产任务首先确定年初和年末饲养只数,然后根据鸡场实际情况确定鸡群年龄组成,再参考历年经验定出鸡群大批淘汰和各自死淘率,最后再统计出全年总饲养只日数和全年平均饲养只数。

②根据成鸡周转计划,确定需要补充的鸡数和月份,并根据历年育雏成绩和本鸡种育成率指标,确定育雏数和育雏日期,再与祖代鸡场签订订购种雏或种蛋合同。计算出各月初现有只数、死淘只数及转成鸡只数,最后统计出全年总计饲养只日数和全年平均饲养只数。

此外,在实际编制鸡群周转计划时还应考虑鸡的生产周期。一般蛋鸡的生产周期为育雏期 42 d(0～6 周)、育成期 98 d(7～20 周)、产蛋期 364 d(21～72 周),而且每批鸡生产结束后要留一定时间的清洗、消毒、预热等。不同经济类型的鸡生产周期不同,在编制计划时,要根据各类鸡群的实际生产周期,确定合适的鸡舍类型比例,才能保证工艺流程正常运行。实际生产中,育雏舍、青年鸡舍、蛋鸡舍之间的比例按 1∶2∶6 设置较为合理,可以减少空舍时间,提高鸡舍利用率。

2.养鸭场生产计划的制定

目前,我国鸭的生产经营多数比较分散,商品性生产和自给性生产并存,销售产品市场的需求影响很大。因此,发展养鸭生产时,要尽可能与当地有关部门或销售商签订购销合同,根据合同及自己的资源、经营管理能力合理地组织人力、物力、财力,制定出养鸭的生产计划,进行计划管理,以减少盲目性。

(1)成鸭的周转计划　有的鸭场引进种蛋,也有的引进种雏。现拟引进种鸭,年产 3 万只樱桃谷肉鸭制定生产计划:

生产肉鸭,首先要饲养种鸭。年产 3 万只肉鸭,需要多少只种鸭呢?计算种鸭数量时,要考虑公、母鸭的比例、1 只母鸭 1 年产多少枚种蛋、种蛋合格率、受精率和孵化率是多少、雏鸭成活率是多少等等。樱桃谷鸭在公、母比例为 1∶5 的情况下,种蛋合格率和受精率均为 90%以上,受精蛋孵化率为 80%～90%。每只母鸭年产蛋数量在 200 枚以上,雏鸭成活率平均为 90%。为留余地,以上数据均取下限值。

生产 3 万只雏鸭,以育成率为 90%计算,

最少要孵出的雏鸭数:30 000÷90%=33 340(只)

需要受精种蛋数:33 340÷80%=41 680(枚)

全年需要种鸭生产合格种蛋数:41 680÷90%=46 310(枚)

全年需要种鸭产蛋量:46 310÷90%=51 460(枚)

全年需要饲养的种母鸭只数:51 460÷200=260(只)

考虑到雏鸭、肉鸭和种鸭在饲养过程中的病残、死亡数，应留一些余地，可饲养母鸭 280 只。由于公、母鸭配种比例为 1∶5，还需要养种公鸭 60 只。共需饲养种鸭 340 只。

由于种母鸭在一年中各个月份产蛋率不同，所以在分批孵化、分批育雏、分批育肥时，各批的总数就不相同。养鸭场在安排人力和场舍设施时，要与批次数量相适应。同时在孵化、育雏、育肥等方面，要做具体安排。

孵化方面：当母鸭群进入产蛋旺季，产蛋率达 70%以上时，280 只母鸭每天可产 200 枚种蛋，每 7 d 入孵一批，每批入孵数为 1 400 枚种蛋，孵化期为 28 d，有 2 d 为机动，以 30 d 计算，则在产蛋旺季，每月可入孵近 5 批，孵化种蛋数量最多时可达 7 000 枚。养鸭场孵化设备的能力应完成孵化 7 000 枚种蛋的任务。以后孵出一批，又入孵一批，流水作业。

育雏方面：樱桃谷鸭种蛋受精率 90%，孵化率为 80%～90%，7 000 枚种蛋最多可孵出 5 670 只雏鸭，平均一批约 1 134 只。育雏期 20 d。所以，养鸭场的育雏场舍、用具和饲料应能承担同时培育 3 批雏鸭约 3 402 只雏鸭的任务。育肥鸭场舍、用具和饲料也要与之相适应。

育肥方面：以成活率均为 90%计算，每批孵出的雏鸭约 1 134 只，可得成鸭 1 020 只(1 134×90%＝1 020)。鸭的育肥期为 25 d，则养鸭场的场舍、用具和育肥饲料应能完成同时饲养 4 批约 4 080 只肉鸭的育肥任务。

通过以上计算，养鸭场要年产商品肉鸭 3 万只，每月孵化数最高时需要种蛋 7 000 枚，饲养数量最高时，包括种鸭、雏鸭、育肥鸭在内，共计 7 822 只，其中经常饲养种鸭 340 只，最多饲养雏鸭 3 402 只，育肥鸭约 4 080 只。此外，还要考虑种鸭的更新，饲养一些后备种鸭。

根据以上数据制定雏鸭、育肥鸭的日粮定额，安排全年和月份饲料计划。

(2)蛋用鸭生产计划　现拟引进种蛋，年饲养 3 000 只蛋鸭制定生产计划：要获得 3 000 只产蛋鸭，需要购进多少种蛋？一般种蛋数与孵出的母雏鸭数比例约为 3∶1。即在正常情况下，9 000 枚种蛋才能获得 3 000 只产蛋鸭。现从种蛋孵化、育雏、育成、产蛋 4 个方面进行计算。

①孵化方面：现购进蛋用鸭种蛋 9 000 枚进行孵化。

破壳蛋数：种蛋在运输过程中，总会有一定数量的破损，破损率通常按 1%计算。

破损蛋数＝9 000×1%＝90(枚)

受精蛋数:种蛋受精率为90%以上。

受精蛋数=8 910×90%=8 019(枚)

孵化雏鸭数:受精蛋孵化率为75%~85%,为留有余地取孵化率为80%。

孵出雏鸭数=8 019×80%=6 415(只)

②育雏期:育雏期通常为20 d。

育成的雏鸭数:雏鸭经过20 d培育,到育雏期末的成活率为95%。

育成的雏鸭数=6 415×95%=6 094(只)

母雏数:公、母雏的比例通常按1∶1计算。

母雏数=6 094÷2=3 047(只)

③育成期:对3 047只选留下3 000只母雏进行饲养,其余的淘汰。

④产蛋期:如果在春季3月初进行种蛋孵化,由于蛋鸭性成熟早,一般16~17周龄陆续开产,在饲养管理正常的情况下,20~22周龄产蛋率可达50%,即在当年7月下旬每天可收获1 500枚鸭蛋,母鸭可利用1~2年,以第1个产蛋年产蛋量最高。

二、产品生产计划的制定

不同经营方向的养禽场其产品也不一样。如肉鸡场的主产品是肉鸡,联产品是淘汰鸡,副产品是鸡粪;蛋鸡场的主产品是鸡蛋,联产品与副产品与肉鸡场相同。

产品生产计划应以主产品为主。如肉鸡以进雏鸡数的育成率和出栏时的体重进行估算;蛋鸡则按每饲养日即每只鸡日产蛋克数估算出每日、每月产蛋总重量,按产蛋重量制定出鸡蛋产量计划。

①根据种鸡的生产性能和鸡场的生产实际确定月平均产蛋率和种蛋合格率。

②计算每月每只产蛋量和每月每只种蛋数。

每月每只产蛋量=月平均产蛋率×本月天数

每月每只产种蛋数=每月每只产蛋量×月平均种蛋合格率

③根据鸡群周转计划中的月平均饲养母鸡数计算月产蛋量和月产种蛋数。

月产蛋量=每月每只产蛋量×月平均饲养母鸡数

月产种蛋数=每月每只产种蛋数×月平均饲养母鸡数

有了这些数据就可以计算出每只鸡产蛋个数和产蛋率。产蛋计划可根据月平均饲养产蛋母鸡数和历年的生产水平，按月规定产蛋率和各月产蛋数。例如，根据表 5-1 鸡群周转计划资料，编制种蛋生产计划。

三、种禽场孵化计划的制定

种鸡场应根据本场的生产任务和外销雏鸡数，结合当年饲养品种的生产水平和孵化设备及技术条件等情况，并参照历年孵化成绩，制定全年孵化计划。

①根据鸡场孵化生产成绩和孵化设备条件确定月平均孵化率。

②根据种蛋生产计划计算每月每只母鸡提供雏鸡数和每月总出雏数。

每月每只母鸡提供雏鸡数＝平均每只产种蛋数×平均孵化率

每月总出雏数＝每月每只母鸡提供雏鸡数×月平均饲养母鸡数

根据表 5-1 鸡群周转计划资料，假设在鸡场全年孵化生产的情况下，编制孵化计划（表 5-2）。

一般要求的孵化技术指标是：全年平均受精率，蛋用鸡种蛋 85％～90％，肉用鸡种鸡 80％以上；受精蛋孵化率，蛋用鸡种蛋 88％以上，肉用鸡种鸡 85％以上。出壳雏鸡的弱残次率不应超过 4％（表 5-3）。

四、饲料供应计划的制定

饲料是进行养禽生产的基础。饲料计划一般根据每月各组禽数乘以各组禽的平均采食量，求出各个月份的饲料需要量，根据饲料配方中各种饲料品种的配合比例，算出每月所需各种饲料的数量。

①根据鸡群周转计划，计算月平均饲养鸡只数。月平均饲养成鸡数为种公鸡、一年种母鸡和当年种母鸡的月平均数之和；月平均饲养雏鸡数为母雏、公雏的月平均饲养数之和。

②根据鸡场生产记录及生产技术水平，确定各类鸡群每只每月饲料消耗定额。

③计算每月饲料消耗量。

每月饲料消耗量＝每只每月饲料消耗定额×月平均饲养鸡只数

每个禽场年初都必须制定所需饲料的数量和比例的详细计划，防止饲料不足或比例不稳而影响生产的正常进行。目的在于合理利用饲料，既要喂好禽，又要获得良好的主副产品，节约饲料。

表 5-2 孵化计划

项目	月份												全年总计概数
	1	2	3	4	5	6	7	8	9	10	11	12	
平均饲养母鸡数/只	9 900	9 700	9 500	9 300	9 100	8 875	8 625	8 350	8 050	7 650	14 036	10 127	9 434
入孵种蛋数/枚	128 700	174 600	199 500	213 900	218 400	177 500	163 875	150 300	128 800	130 050	196 504	202 540	2 084 669
平均孵化率/%	80	80	85	86	86	85	84	82	80	80	78	76	81.8
每只母鸡提供雏鸡数/只	10.4	14.4	17.9	19.9	20.6	17.0	16.0	14.8	12.8	13.6	10.9	15.2	183.5
总出雏数/只	102 960	139 680	170 050	185 070	187 460	150 875	138 000	123 580	103 040	104 040	152 992	153 930	1 711 677

表 5-3 种蛋生产计划表

项目	月份												全年总计概数
	1	2	3	4	5	6	7	8	9	10	11	12	
平均饲养母鸡数/只	9 900	9 700	9 500	9 300	9 100	8 875	8 625	8 350	8 050	7 650	14 036	10 127	9 434
平均产蛋率/%	50	70	75	80	80	70	65	60	60	60	50	70	65.8
种蛋合格率/%	80	90	90	95	95	95	95	95	90	90	90	90	91.25
平均每只产蛋量/枚	16	20	23	24	25	21	20	19	18	19	15	22	242
平均每只产种蛋数/枚	13	18	21	23	24	20	19	18	16	17	14	20	223
总产蛋量/枚	158 400	194 000	218 500	223 200	227 500	186 375	172 500	158 650	144 900	145 350	210 540	222 794	2 262 709
总产种蛋量/枚	128 700	174 600	199 500	213 900	218 400	177 500	163 875	150 300	128 800	130 050	196 504	202 540	2 084 669

注：月平均饲养母鸡数为鸡群周转计划中(月初现有数+月末现有数)÷2。

饲料费用一般占养禽生产总成本的65%～75%，所以在制订饲料计划时要特别注意饲料价格，同时又要保证饲料质量。饲料计划应按月制订。不同品种和日龄的禽所需饲料量是不同的。例如：一般每只鸡需要的饲料量，肉用仔鸡4～5 kg，雏鸡1 kg，育成鸡8～9 kg，蛋用型成年母鸡39～42 kg，肉用型成年母鸡40～45 kg。据此可推算出，每天、每周及每月鸡场饲料需要量。

如果当地饲料供应充足及时，质量稳定，每次购进饲料一般以不超过3 d量为宜。如禽场自行配料，还需按照上述禽的饲料需要量和饲料配方中各种原料所占比例折算出各原料用量，并依市场价格情况和禽场资金实际，做好原料的订购和贮备工作。

复习思考题

1. 养禽场生产成本费用由哪几部分构成？
2. 如何控制和降低养禽场的成本费用？

项目六　家禽的卫生保健

◆**知识目标**

1. 掌握家禽生产场常用消毒剂的种类。
2. 掌握养禽场疫苗的种类及免疫程序的制定。

◆**技能目标**

能够编制养禽场的消毒制度及消毒方法。

随着人们对禽产品需求量的日益增加，养禽业也越来越向工厂化、规模化发展，为了尽可能多地获取受精率和孵化率高的合格种蛋，以便由每只种母鸡提供更多的健壮初生雏鸡。为此，除了要求优良的品种、良好的饲养管理外，做好种鸡群疫病净化的综合性防治工作是关键。

子项目 1　养禽场卫生消毒

一、禽场环境卫生与消毒

（一）卫生监测

有条件的大中型种鸡场应重视完善实验室的仪器设备建设，培养技术人员，建立完善的环境监测制度，定期对种蛋、雏鸡、饮水、孵化器、饲料以及饲养用具、鸡舍环境进行消毒后的效果测定及药物敏感性试验。依据测定结果，检验消毒灭菌的作用，以利于消毒工作的不断改进与提高。

（二）环境卫生

（1）鸡舍清扫、消毒　种鸡场内每天清扫一次，每半月全场消毒一次，鸡舍内清粪及时，并要每天带鸡消毒。带鸡消毒的消毒剂要慎重选用，使用时浓度配制要准确，既要达到消灭病原体的目的，又不能损害鸡体健康。用于环境消毒的消毒剂要选择杀伤力强的广谱消毒剂，不同特点的消毒剂交替使用可以提高消毒质量。

（2）种鸡场封闭管理　外来人员不能随便进入场内，饲养人员每 2～3 个月休班一次。

(3)坚持全进全出制　为切断病原的循环,保持鸡舍的环境卫生和鸡群健康,至少每栋鸡舍、每个生产小区,以至每个鸡场只饲养同1日龄的一群种鸡。

(4)饮水消毒　鸡场中的饮水用6～10 mg/kg漂白粉或其他水净化剂进行消毒,并定期取水样检查,保证细菌含量不超标。

(三)禽舍的消毒

消毒是禽病防治工作中最常用也是最重要的技术之一,禽舍消毒是禽场消毒的重要组成部分,严格执行消毒制度,建立高效合理的消毒程序是保证家禽健康的一项重要措施。

1.空禽舍的消毒

整幢禽舍实行"全进全出"的制度,对禽舍实行严格的消毒是消除继续传染的有力措施,具体做法如下:

(1)清扫　老鸡淘汰或转群以后,立即清除全部鸡粪、垫料及灰尘。清扫时为防止细菌、病毒的扩散,可喷洒消毒液以减少作业中尘埃飞扬,再将舍内的粪便、垫料、顶棚上的蜘蛛网、尘土等清扫出禽舍。清除的粪便、灰尘集中处理。平养地面沾着的禽粪,可于前一天洒水使粪便软化后容易清除。为了提高消毒效果,尽可能清除鸡粪等有机物。可移动的设备和用具也要搬出禽舍,在指定的地点暴晒、清洗和消毒。

(2)冲洗　冲洗是将清扫后舍内剩下的有机物去除以提高消毒效果。高压水枪冲洗时,必须单向水流冲洗,污水流向一方向。用水量为6 L/m^{2}以上,水压必须在30 kg/cm^{2}以上。打开所有门窗,用高压水泵冲刷天棚、墙壁、笼架及门窗,然后冲刷地面。

对禽舍的墙壁、地面、地网、笼具和屋顶等,从上至下、从里至外,彻底冲洗干净,床面、墙壁和门窗等宜水冲与手刷并用。要注意对角落、缝隙和设施背面的冲洗,达到无禽毛、无粪便、无灰尘、无蜘蛛网等。

(3)干燥　水洗后因水泥地面的细微小孔和空隙都充满水滴,会妨碍消毒药的渗透而降低消毒效果,所以应空置1 d以上,待第一次干燥后才能喷洒消毒药。

(4)药物消毒　消毒液的用量为每平方米地面1.5～1.8 L,消毒顺序为自上而下,不要漏掉隐蔽的地方。通常喷洒2次,待第1次干燥后再喷洒第2次,第2次主要是对第1次药液不充分的地方作重点喷洒。第1次使用碱性消毒剂(2%烧碱水),第2次使用表面活性剂、含氯消毒剂和酚制剂等。

(5)甲醛气熏蒸　熏蒸前将舍内所有的孔洞、缝隙用纸糊严,关闭门窗和风机,提高室内湿度(60%～80%)与温度(20℃以上),按每立方米空间用40%甲醛溶液

28 mL，加入 14 g 高锰酸钾，使之氧化蒸发，密闭熏蒸 12～24 h。

鸡舍消毒要有一定的程序。消毒程序必须根据各鸡场具体情况、周围环境、传染病流行情况、饲养管理特别是清洁卫生措施等来制定，所定程序要合理、切实可行，并严格执行。鸡舍清理的同时，需将饲养员宿舍、工作间一切用品拿到舍外，洗刷、消毒或曝晒。消毒后的鸡舍经检测合格后才可使用。种鸡淘汰到新鸡进入间隔时间以 1 个月以上为好。

2.禽舍内有家禽时的消毒

(1)禽舍消毒　以地面消毒为主，顺序是清粪、冲洗、喷洒消毒液。因消毒液可能附着于禽体或被吸入，故应避免使用有毒性(吸入毒性)及强刺激性的消毒剂。

(2)带鸡消毒　带鸡消毒即鸡体喷雾消毒。在禽舍消毒的同时将消毒液直接喷洒在鸡体上，进行鸡体消毒。这样既可杀灭体表和空气中的病原体，还可减少尘埃、吸附氨气、防暑降温和预防呼吸道感染。

带鸡消毒时应选择无残留、无异味、刺激性小和杀菌力强的消毒剂，如过氧乙酸、次氯酸钠、百毒杀、抗毒威等，喷雾雾滴大小一般为 80～100 μm，小型鸡场可使用一般农用喷雾器，大型鸡场使用电动喷雾装置。喷雾量在冬季为 0.3 L/m^2，夏季为 0.6 L/m^2，春、秋为 0.45 L/m^2。但要根据鸡舍结构、换气条件等作适当调整。带鸡消毒次数因季节不同而异，夏季每天一次，秋季每 3～5 d 一次，冬季每周一次。当鸡群发生传染病时，每天消毒一次，连用 3～5 d。冬季在午前，夏季在上午 10 时和午后 2 时左右进行。

二、饲料卫生

当前，大多数种鸡场的饲料配方都比较科学，但在饲料的选购、加工、贮存以及运输饲喂过程中往往发生霉变或被污染等问题，引起鸡群疾病，建议做好以下几点：①饲料要贮藏在通风干燥的地方，勿使发霉变质。②经常检查原料质量，坚决杜绝发霉变质的原料进入配料车间。③种鸡饲料中应尽量少加或不加动物性原料，为保证氨基酸平衡，可适当添加单体氨基酸。④各种原料在加工前要进行病原微生物检验，饲料采用蒸气短时间加热(80℃)，然后制成颗粒料较为理想。

三、饮水卫生

(1)水源选择原则　水量充足，能满足牧场人、畜生活和生产、消防、灌溉及今后发展用水的需要；水质良好，应符合水质卫生指标要求；取用方便，水源应取用方便，投资节省；水源周围环境条件好，便于进行卫生防护。

(2)严格的卫生管理制度，以及时消除污染　为了使饮用水的水质符合卫生要求，保证饮用安全，一般对水进行净化、消毒。

净化目的：除去悬浮物质和部分病原体，改善水质的物理性状。

消毒的目的：消灭水中的病原体，防止介水传染病。

子项目2　家禽免疫接种

在家禽的防疫工作中，最为重要的一个环节就是免疫程序的制订。制订免疫程序的主要目的是有计划地科学免疫，以预防疾病的发生。免疫程序不是一成不变的，国内外介绍的多种免疫程序只能作为参考而不能盲目照搬。制订免疫程序应依据疫病在本地区及附近地区的发生与流行情况、抗体水平、疫病种类、生产需要、饲养管理方式、疫苗种类、免疫接种方法、各种疫苗的配合和干扰以及多年来免疫程序使用后的实际效果等诸因素逐步建立和完善。有条件的可结合免疫监测手段制订和执行正确的免疫程序。

一、选择疫苗的类型

疫苗可分为冻干苗（活苗）和灭活苗，活苗可用多种方式接种，活苗免疫接种方法有：滴鼻、点眼、刺种、皮下注射、肌肉注射、汽雾、饮水等；灭活苗只能通过注射途径接种，即皮下注射、肌肉注射。

二、免疫接种方法

1. 点眼/滴鼻免疫

（1）重要性及优点　①确保每只鸡都能得到准确的疫苗量；②免疫效果来得快；③适用于任何年龄的鸡只；④操作简单；⑤属于局部免疫，建立第一道免疫屏障，同时也是基础免疫，针对性较强。

（2）缺点　①免疫持久性差；②个体差异大；③操作要求准确；④劳动强度高。

（3）接种方法　①以无菌稀释液溶解所需的疫苗量（通常1 000份疫苗使用30 mL稀释液）；②通常在稀释液中加有着色剂并附带一种专用滴嘴；③使用标准滴嘴将1滴溶解好的疫苗溶液，自3 cm的高度滴入鸡的眼睛或鼻孔内。

（4）注意事项　①免疫时滴嘴不得接触眼球，以免损伤眼睛；②滴鼻免疫时，用指头封住一侧鼻孔，以确保疫苗能更好地从另一侧鼻孔吸入；③接种过程中，要始终保持滴嘴绝对垂直，以确保每滴疫苗的接种剂量保持恒定（注意疫苗瓶角度）；④必须确保每只鸡都接种到正确的疫苗量；⑤注意接种过程中疫苗温度。

2.饮水免疫

(1)重要性及优点 ①每只鸡都较易得到疫苗;②达到快速免疫;③适用于任何年龄的鸡只;④操作简便。

(2)缺点 ①免疫持久性差;②缺呼吸道局部免疫;③个体差异大;④每只鸡得到的疫苗量不确切。

(3)接种方法

①停水:免疫前视天气情况停止饮水 2 h,免疫后经 0.5 h 再正常供水;为确保免疫效果,应在 2 h 内让所有小鸡饮下足够的疫苗剂量。

②水量:溶解疫苗所需的水量取决于鸡的日龄和环境的温度和湿度。

饮水的标准见表 6-1。

表 6-1 溶解疫苗所需的水量 L

疫苗剂量	2～4 周龄	4 周龄以上
1 000 头份	10～20 L	20～40 L

注:重型鸡或天气炎热是饮水量应取上限。

③疫苗的准备:在饮水中加脱脂牛奶或脱脂奶粉,可提高病毒疫苗的稳定性。在水里开启疫苗瓶,以清洁的棒进行搅拌,将疫苗和水充分混匀。

(4)注意事项

①饮水器的清洗:将饮水器清洗干净;48 h 前禁用一切消毒剂和洗洁剂;饮水器具应放在阴凉处,避开强光线;在夏天,应选择清早进行。

②水的质量:必须保证饮用水的质量;应使用清洁、不含氯和重金属的水。

③准备足够的饮水槽和饮水器:肉鸡至少提供钟式饮水器 1 个/100 只;乳头式饮水器 1 个/15 只;杯式饮水器 1 个/30 只。

3.皮下/肌肉注射

(1)重要性及优点 ①确保每只鸡都能得到准确的疫苗量;②免疫效果来得快;③适用于任何年龄的鸡只。

(2)缺点 应激大、操作要求准确、劳动强度高。

(3)皮下注射 ①多采用颈部皮下注射法。接种时,用手轻轻提起鸡的颈部皮肤,将针头从颈背侧中段以下,接种方向朝远离头部的方向刺入,使疫苗注入皮下。②本方法使用于活苗/灭活苗。

(4)肌肉注射

①腿肌注射法:适用于笼养的商品蛋鸡群。抓住鸡脚,朝身体方向刺入外侧腿肌,应小心避免刺伤腿部血管、神经和骨头。

②胸肌注射法：在龙骨外侧胸部 1/3 处，以 18G(国际单位)针头成 30°倾斜，朝背部方向刺入胸肌。切忌垂直刺入胸肌，以免刺穿胸腔，同时应避免刺的过深伤及骨膜，进针太前易入嗉囊，太靠后易伤及内脏。

(5)注意事项　①接种过程中应定时调校连续注射器，杜绝连续注射器滴漏现象及气泡出现。②注射器具严格消毒，剔除钝卷针头，一般用 18 G 针头，针头长短视接种鸡群个体大小而异。③针头注射一定数量(100～500 只)禽只后，一定要换用新的，如果有疫情发生，宜一只禽用一个针头。④接种前将灭活苗升温至 25～30℃，并充分摇匀。接种过程中应不时摇动疫苗。⑤疫苗开启后要在 24 h 用完。

4. 翼翅刺种法

(1)重要性及优点　①确保每只鸡都能得到准确的疫苗量；②免疫效果来得快；③免疫力佳；④适用于任何年龄的鸡只；⑤操作简便，针对性较强。

(2)缺点　①操作要求准确；②劳动强度高。

(3)接种方法　将接种针充分插入疫苗溶液中，待针槽充满药液后，将针轻靠小瓶内壁，除去附在针上的多余药滴。轻轻展开鸡翅，将针头刺入鸡翅翼膜内侧。

(4)注意事项　①刺种针勿接触鸡羽；刺种时，应小心拨开鸡羽，注意勿伤及肌肉、关节、血管、神经和骨头；给 2 周龄以下小鸡接种时，最好每接种一瓶疫苗(500～1 000 只鸡)换一枚刺种针。②注意针槽向下。③免疫后 7～10 d 检查有无结节。

三、蛋鸡免疫程序

1. 商品蛋鸡免疫程序

商品蛋鸡免疫程序见表 6-2。

表 6-2　商品蛋鸡免疫程序(仅供参考)

日龄	疫苗种类	免疫方法
1	马立克病疫苗	皮下注射
5～6	鸡支原体冻干苗	1 倍量点眼
7～9	新城疫 L 系＋传支 H_{120}＋肾传二联三价或四价苗	1 倍量点眼
11～12	法氏囊疫苗	2 倍量滴口或饮水
21	新城疫 L 系苗	2 倍量点眼
24～26	法氏囊苗	2 倍量滴口或饮水
	双价 H_5N_1＋H_9N_2 禽流感苗	0.35 mL 颈背皮下注射
32	传支 H_{52} 苗	1 倍量点眼

续表 6-2

日龄	疫苗种类	免疫方法
45	传喉疫苗	1 倍量滴鼻
	鸡痘疫苗	1 倍量刺种
55	传支 H_{52} 苗	1 倍量点眼或 2 倍量饮水
65	新城疫 L 系苗	2 倍量饮水
	或新城疫 I 系苗	1 倍量注射
	双价 $H_5N_1+H_9N_2$ 禽流感苗	0.5 mL 颈部皮下或胸肌注射
95	新城疫 L 系＋传支 H_{52} 苗	1 倍量点眼
120～125	新减支三联苗	0.5 mL 胸肌注射
	新城疫 L 系苗	2 倍量点眼
	鸡痘疫苗	1 倍量刺种
160	双价 $H_5N_1+H_9N_2$ 禽流感苗	0.5 mL 颈部皮下或胸肌注射

注:①120～125 日龄后每隔 2～2.5 个月进行一次新城疫免疫。②第 2 次禽流感免疫后每隔 3～3.5 个月再注射一次禽流感疫苗。

2. 蛋用种鸡免疫程序

蛋用种鸡免疫程序见表 6-3。

表 6-3　蛋用种鸡免疫程序(仅供参考)

日龄	疫苗种类	接种方法	备注
1	马立克氏病疫苗	皮下注射	1.5～2 羽份
7～10	传染性支气管炎 H_{120} 苗	滴鼻或点眼	1.5 羽份
	新城疫Ⅳ系苗	滴鼻或点眼	2 羽份
14～15	传染性法氏囊病中等毒力苗	滴口或饮水	2 羽份
22～25	新城疫Ⅳ系苗	点眼或肌注	2 羽份
	新城疫油乳苗	胸肌注射	0.5 mL
	鸡痘苗	翼膜刺种	1 羽份,4～10 月必须用
28～32	传染性法氏囊病中等毒力苗	饮水	2 羽份
37～40	传染性支气管炎 H_{52} 苗	饮水	2 羽份
45～50	传染性喉气管炎苗	点眼	1 羽份
	传染性鼻炎油乳苗	胸肌注射	1 羽份
	鸡毒支原体活苗	点眼	1.5～2 羽份

续表 6-3

日龄	疫苗种类	接种方法	备注
60～70	新城病Ⅳ系苗	胸肌注射或气雾免疫	2 羽份(据抗体监测结果决定)
80	传染性支气管炎 H_{52} 苗	饮水	4 羽份
90	传染性喉气管炎苗	点眼	1 羽份
	禽脑脊髓炎活苗	饮水	1.5 羽份,限疫区使用
120	新支减三联油苗	肌注	0.5 mL
	鸡痘苗	翼膜刺种	2.5～3 羽份
130	传染性鼻炎油乳苗	胸肌注射	1 羽份
	鸡毒支原体活苗	点眼	1.5～2 羽份
140	传染性法氏囊油乳苗	肌注	1 羽份
280	新城疫油乳苗	肌注	1.5 羽份
	传染性法氏囊病油乳苗	肌注	1 羽份

注:①新城疫油乳苗与传染性法氏囊病活苗、传染性支气管炎活苗、传染性喉气管炎活苗同时使用会相互干扰,使用间隔不少于 1 周,传染性支气管炎与传染性喉气管炎疫苗的使用间隔不少于 1 周,新城疫活苗与传染性支气管炎活苗常联合使用,两苗比例适当或用生物药厂生产的联苗则不会产生干扰。②根据当地实际情况可考虑使用的疫苗为禽脑脊髓炎活苗、禽流感油乳剂灭活苗、传染性鼻炎油乳苗和鸡毒支原体活苗等。注意脑脊髓炎疫苗在使用前后 2 周都不应用其他疫苗。

四、肉鸡免疫程序

1. 商品肉鸡免疫程序

肉鸡养殖场必须根据本场和周围环境的实际情况制定切实可行的免疫程序。有条件的养殖场对新城疫和传染性法氏囊炎应进行抗体监测,根据抗体监测水平,确定适宜的免疫时间。商品肉鸡的免疫程序见表 6-4。

表 6-4 商品肉鸡免疫程序(仅供参考)

日 龄	疫苗种类	免疫方法
7 d	新支肾二联三价苗	点眼滴鼻
12～14 d	传染性法氏囊炎疫苗	饮水
18 d	新支二联苗	饮水
24 d	传染性法氏囊免疫苗二免	饮水
33～35 d	新城疫克隆苗	饮水

2. 肉用种鸡免疫程序

肉用种鸡免疫程序见表 6-5。

表 6-5　肉用种鸡免疫程序(仅供参考)

年龄	疫苗种类	免疫方法
1 d	马立克氏	颈部皮下注射,0.25 mL/羽
	新支双联	喷雾,1 000 羽/瓶兑 200 mL 纯净水
3 d	球虫	滴口 1 滴,兑水生理盐水 36 mL
6 d	病毒性关节炎冻干苗	颈部皮下注射,每 1 000 份兑稀释液 200 mL,0.2 mL/羽
10 d	霉型体油苗	0.25 mL/羽,颈部皮下注射
	IBD	滴口 1 滴
12 d	ND+IB	点眼 1 滴
	ND+IB 油苗	0.25 mL/羽,颈部皮下注射
15 d	双价 $H_5N_1+H_9N_2$ 禽流感苗	0.3 mL/羽,颈部皮下注射
	鸡痘(POX)	刺种
21 d	IBD	滴口 1 滴
28 d	ND+IB	1.5 倍量活疫苗点眼 1 滴
42 d	病毒性关节炎(REO)油苗	颈部皮下注射,0.25 mL/羽
	传喉(ILT)活疫苗	点眼 1 滴
7 周	传鼻(IC)	颈部皮下注射 0.5 mL/羽
8 周	ND+IB	1.5 倍量点眼 1 滴
	油苗	0.5 mL/羽,颈部皮下注射
9 周	双价 $H_5N_1+H_9N_2$ 禽流感苗	0.5 mL/羽,颈部皮下注射
11 周	ILT	点眼 1 滴
12 周	脑脊髓炎(AE)+POX	翼膜下刺种 1 下
14 周	ND+IB 活苗	1.5 倍量点眼 1 滴
	油苗	0.5 mL/羽,胸肌注射
15 周	IC	0.5 mL/羽,胸肌注射
17 周	EDS-76	0.5 mL/羽,胸肌注射
20 周	双价 $H_5N_1+H_9N_2$ 禽流感苗	0.5 mL/羽,胸肌注射
21 周	新支法关(关节炎)四连苗	0.5 mL/羽,胸肌注射
	霉型体	0.5 mL/羽,胸肌注射

续表 6-5

日 龄	疫苗种类	免疫方法
27～28 周	ND+IB 活苗	点眼进口苗 1.5 倍量，国产苗 2 倍量(后期 3 倍量)；胸肌注射(进口)0.5 mL/羽，后期肌注(国产)0.8 mL/羽
40 周	新支油苗+新支(活苗)	油苗肌注，活苗点眼
	双价 $H_5N_1+H_9N_2$ 禽流感苗	0.8 mL/羽，肌注

注：新城疫、禽流感每隔 6～8 周免疫一次；ND+IB 活苗每 4 周做一次饮水免疫，饮水免疫水中需加奶粉以中和有害物质，保护疫苗。

子项目 3　养禽场废弃物的处理

一、病死鸡的处理

病死鸡若随意丢弃，任其分解腐败，放出恶臭会造成环境污染或土壤和地下水污染。因此，必须进行妥善处理。一般处理方法是焚烧处理和深埋；也可以经过一定的工艺处理后加工成优质的肉骨粉。

(1)高温熬煮　将病死禽的尸体放于特制的高温锅内熬煮。此法除能彻底消毒，还可保留部分产品。也可在 100℃的普通锅内熬煮。

(2)焚烧法　用于处理危害人、畜健康及传染性较强的病死禽。这种处理方法可避免地下水及土壤污染，但也会产生较多的臭味。因此，在选择焚烧炉时应注意其燃烧的效率，且最好有二次燃烧装置，以防产生臭气。一般可按十字形挖两条沟，长约 2.6 m，宽 0.6 m，深 0.5 m。在一条沟的底部放置一层干草和木柴。在十字沟交叉处铺上粗的潮湿横木，其上放置尸体，尸体的侧面和上面都用木柴围上，并用旧铁皮覆盖。将煤油倒在木柴上，然后由背风的方向开始焚烧。

(3)深埋法　是将病死鸡埋入土壤里，在厌氧条件下，并在肠道微生物及细菌酶的影响下发生腐败分解，大部分病原菌在尸体腐败分解过程中被杀死。

土埋时应遵守下列卫生要求：建立专用深坑。深坑一般长 2.5～3.6 m，宽 1.2～1.8 m，深 1.2～1.5 m。深坑建好后，要用土在其上方堆出一个 0.6～1 m 高的小坡，使雨水向四周流，并防止重压，地表最好种上草。因传染病死亡的家禽尸体须撒上一层漂白粉后再予以掩埋。

(4)饲料化处理　病死鸡仍含有丰富的营养成分，尤其是含有大量氨基酸平衡的蛋白质，若能彻底杀死其中的病原体，则可获得优质的蛋白质饲料。可通过蒸煮干燥机对非传染病致死鸡进行高温、高压灭菌处理，然后干燥、粉碎，可获得优质的肉骨粉。

二、粪便无害化处理

用科学的方法处理新鲜粪便，使之对人体无害，并能加以利用，这就是粪便无害化。粪便无害化的目的是杀死粪便里的致病微生物和寄生虫卵，保存粪便的肥效，防止苍蝇滋生，防止污染土壤、水源、空气以及周围环境，或制造沼气用作能源。

1. 直接晾晒模式

其主要工艺过程是把鸡粪用人工直接摊开晾晒，晒干后，压碎直接包装作为产品出售。

2. 烘干鸡粪模式

其工艺流程是把鸡粪直接通过高温、热化、灭菌、烘干，最后出来含水量为13%左右的干鸡粪作为产品直接销售。

3. 生物发酵模式

主要有以下这3种发酵模式：

(1)发酵池发酵　其主要工艺流程是把鸡粪、草炭、锯末混合放入水泥池中，充氧发酵，发酵完成后粉碎，过筛包装成为产品。

(2)直接堆腐　其主要工艺流程是把鸡粪和秸秆或草炭混合，堆高1 m左右，利用高温堆肥，控制适宜的相对湿度(70%左右)，创造良好的发酵环境，使微生物大量繁殖，导致有机物分解并转化成为植物能吸收的无机物和腐殖质的过程。堆肥过程中产生的高温(50～70℃)使病原菌及寄生虫卵死亡，达到无害化处理。定期翻动通气发酵，发酵完后就作为产品。

(3)塔式发酵　其主要工艺流程是把鸡粪与锯末等辅料混合，再接入生物菌剂，同时塔体自动翻动通气，利用生物生长加速鸡粪发酵、脱臭，经过一个发酵循环过程后，从塔体出来就可以作为产品出售。

复习思考题

1. 为保证鸡群建康，怎样对鸡场的环境进行管理？
2. 家禽免疫接种的方法有哪些？
3. 进行免疫接种时应注意哪些问题？

参考文献

[1] 丁国志,张绍秋.家禽生产技术.北京:中国农业大学出版社,2007.
[2] 黄春元.最新养禽实用技术大全.2 版.北京:中国农业出版社,1996.
[3] 张敏红.肉鸡无公害综合饲养技术.北京:中国农业出版社,2003.
[4] 王晓霞.家禽孵化手册.北京:中国农业大学出版社,1999.
[5] 林建坤.禽的生产与经营.北京:中国农业出版社,2001.
[6] 艾文森.蛋鸡生产.北京:中国农业出版社,1999.
[7] 杨宁.家禽生产学.北京.中国农业出版社,2002.
[8] 彭秀丽,邓于臻.养鸡新法.北京:中国农业出版社,2002.
[9] 杨山,李辉.现代养鸡.北京:中国农业出版社,2002.
[10] 扶国才.专业户养鸡手册.北京:中国农业出版社,2003.
[11] 陈国宏.鸭鹅饲养技术手册.北京:中国农业出版社,2000.
[12] 张维珍,高淑华.鸭鹅饲养新技术.吉林:延边人民出版社,1998.
[13] 李如治.家畜环境卫生学.北京:中国农业出版社,2003.
[14] 谷撑贤.新编养鸡与鸡病防治.陕西:西北农林科技大学出版社,2004.
[15] 杨慧芳.养禽与禽病防治.北京:中国农业出版社,2006.
[16] 李生涛.禽病防治.北京:中国农业出版社,2001.
[17] 豆卫.禽类生产.北京:中国农业出版社,2001.
[18] 邱祥聘.养鸡全书.成都:四川科学技术出版社,2004.
[19] 史延平.家禽生产实用技术.北京:中国经济出版社,2003.
[20] 王大英.现代养鸡生产.北京:农业出版社,1992.
[21] 魏忠义.家禽生产学.北京:中国农业出版社,1999.
[22] 杨全明,刁有祥.肉鸡饲养手册.北京:中国农业大学出版社,1999.